Ⅲ\ 见识城邦

更新知识地图　拓展认知边界

学神

走向全球竞争的中国年青精英

姜以琳 YI-LIN CHIANG 著

郑昕远 译

STUDY GODS

How the
New Chinese Elite
Prepare for
Global Competition

中信出版集团 | 北京

图书在版编目（CIP）数据

学神：走向全球竞争的中国年青精英 / 姜以琳著；
郑昕远译 . -- 北京：中信出版社，2024.6（2025.2 重印）
书名原文：Study Gods: How the New Chinese
Elite Prepare for Global Competition
ISBN 978-7-5217-6452-9

I. ①学… II. ①姜… ②郑… III. ①高等教育－人
才培养－研究－中国 IV. ① G649.2

中国国家版本馆 CIP 数据核字（2024）第 073643 号

Study Gods: How the New Chinese Elite Prepare for Global Competition by Yi-Lin Chiang
Copyright © 2022 by Princeton University Press
All rights reserved. No part of this book may be reproduced or transmitted in any form or by any means, electronic or mechanical, including photocopying, recording or by any information storage and retrieval system, without permission in writing from the Publisher.
Simplified Chinese translation copyright © 2024 by CITIC Press Corporation
ALL RIGHTS RESERVED
本书仅限中国大陆地区发行销售

学神：走向全球竞争的中国年青精英
著者：姜以琳
译者：郑昕远
出版发行：中信出版集团股份有限公司
（北京市朝阳区东三环北路 27 号嘉铭中心　邮编　100020）
承印者：北京盛通印刷股份有限公司

开本：787mm×1092mm　1/16　　印张：21.25　　字数：290 千字
版次：2024 年 6 月第 1 版　　　　印次：2025 年 2 月第 5 次印刷
京权图字：01-2024-2141　　　　　书号：ISBN 978-7-5217-6452-9
　　　　　　　　　　　　　　　　 定价：78.00 元

版权所有·侵权必究
如有印刷、装订问题，本公司负责调换。
服务热线：400-600-8099
投稿邮箱：author@citicpub.com

目 录

致谢	1
引言	5
精英教育与地位再生产游戏	11
中国的年青精英	15
关于本研究	17
内容结构	19
第一章 中国新精英	23
未来精英的训练场：北京的顶级高中	29
顶峰中学和首都中学	30
备战高考	34
对考试成绩的集体关注	35
北京的特殊情况	38
国内部的日常	40

申请美国大学　　　　　　　　　　43

　　　聚焦 SAT　　　　　　　　　　　 44

　　　国际部的日常　　　　　　　　　48

　　　小结　　　　　　　　　　　　　50

第二章　各居其位　　　　　　　　　　　53

　　　中国式青少年地位体系　　　　　55

　　　高中地位体系的应对之法　　　　62

　　　地位体系的合理化　　　　　　　73

　　　毕业之后：变与不变　　　　　　79

　　　小结　　　　　　　　　　　　　90

第三章　膜学神　　　　　　　　　　　　91

　　　日常互动：普遍友善与同学关系　94

　　　成绩优异者受同学仰慕　　　　　104

　　　低分学生做什么都是错的　　　　111

　　　学生关于同学相处差异性的认识　118

　　　毕业之后：新的朋友，不变的互动　122

　　　小结　　　　　　　　　　　　　130

第四章　把老师挂黑板上　　　　　　　　133

　　　日常互动：普遍尊重和总体特权　136

　　　高分学生与教师的关系　　　　　146

　　　低分学生谨遵指令　　　　　　　151

  理解师生互动   158
  教师对学生特权的反应   162
  毕业之后：以工作成绩替代考试分数 166
  小结   171

第五章 培养新精英   **173**
  打造聚焦升学的环境   176
  高分学生与父母的相处模式   186
  低分学生谨遵父母之命   192
  家长对家庭互动的看法   199
  毕业之后：成长为独立自主的青年   205
  小结   210

第六章 挽救危局   **213**
  父母的应急计划   216
  高分学生家长的制胜之道   222
  低分学生家长奋力应战   231
  毕业之后：父母的后续参与   238
  小结   242

结论   **245**
  全球精英的形成   247
  新冠肺炎疫情下的个人发展   251
  成为全球精英的障碍   253

  中美学生选拔方式 257
  "才"又如何？ 264
  中国新一代精英 267

附录 A 何为精英？ 271

附录 B 方法论 277
  研究者角色 280
  田野的挑战 283
  重新适应非精英世界 285

注释 289

参考文献 309

致谢

本书源于我在宾夕法尼亚大学的博士论文项目。在这段旅程中，许多人曾给予我大力支持，在此我深表感谢。我最感谢的是导师安妮特·拉鲁（Annette Lareau），在学术上，她既是老师，也如家长。我想感谢她的倾心指导与不离不弃的支持。从田野调查开始到本书完成，她宝贵的反馈和鼓励始终支撑着我。安妮特教会我如何收集和分析民族志数据，如何提出问题，以及如何在学术界闯出一片天地。她持续追问本研究对概念的贡献，此举尤其具有启发性。没有她的指导，就没有这本书。我也非常感谢兰德尔·柯林斯（Randall Collins），是他教导并引导我去学习对本研究至关重要的理论概念。他的鼓励是我完成这项研究的动力，他的建议极大地影响了本书的写作。韩怡梅（Emily Hannum）引导我进入中国教育这个研究领域，在整个项目中发挥重要作用。作为唯——位能在田野调查期间到北京看望我的论文委员会成员，她为我提供了宝贵的见解。特别感谢朴玄竣（Hyunjoon Park，音译）在学术和情绪上为我提供的支持。我的论文委员会，以及他们对本项目怀有的真正兴趣，支持我在学术写作的艰苦挣扎中坚持下来。我对耶雷·贝尔曼（Jere Behrman）、伊尔玛·埃洛（Irma Elo）和杨国斌在我就读研究生期间给予我的支持和鼓励深表感谢。李英珍（Yeonjin Lee，音译）、胡力中、萨拉·斯佩尔（Sarah Spell）、曹慧珍（Hyejeong Jo，音译）、阿利亚·拉奥（Aliiya Rao）、纳塔莉·扬（Natalie Young）、李尚洙、菲比·何（Phoebe Ho，音译）、克里斯·里斯（Chris Reece）、多加·凯赖斯泰乔戈鲁（Doga Kerestecioglu）和杜伊·杜（Duy Do）让我在麦克尼尔大楼的生活更美好。

在北京，我很幸运能在芝加哥大学北京中心和太月园遇到志趣相投的朋友。白珮怡、高维华、林宜慧、陈晨、德内勒·雷诺兹（Denelle Raynolds）、许辰佳、斯特凡妮·鲍克威尔（Stephanie Balkwill）、玛丽·麦克尔希尼（Mary McElhinny）和内森·阿特利尔（Nathan Attrill）让我的田野调查趣味盎然而激动人心。衷心感谢我在北京的"叔叔阿姨"：董昭教授、邓峥嵘女士、严士健教授、刘秀芳教授、马志明教授、陈木法教授、罗丹女士、刘勇教授和胡伯伯夫妻。他们在北京为我提供了很多帮助，从找房子、带我吃饭到把我介绍给学校的工作人员。没有他们的不懈支持，我难以在北京生存下来，也不可能完成这项研究。

在美国生活十二年之后，我回到了台北。台湾政治大学社会学系的同事们给了我重新适应的时间和发展空间。其他在台北的教师也对我十分支持，不断对我的手稿表达激动之情。李宣纬、倪墨杰和曾俊凯是很棒的同事，他们在交谈对话中激励着我。台北以外的朋友也给予我坚定的支持和帮助。尤其要感谢叶思妤，我总是能得到她的建议和支持。卫君豪、刘冉、科莱·卡尔内塞卡（Cole

Carnesecca）和亚普·尼乌文赫伊斯（Jaap Nieuwenhuis）也都在我需要时伸出援手，他们是雪中送炭的朋友。

田野调查的经济成本很高，尤其是在其他地区进行的纵向调查。研究过程中，我得到了来自宾夕法尼亚大学和台湾地区相关机构的慷慨资助。通过宾夕法尼亚大学提供的奥托和格特鲁德·K.波拉克（Otto and Gertrude K. Pollak）暑期研究奖学金、朱迪丝·罗丁（Judith Rodin）奖学金、古特曼（Gutmann）校长领导奖和跨学科创新教务长奖学金，我得以在北京进行田野调查。台湾科技事务主管部门批准的图书写作基金（108-2410-H-004-194-MY2）资助我对生活在世界各地的学生开展后续访问。

我要感谢普林斯顿大学出版社的米根·莱文森（Meagan Levinson），是她极具洞见地建议我将最初为期一年的研究改为纵向研究。在我花费数年时间收集后续数据、进行新的分析并彻底改写手稿的过程中，她给予我极大的耐心。非常感谢杰奎琳·德莱尼（Jaqueline Delaney）和杰登·扬（Jaden Young）在整个写作过程中提供的帮助。本书的观点曾在普林斯顿大学、威斯康星大学麦迪逊分校、宾夕法尼亚州立大学、北京大学、台湾"清华大学"和台湾"中研院"发表。我感谢在这些地方收到的评论和见解，也感谢阅读过本书初稿的匿名审稿人的评论和见解。彼得·哈维（Peter Harvey）、谢莱尔·弗格森（Sherelle Ferguson）、布莱尔·萨基特（Blair Sackett）、卞守永（Soo-yong Byun，音译）、乔纳森·米济斯（Jonathan Mijs）和本·罗斯（Ben Ross）阅读并评论了书稿的各个章节。默里·米尔纳（Murray Milner）的审稿反馈和建议也让我受益匪浅。

我有幸得到了家人的大力支持，他们在我的研究过程中给予了不可或缺的帮助。我的父母培养了我专注研究的习惯，并以身作则。他们不仅是我进入田野调查的牵线人，也是这项研究的起点。他们决定把我和哥哥送进台北的一所私立中学，把我带入了陌生的精英世界。他们安慰当时饱受创伤的少女时，并不知道中产阶层和富裕阶层之间的差异会在十年后引起她对精英研究的兴趣。

最后，我要感谢本研究的参与者。感谢首都中学和顶峰中学的家长和老师，特别是那些接纳我走进他们的家庭和课堂的家长和老师。如果没有学生们的慷慨和开放，这本书也不会存在，他们与我分享了整整八年的人生。在一些情况下，我在展开论述时，需要以不讨人喜欢的方式来描述他们。即便如此，这些出身于富裕家庭、父母受过良好教育的青年男女也能够谅解。他们对社会不公十分敏感，认为自己应为社会平等做出贡献。他们深切关注农村贫困、难民流离失所、野生动物贸易、环境污染等问题。他们善良而富有同情心，偶尔也会表现得局促。我一直非常喜欢他们，忠诚于这份友谊。我永远感谢他们的信任、友谊和慷慨，很高兴也很荣幸能见证这群古灵精怪的孩子成长为成就斐然的年轻人。

引言

从剑桥大学毕业前，阿什利·方（Ashley Fang）收到了多家机构的录用通知，[1] 其中有两个岗位尤为理想。一是搬去瑞士，入职全球最大的大宗商品生产企业之一，由此开启职业生涯；二是前往欧洲顶尖商学院读书。无论选择哪一种，她初入劳动力市场的预期年收入都在10万美元左右。经过一番深思熟虑，阿什利认为瑞士的工作机会能让她更快达成所愿。一年之后，苏黎世"这座欧洲小镇"令阿什利心生厌倦，于是她跳槽到某日本企业的新加坡分部，工资更是显著提升。除此之外，新加坡的纳税比例更低，企业福利甚至比日本总部还丰厚。我问及未来计划，阿什利并未立即回应，而是沉吟着将齐肩长发梳至一边。她双臂交叉于胸前，表示既可以留在目前的公司等待晋升，也可以再次跳槽获取更高薪酬。"再或者，"她露出自信的微笑，"去美国读MBA（工商管理硕士），比如哈佛或沃顿，都有可能。"

阿什利从剑桥毕业那年，柳向祖在亚欧大陆另一端的南京大学完成学业，拿到了名牌专业的毕业证书。大四时，柳向祖曾仔细权衡毕业后的去向。他拿到了几家公司的录用通知（得益于其学院在行业中的地位），也申请到了两个国内顶尖的博士项目。考虑再三，柳向祖决定攻读博士学位，以便毕业后自行创业。为了拓展人脉，他选择去北京读书，并迅速成为导师门下客户赞助的项目组的重要成员。他注册了领英账号，很快从一家在中国投资数十亿美元的美国公司那里获得了一个咨询师的职位。柳向祖身材高大，皮肤黝黑，举手投足间散发着自信，讲话时成熟老练，比大多数年轻人都要沉稳。尽管只是一名博士研究生，但他 24 岁时的收入水平已达到中国城市居民的前 10%。他频繁出席商业会议和涉及商业机密的谈判，开着崭新的黑色奥迪上学。为深入了解国际市场，他打算毕业前去美国交换一年。

阿什利和柳向祖是新一代全球精英。他们与同龄精英皆毕业于世界顶尖院校，[2] 其后入职大型跨国公司，有志于建立自己的金融帝国。这群年轻人家境殷实，接受世界一流的教育，日子过得舒适，未来想必会过上奢华的生活。这些在中国出生成长的精英青年吸引着全球的目光，因为如今的中国已成为世界最大经济体（按购买力平价计算）。电影《摘金奇缘》(*Crazy Rich Asians*, 2018) 和电视节目《公主我最大》(*Ultra Rich Asian Girls*, 2014—2015) 曾描述类似的精英青年的生活，令西方观众惊叹不已。他们去到美国大学可推动当地豪车销售，去往欧洲则以学费支撑欧洲私立学校运转。[3] 新一代中国精英越发引人瞩目，反映出全球财富向中国转移。2020 年，中国所持美国国债居世界首位，国内亿万富翁数量也排在全球第二位。[4] 全世界每十位白手起家的亿万富翁中就有四位是中国人，而仅三位是美国人。[5] 来自中国大陆的买家正不断收购欧美企业，包括通用家电和沃尔沃。⁶在全球经济不景气的背景下，这些流动资金充裕的买家被普遍认为拉高了房地产价格。⁷愈来愈多的文献以中国崛起为研究主题，像《当中国统治世界》这样的书在全球畅销。⁸"塑造全球产业格局的中国巨头""中国主导全球经济的运动"之类的新闻标题更是层出不穷，暗示中国及其精英阶层将在不久的将来主导全球经济。

与此同时，中国正将新积累的财富运用在媒体、技术、教育等领域。西方新闻机构日益削减预算，中国的国有媒体却持续发力，在伦敦、纽约等海外分社开出高水平薪资，提升自身竞争力。⁹技术实力的飞跃让中国可以在人工智能领域追赶，甚至与美国竞争在该领域的主导地位。¹⁰中国的高等教育正蓬勃发展，相比之下，美国高校终身教职的数量在2008年经济危机后有所下降。¹¹如今，中国的大学与美国的大学在争夺教职工，前者能提供先进的设施和高于美国平均水平的薪酬。¹²中国高校的国际排名也在逐年攀升：在2021年《泰晤士高等教育》（*Times Higher Education*）世界大学排名中，清华大学（中国两所顶尖高校之一）不仅在亚洲排名第一，还位居世界前二十。

有理论称，中国新一代精英青年正帮助自己的祖国征服世界，虽然并非有意为之。¹³这样的猜测固然无凭无据，但中国的青少年精英们确实正在世界杰出人才的舞台上崭露头角。在国际学生评估项目（PISA）的科学和数学测试中，中国学生表现突出，据报告，即使是较贫困的中国学生，其得分也比经济合作与发展组织成员国中弱势学生的更高。¹⁴申请美国研究生项目的中国学生越来越多，美国高校教师聊天时常常说到，中国学生的GRE（研究生入学考试）分数好像比英语母语者还高。普遍优秀的中国学生正以前所未有的高速走向世界。在美国、加拿大和澳大利亚的校园里，中国学生是最庞大的留学生群体，约占三分之一。而英国政府的统计数据显示，来自中国的留学生的数量已经超过其他五个主要生源国的总和。[15] 部分国际学生接收国——如美国——已经收紧了移民政策，逐渐减少学生签证的发放数量。[16] 但当被问及签证配额的削减时，许多中国学生表示并不担心，他们仍计划前往美国学习工作。[17]

诸多迹象表明，中国的精英青年正在踏上主导全球经济的大道。他们是如何做到的？像阿什利、柳向祖这样富裕、享有特殊待遇的学生是如何在国内及国外获得精英地位的？本书将阐述青少年精英在国际竞争中进行精英地位再生产的过程，截至目前，鲜有研究揭示这一重要问题。具体而言，中国精英青年的例子突显出从国际视角看待"地位再生产"（status reproduction）的必要性。精英通常被视为在本国极具影响力的小群体。[18] 而随着不同社会的联结日益紧密，资源和人口的跨国流动愈加频繁。在全球化的时代，精英们穿梭于各大洲，居住地于不同国家间跳转，无论走到哪里都能积累社会和经济资源。来自各国的精英彼此产生联系，因为他们身处同样的大学校园，参加同样的实习，在同一个地方工作。鉴于这些相互交织的路径，新一代精英不再仅是在本国内享有特权的小群体，而是演化为不同国籍者的联盟，他们追求相似的生活方式、职业和目标，基本不受政治界限或国界限制。因此，探究中国精英青年如何加入新一代全球精英之列，亦有助于我们理解一般意义上的地位再生产。

本书的数据源于长时间的民族志研究及采访资料，对象为北京的精英（体现在社会经济方面）学生群体及其父母师长。我对28名精英学生展开了超过7年（2012年至2019年）的跟踪调查，从他们读高二、高三时开始。在此期间，他们经历了人生中的重要过渡阶段：高中毕业，大学毕业，直到进入中国、美国、欧洲等地的研究生院或劳动力市场。

据我观察，中国的青少年精英会经由成为"学神"而在争夺全球精英地位的过程中取得系统性成功。所谓"学神"即成绩优异的学生，但"学习"并不是界定"学神"的最重要行为特征。学神之"神"，在于他们不费吹灰之力就能在学业上取得优异成绩，而其他学生，包括"学霸"，则需要埋头苦读。学神未必在学校里最受欢迎，也不一定出身富裕家庭。这个称号与外貌吸引力和运动天赋无关。[19] 被称为"学神"的学生在学校里享有很高的地位，同学会认为他们天然高人一等。在与同学交往时，学神是众人瞩目的焦点；与成年人互动时，学神享受着老师的呵护和家长的溺爱。需指出，学神的产生从根本上说是精英地位的再生产。学神的定义在于（不费吹灰之力取得）优异的成绩，只有学业出众者才有资格成为学神。向下流动的危险始终存在，学神随时可能因为考试"成绩不佳"而跌下神坛。在这方面，父母帮孩子提升分数的努力为创造和维持学神形象发挥了重要作用。

在接下来的章节中，我将对自己跟踪调查的这些年轻人的情况进行总结报告。我的研究表明，这些少男少女高中毕业时已经掌握了一系列重要技能，有助于他们在全球社会中实现精英地位的再生产。他们已经学会欣赏并适应地位等级制度，预期同侪与位高者会根据地位差异给予他们不同的待遇，并在遇到可能有碍于地位再生产的目标的障碍时，向父母寻求外部帮助。高中时代的校园与家庭经历深刻塑造了年青精英的长期发展轨迹，而后在美国（和欧洲）的大学中，他们继续运用并发展这些理念与技能。毕业后深造或加入劳动力大军时，他们仍会诉诸高中时代的经验。那些对校园地位等级有深刻理解的学生有能力制定策略，维持自身的优越地位，或至少避免跌入低谷。在与同学和老师日常互动中所使用的技能，后来也被用于处理与同事和权威人士的职场关系。关键时刻，家庭成员也会发挥重要作用。上学时，父母会帮助孩子克服前进道路上的磕磕绊绊，常以青少年难以企及的全球视野为其提供后备计划。毕业后，精英父母继续扮演安全网的角色，以防孩子的职业理想落空。

与其他国家的精英学生一样，本研究聚焦的中国精英学生也是一个面向全球的群体，他们在国外读大学或研究生，参加交换生项目或在跨国公司工作，与其他国际精英打交道。并非所有人毕业时都能获得薪酬可观的职位，许多人选择投身金融业，也有少数人热衷于环保、科技或学术领域。然而，即使是他们中间那些不太成功者所构想的未来，对于中国乃至世界各地的普通学生而言也是值得羡慕的。虽然高中阶段的表现未必能够决定一个人的未来，但我的研究显示，学神往往对精英地位再生产所需的技能了然于胸，从而能在未来展现出更强大的个人实力。因此，学神们在高中获得的技能似乎适用于不同社会的职业环境，可谓一种弥足珍贵的特权。

21世纪的精英放眼国际，生活优渥（按照西方的标准）。中国是世界上贫富差距相当大的国家，[20]本研究探讨的中国精英青年既是不平等加剧的原因，也是不平等加剧的产物。如此背景下，精英面临的风险更大，因为向下流动者更难重获精英地位。鉴于目前中国的全球影响力，在中国成为精英便意味着跻身全球精英之列。国内和国际上不平等的加剧也催生出人们的地位焦虑，使精英父母在子女的教育上做出巨大投入，以保障他们的未来。[21]考虑到这些更广泛的社会趋势，本书不仅是要关注那些"擅长"人生"竞赛"的中国精英青少年，更是要揭示一群刚刚步入成年人世界的年轻人如何将自身打造为新一代全球精英。[22]

精英教育与地位再生产游戏

青少年总是怀抱各种各样的梦想与目标。有些人对未来的设想十分具体，比如成为音乐家、律师、医生、演员或卧底特工，其他人对职业发展只有些模糊的想法，或者仅仅想过上美好的生活。不过，他们畅想的未来并非空中楼阁，而是扎根于日常的生活中，不断进行协商或妥协的职业抱负。举例而言，孩子最初可能是在观察父母与周围人的生活方式的过程中形成了对未来的设想，而后在与同龄人和师长的日常互动中，他们会不断重估、改变原本的目标，因为这些人的想法与期望也塑造着他们的自我预期与职业抱负。简而言之，对成年人世界的期待与个体的社会经济背景密切相关。[23]孩子们的家庭背景、个人特质、周围的人口统计特征，以及成长中遇到的人将深刻影响他们的未来，而这些影响贯穿于整个青少年时期，正因如此，代际地位传承往往十分稳固。[24]在许多社会中都可观察到地位再生产现象，正如古人言，"有其父必有其子"。中国俗语"龙生龙，凤生凤，老鼠的孩子会打洞"说的也是这个现象。

在包括中国在内的许多社会中，精英的子女长大后依然是精英，中产阶层的子女保持中产阶层地位，工人阶层的子女还会是工人。

根据皮埃尔·布尔迪厄（Pierre Bourdieu）的理论，社会地位的再生产就像一场纸牌游戏，各个家庭作为参与方在地位竞争中一决高低。[25]每个家庭都拿到了一把牌，都必须制定相应的策略，尽可能提升获胜概率。然而自游戏开局，玩家之间就并不平等。他们拿到的牌很可能相差甚远，少数人拥有一手好牌，许多人却被困于烂牌中。玩家们的技能水平也参差不齐，有些家庭更善于战略规划，有些家庭甚至可能根本没有任何策略。而且，尽管都坐在同一张牌桌旁，但玩家们对游戏规则的了解程度不同，有的对各项特殊规则和万能牌信手拈来，有的可能一无所知。

精英好比地位再生产游戏中的特权玩家，他们拿到了一手好牌，掌握着大量可支配的经济、社会和文化资源。精英也通常是重视策略的玩家。比方说，富裕的精英父母会非常重视对孩子的培养，从而提升子女成功的概率。这些育儿手法包括"协作培养"：极强的时间管理，与权势职位代理人（通常是教师和学校工作人员）保持互动。[26]面对子女教育过程中的种种问题，精英父母们可谓"用尽手段"，不可避免会与教师和学校的管理人员进行协商。[27]尽管部分精英父母不会介入子女的日常安排，但他们如果认为孩子遇到了麻烦，定会诉诸资源不足的其他竞争对手无力采取的策略。[28]最重要的是，精英熟悉游戏规则。究其实质，精英群体本就是规则的制定者与游戏的管理者。[29]毕竟，在众多"文化剧目"①中，

---

① 此即 cultural repertoire，又译"文化戏码""文化工具箱""文化资源库"等。——译者注
（以下如无特殊说明，脚注均为译者注）

是精英决定了特定品味所能带来的收益。无怪乎他们会为自己的品味赋予更高价值。[30]

孩童与青少年们所构想的未来需要学位和证书。致力于社会地位再生产的精英通常将教育视为传递特权的关键手段，他们在学生时代就发展出成功所需的技能。研究社会分层的文献认为，教育是未来发展的重要预测因素。[31]当一个社会越来越重视资质证明，教育成就通常会成为个体地位的前提或标志。[32]精英青年在接受学校教育的过程中训练自己，为角逐全球地位做好准备。高中阶段，青少年精英需要培养基于阶层的文化品味，获得熟练运用知识的能力，对上对下交往皆能轻松自如，将身上的非精英特质清除干净。[33]进入大学后，这些精英青年将继续打磨精英的标志特征，并与同道的精英校友建立联系。[34]大学毕业后，这些青年更有可能在大型企业中找到就业机会，获得更多的权力。[35]考虑到教育的重要性及其对个体成就的影响程度，教育可以说是青少年精英获得未来社会经济精英地位的最关键手段。换句话说，在学校的十几年或二十几年，是精英学生熟悉社会地位再生产游戏规则的宝贵时光。

精英群体之所以能够如此成功地实现地位再生产，一个原因是他们对地位再生产的基本规则极为熟悉。不过，通过教育进行地位竞争的范围已经改变：在历史上，精英仅在国内比拼，而如今拥有国外学位的人也加入了竞争。同时，参与竞争的个体与机构的数量似乎也在增加。上述变化表明，教育虽仍至关重要，但国际层面的精英地位竞争规则可能变得有些模糊，毕竟不同国家的精英在竞争规则方面可能存在分歧。譬如，德国精英的选拔早在四年级就开始了，而在美国却是十二年级时才进行。换句话说，德国的精英青少年比美国的更早进入精英的轨道。[36] 不同国家的精英群体所重视和愿意加以奖励的个人才能也是有差异的。在只教授一门外语的国家，多语能力或许会被视为参与全球竞争的重要优势。而在卢森堡，学生们会在上学期间至少熟练掌握三种语言，这里的精英对多语能力或许有不同的见解。不同教育体系下的成果也很难横向对比，很难说美国的精英寄宿学校、英国的公学和中国的国际学校哪一个能为学生提供更强的地位优势。同样，也很难确定美国的常春藤联盟、英国的"牛剑"（Oxbridge，牛津大学、剑桥大学）、法国"大学校"（grandes écoles）和中国的"清北"（清华大学、北京大学），何者能为毕业生提供更光明的就业前景。[37]

当决定教育成功的过程、时机和标准因国家而异时，即便精英也难以把握全球范围内的地位竞争规则。[38] 然而在任何竞争体系中，参与者都必须维护一套共同的规则。那么，全球精英在地位再生产的竞争中设立了哪些规则？面对世界各地的竞争对手，他们要学习哪些知识以获得精英地位？本研究表明，无论对中国、美国还是英国的精英学生而言，选择并进入理想的大学都是人生中的重大事件。中国的家庭将大学视为孩子跻身未来精英群体的第一道门槛。像阿什利这样的学神一定会进入顶尖高校并走上人生巅峰，这在她的中学同学间几乎是个共识。老师们甚至会鼓励学神们将未来职业设想为政治家。精英学生们认识到，国际认可度较高的教育成就能带来最佳回报。阿什利曾收到剑桥大学和卡内基-梅隆大学的录取通知。虽然这两所大学都是不错的选择，但剑桥大学的国际声誉比后者更高，她基于这一认知慎重选择了前者。而柳向祖放弃了在一家年营收数百万美元的美国公司全职担任咨询师的机会，毅然追求博士学位，则是出于创立跨国公司的雄心壮志。

正如学者们指出的那样，优越学生为了与其他同等优越的学生竞争，会选择顶尖知名的教育机构，或是追求更高的学历。[39]阿什利、柳向祖等学子都是依据精英地位再生产的规则，深思熟虑后做出了教育决策。这些出身精英阶层的孩子置身国际竞技场，在教育竞争中脱颖而出，从而掌握了角逐全球精英地位的必要技能。久而久之，一套以教育为基础的地位再生产竞争规则便逐渐清晰。

中国的年青精英

中国年青精英取得的教育成就似乎已使其在全球地位竞争中脱颖而出。毕业后，这些成绩优异的富家子弟纷纷走向高收入的工作领域，他们似乎能不受国际政策的影响，实现个人的职业计划。2018年，时任美国总统唐纳德·特朗普修订了"STEM"领域（包括科学、技术、工程和数学）的留学签证政策，缩短了这些专业的中国学生毕业后的留美时限。然而，许多中国学生仍信心十足，称自己的未来计划并无更改。[40]凭借在国际竞争中取得的成就、可以预见的光明前途以及超强的自信心，来自中国的年青精英成了全球竞争中不容忽视的角色，来自其他发展中国家的青少年往往难以匹敌。这些中国学生深谙地位竞争的规则，决心利用一切资源实施其教育策略。最重要的是，他们希望不仅在中国，也在世界范围内实现其父母精英地位的再生产。

来自中国的年青社会经济精英取得了如此瞩目的成就，而我们对其通向全球精英地位的道路却知之甚少。最近一些年，他们才真正受到关注。20世纪80年代，中国的经济改革造就了一批新的社会经济精英，他们通过教育上的成功获得了更高的地位。[41]在此后的一段时期里，教育成为决定中国精英地位的重要因素，这种局面并非中国所独有。教育水平已经成为政治经济精英的强预测因素。[42]本研究选取的学生们是在稳定、没有革命和运动的时期成长起来的第一代人，他们的父母通过教育实现了向上流动，期望自己的孩子进入顶尖高校，向未来的精英地位迈出第一步。在现当代历史上，他们是第一代追求教育成就不仅为了向上流动，也为传承其父母的地位，从而继续享受优越地位的中国人。此外，本研究的参与者代表了中国社会上层人士的教育经验。在不平等持续加深的中国社会，超高收入者与其他人之间的差距已显著扩大，学业竞争的激烈程度堪称全球之最。[43]精英父母们通过学业竞争获得了地位，而后在支持子女走向成功的过程中继续参与竞争。如此一来，精英得以实现代际传承，他们很擅长将教育用作取得高位的手段，经验丰富，技术娴熟。

以激烈的学业竞争为获取社会经济主导地位的主要途径，既有益处，又会带来无法预料的后果。一方面，本研究选择的中国青少年出生在20世纪90年代的独生子女政策环境中，有学者评价，该政策的目标是构建新一代中国现代化先锋。[44]从某种层面来看，这些青少年确实正在实现中国政府的计划。他们在世界各地的顶级院校接受高等教育，毕业后的薪资水平达到了所在发达国家的前20%。另一方面，正如本书所述，他们中的部分人预期并获得了同辈及位高者的差异化对待；与此同时，他们也注定承受极大的压力。尽管他们的父母像薛欣然的那本书的书名所暗示的那样，"能把天空买回家"[45]，但他们通常比西方国家的同龄人体验到更强烈的担忧和焦虑。[46]高中和大学中最常见的自杀原因是被认为学业表现不佳。[47]在本书中，我将详细展示中国下一代精英如何取得参与国际竞争所需的工具。我将学生与成年人间的微观互动视为精英地位形成过程中的交织动态。通过近距离分析，我认识到新一代的全球精英会巧妙利用有形与无形资源，在全球化扩张的时代从竞争中脱颖而出，占据优势地位。

关于本研究

精英学生群体为实现梦想付出了许多努力，他们通常还拥有家长的支持与周边的资源。[48]着手此项研究时，我希望能够洞悉整个过程。我将重点放在学生们的经历上，而没有采用学校或家长的视角，希望以此捕捉到学生对全球社会中地位竞争的理解。这意味着我需要跨越国界，检视极具特权的学生如何与世界各地的竞争对手争夺主导地位。

针对精英的研究很少。据我所知，本研究是极少数长期跟踪社会经济精英学生群体的项目。本书基于对中国精英学生的观察和采访（从2012年到2019年，历时七年多）撰写。（方法论附录详细说明了研究所采取的方式。）我采访了就读于北京五所高中的28名学生，这五所高中皆位列北京前十名（北京共有约三百所高中）。为了更好地了解成年人对学生的影响与期望，我还采访了学生们的父母和师长。五所学校中的两所允许我进行课堂观察，同意我与学生自由交谈。这两所学校成了我田野工作的主要场所，分别化名"顶峰中学"和"首都中学"，前者始建于清朝，历史悠久，后者崛起于21世纪。我对8名来自顶峰中学和首都中学的学生进行了深入的参与式观察，在5天的时间里，我每天跟随他们10~15小时。在校园里，我坐在教室与他们一同学习、进餐；下课后，我同他们在北京城闲逛、看电影或去主题公园游玩；高考那几天，我亦在考场外等待、陪伴他们。通过这些活动，我结识了他们的许多同学和校友。

拜访精英家庭并非易事，但在8名主要合作对象中，我依然设法对其中4人进行了家庭观察。对于其中的3名男孩，我上门拜访了1~3次，每次持续3~7小时。而在那名女孩家里，我持续观察了4日。拜访期间，我希望父母和孩子尽可能忽略我的存在，保持日常生活的节奏。完全无视是不可能的，但当他们专注于家务或学习时，我便能在某种程度上淡化自己的影响。观察家庭生活时，我会坐在客厅地板上，陪同他们去考试场地和餐馆时，我则坐在车子的后座。正如我在方法论附录中提到的，学生和家庭的接纳让我更有信心认为，自己观察到的家庭互动是自然的常态。

到撰写本书之时，我的田野工作已开展了七年。2012年，这些学生正处在升学压力最大的高二和高三，忙着考大学。2019年，他们均已本科毕业，成了职场或研究生院的新人。我通过微信、人人网和"脸书"等社交媒体与28名学生保持联系。这些学生高中毕业后，我与他们每人平均见过两次面，其中那些刚好也在费城的，几乎年年与我相聚。学生们告诉我，参与这项研究的过程是愉快的。他们很愿意来见我,毕业后也愿意与我一直保持联系。高中毕业7年后,女孩们仍然会与我拥抱、自拍,手挽着手相伴而行;男孩们则微笑着迎接我,帮我背包或带我四处转转。有几位甚至提出邀请,表示我再去拜访时可以住在他们的公寓里。他们仍然称我为"姐姐",一如高中时代。我们之间的互动让我确信,那些我曾经陪伴上课的年轻人——如今已是全球精英——仍然接纳我,愿意与我分享他们世界的景观。

内容结构

欲回答中国新一代精英是否主导全球经济以及如何实现主导的问题,首先要了解他们究竟是谁。第一章将对中国新一代精英群体进行概述。我在社会不平等持续加深的环境中检视这群年轻人的经历,并将本研究置于中国出国留学学生数量持续攀升的大背景中。中国学生出国接受高等教育的热忱表明,他们普遍认为世界一流教育是通向成功的可靠路径。他们坚信必须在顶尖院校学习必要的技能,以便在未来取得更高的社会地位,成为真正的全球精英。因此,学校教育过程成了中国新一代精英了解全球地位竞争规则、接受地位争夺培训的关键。

其后的章节将探讨中国精英学生如何为地位再生产做准备。在学校里,他们积累了关于地位体系以及巧妙顺应社会层级的复杂知识。他们意识到,与同学和老师的关系很大程度上取决于自己在地位体系中的位置。此外,家长对子女教育的介入进一步彰显了社会地位的重要性，特别是在孩子的学业遭遇危机之际。第二章将以纸牌游戏比喻地位再生产，阐释游戏规则以及精英学生对规则的熟悉程度。这些学生对于哪些条件有助于提升校园地位有着复杂而深入的认知。具体而言，他们以考试分数和表现出的勤奋程度为指标建立了一个明晰的地位体系，分为四个类别：学神、学霸、学渣和学弱。[49] 基于在顶峰中学和首都中学获取的民族志数据，我将展示不同类别的学生在地位体系中的自我定位。毕业后去西方国家留学的学生们表示，在整个大学阶段，上述地位体系并未受到挑战。于是，他们继续在一个由考试成绩（或GPA，平均学分绩点）决定地位的地位体系中奋斗，自视攀上了美国大学的顶尖之位。而留在中国读大学的学生很快意识到，他们的成绩比不过来自人口众多因而竞争激烈的省份的同学，那些生源地的考生并非精英出身，"每天从早学到晚"。经历了几次考试失败后，精英学生迅速改变了规则，建立了一个新的地位体系，例如重视"懂得生活"能力而不是考试分数，在这个体系中，他们又占据了最高位。

　　第三章至第五章探讨新一代精英如何在人际关系中学习基于地位的行为方式。第三章聚焦于同辈互动。精英们常需与竞争者保持互动关系，竞争者可能与他们地位相当，也可能地位更低或更高。本研究中的学生们在高中阶段似乎已经掌握了维系同辈关系的纯熟技能。通过与地位较低的同学进行日常互动和建立亲密友谊，高地位学生既明确了彼此的区别，又缓和了地位的不平等。与此同时，低地位学生在不断经历失败的过程中，也学会将等级制度合理化并维持现状。最终，低地位的学生会发自内心地钦佩那些居于主导地位的学生，整个地位体系中的所有成员都起到了支撑维系的作用。

换句话说，中国的精英学生通过与能力不同的同学互动，为在未来职场中建立有利的人际关系做好了准备。在工作中，他们也要与能力、职位各异的同事和合作伙伴来往。[50]

精英还必须着重维系与权威人物的关系。第四章将探讨学生与教师的互动。在高中，学生与教师的互动模式会根据成绩呈现出系统性差异。身处尊师重教的儒家文化，学神们却可以漠视、忽略甚至主动挑战老师，因为他们知道，培养成绩优秀的学生是教师的利益所在。相比之下，成绩较差的学生明白老师不会因自己的成绩获得回报，因此表现得安静顺从。大学毕业后的跟踪拜访结果显示，他们对自己与公司领导关系的描述有时和高中时同教师的关系相似。因此，正如精英学生在上学时期望凭学业成绩得到老师的特殊关照，他们上班后也认为雇主会偏爱工作能力出色的员工。

第五章将展现父母如何训练子女走向全球精英之路。我发现，父母会将地位的重要性灌输给孩子，家庭中的亲子关系模式反映出孩子在学校中的地位，父母因而成了校园学生地位体系的外部支持者。学神的父母往往给予子女无条件的支持和相当大的自由空间。相比之下，成绩不理想的孩子受父母管教更严，束缚感更强。虽说独生子女的父母都很关心孩子，但根据孩子在学校中的地位，不同的父母支持和互动模式会逐渐带来自由或束缚的感受。因此，成绩最好的精英学生可预期获得家庭的最大支持，他们坚定且信心十足，而其他学生则不然。

第六章聚焦于危机管理，这是精英地位再生产的重要一环。尽管父母能够干预子女的大学申请和考试准备，但他们通常隐于后方，让孩子自己做主。不过，基本不介入并不意味着彻底放手。第六章将举例表明，父母一旦察觉到孩子在考大学问题上面临风险，便会强势介入。父母不会介入孩子的就业，但如果孩子在找工作时遇到困难，他们也不会袖手旁观。必要时，父母会以身作则，向孩子们展现备用计划的必要性。本研究中的学生们并未在进入就业市场时使用父母的备用计划，但他们表示，父母已准备好在必要时提供帮助。值得关注的是，许多学生自己也会做好备用计划，并在必要时实施。

在结论章中，我将回顾新一代中国精英如何可能主导全球社会这个一般性问题。我会指出中美精英教育之间的差异，以及中国精英的学校教育过程在哪些方面无助于他们在未来获得精英地位。譬如，他们可能课外活动参与度不足，遭遇反亚裔情绪和"竹子天花板"[①]。总体而言，我辨识出中国精英青年在努力成为学神时所掌握的关键技能，以及这些技能在争夺全球精英地位时带来的回报。

本书各章节与附录共同拓展了有关全球化时代精英阶层的认知。越来越多的中国学生小小年纪便前往美国和其他西方国家读书，许多精英学生毕业后留在华尔街工作，入职顶尖咨询公司，以及亚马逊、谷歌和脸书等知名企业。本研究中，那些留在美国工作的学生仅凭起薪就跻身美国、英国、新加坡和中国香港地区收入排名的前5%~20%。这些年轻人并非仅在本国境内接受训练——西方的大学、企业以及国家环境都为中国全球精英的崛起做出了贡献。关于中国如何帮助年青一代做好准备应对竞争日益激烈的世界，本书的内容将为目前盛行的观点提供补充，同时也为其他争夺全球主导地位的国家提供借鉴。

---

① 竹子天花板特指美国的东亚裔人士在职业晋升或发展以及其他方面遇到的社会障碍。

第一章

中国新精英

娜是一名短发的高个子女生，我们在中央中学的校长办公室相遇。短暂交谈几句后，我不经意地提到她似乎非常在意考试成绩。不料，我这随意的态度却让娜皱起眉头。她严肃地回应道："这么说吧，假如北大的分数线是660，但你只考了600。从这一刻开始，你的人生将完全不同。就像哈佛一样，美国还有任何一所大学的文凭能和哈佛等同吗？有吗？没有，不一样就是不一样。从实习机会到未来的公司、事业，都会是不同的。对吧？光是说一句'我是北大的'，就能让你有更高的起点。"

大学的意义因人而异。有些学生以考上大学为梦想，也有些将大学文凭视为未来财务安全的敲门砖。对中国的精英学生而言，高等教育不是人生的可能阶段，而是必然阶段。访谈中，我向娜询问了她的大学计划。她耐心地解释说，上大学从来都不是问题，问题是能否考入一所顶尖大学。在大学录取率极高的国家，比起考上大学，学生们更关注录取院校的层次。在那些经历了教育急剧扩张的社会中，教育机构的质量和声誉对个体的地位影响极深。[1]毕竟，当人人都能上大学，个体的优越性便体现在上了哪所大学。然而在中国，高等教育只对不到一半的考生开放，上大学依然被视为一种成就。[2]事实上，中国的大多数学生对考上大学的信心远远不如娜和她的同学们——若真有那样十足的把握，他们会轻松许多。

娜显然不能代表中国的普通学生。她强调的是对大学的选择，而不仅仅是大学本身，这表明她属于一个独特的群体——社会经济意义上的精英青年。这群学生追求卓越，试图取得高于他人的成就。而且，娜还根据大学录取结果规划了职业路线。也就是说，她在努力备考"梦校"（梦想中的学校）时已经看到了更为远大的目标。像娜这样的学生会将心血倾注于未来的地位而非考大学本身，大学只是直接影响地位结果的一个"出发点"。

本研究涉及的学生们皆与娜相仿，认为大学排名决定了他们的未来。他们投身于更激烈的教育竞争，在此过程中掌握了高超的技能。但在中国，高等教育并非总与精英地位紧密相关。"文化大革命"期间，人们的政治成分对其地位的影响最大。[3]"文革"结束后，政府恢复了全国高考，并在20世纪80年代进行了进一步的经济改革。随后的几十年里，全国教育亦经历了一系列改革。[4]在这段时间里，中国社会涌现出一批通过教育成功赢得自身地位的社会经济精英。[5]1998年后，大学大幅扩招，[6]但大学文凭持续带来可观的收入回报，仍然是经济及政治精英地位的先决条件。[7]在社会高速变革的同时，中国的社会不平等现象日益凸显。有证据表明中国社会已出现分化：收入最高的10%与其他人群之间的差距急剧扩大，就教育支出占家庭收入的比例而言，贫困家庭达到了富裕家庭的 50 倍。[8] 与其他国家相比，中国的财富代际传递特征更显著，即父母收入对子女收入的决定性更强。[9] 社会的高速变迁、不平等的加剧，加之较高的代际收入弹性，意味着向下流动成为需要严肃考虑的问题，因为沿地位阶梯下降的孩子们不太可能再爬上来。

在此背景下，教育作为地位再生产的主要手段显得尤为重要。在中国与许多其他国家，一流大学文凭是获得精英地位的关键。[10] 北大、清华这两所中国顶尖大学[11]的毕业生拥有其他大学校友所没有的优势，包括高达 95% 的毕业生就业率[12]（政策制定者们还在为中国高校毕业生整体较低的就业率担忧）、高于全国大学毕业生平均水平 50% 的起薪[13]，以及覆盖政治、学术和经济领域的庞大校友网络。[14] 这些优势往往具有长期影响，不难理解精英们为何将获得顶级文凭视为传承社会经济地位的最佳途径。

然而，想要考入顶尖大学，说起来容易做起来难。中国可以说是世界上教育竞争最激烈的国家之一。中国高等教育机构通过全国高考选拔学生，一般在每年的 6 月上旬举行为期三至四天的全国标准考试。[15] 考试涉及 6 个科目：语文、数学、英语和文综（地理、历史和政治）或理综（生物、化学和物理）。① 所有参加高考的高中毕业生按考试成绩进行排名，一个人最多只能获得一所大学的录取。[16] 虽然每年约有 40% 的考生被大学录取，但其中只有 0.08% 能够进入北大、清华。[17] 这一比例低于法国学生的"大学校"录取率（不到 5%），与美国高中生的常春藤盟校录取率（约 0.1%）相当。[18]

---

① 本书写作完成后，高考改革使高考科目在不同的省份可能有所不同。

总体而言，成功的概率微乎其微，这促使精英们利用其他资源来应对教育系统。户口制度是其中之一。在中国，福利和社会保障与一个人的户口所在地挂钩。教育资源也不例外，城市居民享有的教育机会和学校质量明显优于农村居民。大学入学率也取决于户口，大学的录取名额因省而异，会向本地区的生源倾斜。[19]北大、清华都位于北京，因此考生相对较少的北京却比考生较多的省份享有更多配额。在过去十年中，每年北京约有1%的考生能进入北大清华。相比之下，山东学生的高考分数需达到全省前0.1%才能考上清北，广东学生则要达到全省前0.03%。[20]

除了争取优势户口外，精英们还把孩子送到"对的"高中，这些高中能为高考提供专业的应试教育。研究发现，就读于顶级高中是极为重要的，一旦进入了优质高中，家庭背景对大学录取的影响便不再显著。[21]在北京，排名前十的学校（总数为291所）明显优于其他学校。相比于全北京1%的清北率，这十所高中每年将15%~25%的考生送进北大、清华。这些顶级高中采取成绩分班制，实验班中超过半数的学生能考上清北。面对如此可观的成功率，年青精英涌入这些每年只招收几百人的顶级高中。顶级高中的主要录取标准是中考成绩，必须考进全体考生的前10%。家庭背景也能帮上些忙，那些略低于入学分数线的考生可以选择支付一笔高额赞助费，填补那2~3分的差距（总分为580分）。这种做法的合法性和广泛存在表明，能够负担费用的精英家庭认为进入顶级高中是精英地位再生产的重要一步。

中国精英们无疑希望将其社会经济地位传至子女。但这些家庭的目标不仅是在中国保持精英地位，而且是要在全球范围内追求精英地位。本研究中的许多精英父母支持孩子在教育竞争中密切关注全球动向。为此，部分精英家庭已设定好清北毕业后出国留学的时间线。另一种常见做法是大学本科就把孩子送出国。[22] 克莱尔的母亲是一名拥有博士学历的医生，她便属于后一种。采访中，她直截了当地向我阐明家庭的野心："（克莱尔的）爸爸来自内蒙古的一个小村子，考上了大学，来到北京。（克莱尔的）目标就是将她爸爸的奋斗成果延续下去。"她直视我的双眼坚定地说道："她将追随她父亲的脚步，从北京走向世界。"克莱尔一家生活富裕，受教育水平高，在中国人脉颇广。但他们并不满足于中国社会的顶层，而是期望孩子在全球范围内追求精英地位。

并不是只有精英家庭选择送孩子出国。中国赴西方国家留学的国际学生数量已显著增长，不同社会经济背景的家庭都可以在国内和国外的高等教育体系之间选择。[23] 在国内看不到阶层上升的希望时，工薪阶层的父母也会送孩子出国留学；中产阶层则将西方教育视为一种"新教育信条"。[24] 尽管西方高等教育的长期回报有待商榷[25]，但大多数家庭认为，国外大学文凭能为毕业生在该国和中国换取体面的工作和薪酬。[26] 即便大学教育的总体回报存在不确定性，但顶尖大学的毕业生确实是国家和省级政府与企业寻求的高技能员工。毕业后归国的留学生中，有93%在6个月内找到了工作；其中超过25%的起薪达到全国平均水平的大约3倍。若是选择创业，他们也有望成功。[27] 因此，与留在中国读大学的精英青年一样，出国留学的精英们考虑的也不是能否有学上，而是上哪所大学。与国内的同龄人一样，这些海外留学生对顶尖大学的定义极为苛刻。被本研究中的学生们视为顶尖大学的，只有常春藤联盟校、斯坦福大学、麻省理工学院以及《美国新闻与世界报道》发布的美国最佳大学排名中前 30 的私立大学，还有牛津大学、剑桥大学。他们对其他大学和文理学院也有所了解，但并不认为它们属于同一层次。

中国公民想要申请到美国的顶尖大学极为不易。[28] 这些大学每年录取的中国学生非常有限，而且学生们还必须适应一整套截然不同的高等教育选拔体系。在这方面，精英父母往往从孩子很小的时候就重点投资教育，将子女的教育置于其他家庭活动之上。[29] 他们会聘请留学代理机构，帮助还在读高中的孩子与美国大学的教授取得联系，以提供个性化培训，这些教授的报酬高达每小时 2000 美元。[30] 中国的顶级高中也为孩子出国上大学提供了重要帮助，例如聘请美国大学招生负责人做学术顾问，效仿美国高中安排课程。顶级高中内部的竞争异常激烈。以 SAT[①] 分数为例：2013 年，北京的中国学生 SAT 分数的中位数为 1455 分（满分为 2400 分，在满分为 1600 分的新评分体系中，这相当于 1050 分）。[31] 相比之下，在我访问的顶级高中里，最低分也有 1800 分（相当于新评分体系中的 1300 分），按美国标准能排在前 20%。[32]

简言之，对于精英青年而言，高中阶段极为重要，他们将在顶尖学校里掌握未来成为全球精英的必要技能。中国的年青精英成长于富裕的家庭环境，一路伴随着卓越的教育成就与高度实用主义的地位竞争意识。交谈中，娜坦率精准地评估了顶尖大学带来的长期地位优势，但她并未阅读我前文引述的学术报告与统计证据。我诧异地望着眼前的十七岁少女，询问她这番见解从何而来。娜歪头想

---

① SAT 为美国高中毕业生学术能力水平考试，可以多次报名参加。

了想，耸肩道：“不知道。自然而然就知道了，从父母、同学、朋友那里。”娜的自然反应表明，她和同辈精英都被打造为教育成功者，无论未来会在哪个国家读大学。教育竞争被视为通向未来精英地位的关键环节，而这些学生已准备好在全球范围内争取上层地位。最重要的是，他们的准备相当充分。

未来精英的训练场：北京的顶级高中

1905 年，清朝废除科举制度，创办起现代的西式教育机构。入学选拔依据包括家庭背景（上溯三代）、外形条件、所在地区的政府官员的推荐信等等。尽管从名义上看，普通背景的学生并没有被排除在外，但这些选拔标准决定了学生只可能是精英世家中的男孩。[33] 其实，学校青睐精英并不令人意外，因为这些学校建立的目的是培养精英的子女，以帮助皇帝治理国家。50 年后，新中国成立初期，这些顶尖学校继续培养着精英家庭的子女，甚至各所学校招收不同类型的干部子女。有些学校主要招收政府官员的子女，另一些则负责教育军队干部的孩子。

快进至 21 世纪，这些曾是精英再生产与政治斗争中心的高中变了样子，成为全国知名的学业成就模范基地。这些学校适应精英家庭对国内外不同教育路线的多样需求。最迟在高一，精英家庭就要决定是否送孩子出国读大学。[34] 而为了确保学生申请到全球顶尖高校，精英高中会根据目标国家建立一套同样专业的教育体系。入学后，学生须在国内部与国际部之间做出选择，前者以中国高考高分为教学目标，后者致力于将学生送进美国等其他国家的顶尖高校。[35]

虽然国内部和国际部的入学选拔皆基于严格的成绩标准，但顶级高中学生的家庭背景高度同质化。[36] 一言以蔽之：多为精英。譬如以培养政府高级官员子女而闻名的欧米伽中学，每天放学时，校门口都围满了黑色豪车；中央中学和高地中学则与文化界关系密切，多年来教育成绩极为突出；顶峰中学建于原皇家土地；首都中学则录取许多高级军官的子女。据上述学校的教师估计，学生的家庭收入中位数大约是中国城市家庭收入前10%中位数的1.5倍。[37] 此外他们强调，相当比例的学生来自有权势的家庭，主要为部队或政府官员出身。两个世纪中的学生社会经济背景的高度同质性表明，选拔方式的变化对入学结果几乎没有影响，顶级高中仍然为精英提供服务。

顶峰中学和首都中学

顶级高中无疑是未来精英的培养基地。本研究的主要田野考察地——顶峰中学和首都中学，便是两个典型案例。20世纪初建校的顶峰中学是传统名校。由于学业成绩极为突出，媒体曾将其誉为"神校"。首都中学则是一所首建于毛泽东时代的新兴学校，近年来排名有飞跃性提升，已成为国内的"超级高中"之一。首都和顶峰都分设国际部和国内部，为选择出国和留在国内的学生提供有针对性的培训。这两所学校的课程安排及学生日程表趋同，学生高考成绩优异，申请美国大学的成功率也相当可观。

学校的任务是培养精英，校园的整体氛围也相当精英化，尽管两校略有不同之处。顶峰中学占地 6 公顷，位于北京市中心。地处繁华街区，整座校园却仿若一个秘密花园。学校大门的石墙与主教学楼的大堂里都刻有校名，校门口停放着自行车，楼内设有一架钢琴。国内部和国际部的学生们在校门旁的一座白色混凝土建筑里上课，[38] 六边形教室装修简约而温馨。教室墙面的上半部分为白色，下半部分则被刷成了淡蓝色。阳光和煦，透过暖橙色的窗帘打进来，每间教室都有四面窗子，两面朝外，两面朝向走廊。最前方设有黑板与一块小屏幕，后墙上是张贴考试成绩和荣誉事项的公告板。顶峰中学通过能力分级机制来区分最优生与其他学生。在我访问期间，高三实验班的成绩极为突出，打印在 A4 纸上的荣誉证明贴满了整面墙。在其他教室，班长会把每门科目的重点钉上去，提醒同学们不要犯常见的错误。精心布置教室的老师往往遵循极简主义的方针。一位数学老师在黑板旁边的角落摆放小小的塑料圣诞树来庆祝圣诞节，这棵树一直保留到第二年 6 月学年结束时。一名语文老师在公告板下摆了一个放有中国经典小说的书架，公告板上则写着"安静"两个大字。确实，顶峰中学无论上课时还是课间休息时都很安静，很少有人在走廊里聊天，即使交谈，人们也都压低声音。

顶峰中学的校园好似一座博物馆，展示着中国传统建筑与艺术珍品。虽然主教学楼为白色混凝土建筑，但其他建筑皆始建于 20 世纪初。行政办公场所是一座红墙四合院，旁边设有小小的人造池塘，水面架设着石桥，通向竹林环绕的亭子。不远处有一座更大的池塘，成群的金鱼在水中畅游。走进校园深处，若是天气好，能看到学生们坐在绿树成荫的长廊里读书。这条长廊连接着两座综合活动楼，其中一座的大厅中放置着一套编钟[39]和一架三角钢琴，另一座则设有 3 米宽的仿制浑天仪，四条黑色石雕龙共同支撑中央的空心球体，气势非凡。艺术品更是随处可见，主楼大厅的三面墙上挂有二十多幅书法作品，教室外的走廊上满是书法标语，鼓励大家专心备考。二楼有标语写着："全面卓越，迎战高考，服务国家，回报父母，实现职业梦想。"阳光下，一座 1.8 米高、展现青少年拔河情景的金属雕塑装点着田径场。校园各处的草坪上还散布着其他纪念雕塑，迎接着在校园里漫步的学生、老师和访客。

顶峰中学西南大约一小时车程的地方，坐落着首都中学。这所学校约有 4000 名学生，初、高中生各占一半，共享约 16 公顷的校园。首都中学位于城市边缘，环境奢华，有着强烈的国际气息，与周遭的环境对比显著。大门前，一座 4.5 米高的红色公共艺术品展示着学校的校训。经过安全检查站，迎面可见国际部新修的白色大楼。楼内入口处有一面电视大屏，循环播放着学生们的申请结果。怀着对学生成就的赞叹之情，我经过学业顾问的办公室（外籍顾问的办公地），来到墙上饰有数十面外国国旗的大厅。大厅的中央是一台地球仪，大得需要两人环抱。白色瓷砖在阳光下闪闪发亮，爬满了郁郁葱葱的绿植，这也是整座楼唯一不那么"国际化"的装饰。在我拜访首都中学期间，学生教室位于二楼到四楼，楼内到处是鼓励学生在教育竞争中顽强取胜的装饰元素，比如走廊上的印刷标语和二楼中央墙面上的大幅世界地图。地图上标出了北美和欧洲的十六所大学，它们正是学生们的目标，包括五所美国学校，即麻省理工学院、斯坦福大学、哈佛大学、普林斯顿大学和耶鲁大学，其中哈佛的名字被加粗放大。在大西洋的另一边，剑桥大学也被用较大的字体标出（但没有加粗），另外还有牛津大学和伦敦政治经济学院。除此之外，还有几所其他西方国家的学校。

走出国际部，我要穿过操场才能来到标志性的国内部。首都中学的操场由大面积草皮铺成，附近建有石亭、大礼堂和体育馆。国内部由三座五层高的红砖建筑组成，它们俯瞰着树木环绕的花园，这是专门模仿哈佛校园而建的。每幢楼都设有一间学生自习休息室，红木地板踩上去吱吱作响，上面背对背地摆放着几十把一米多高的蓝灰色绒布沙发椅。国内部与国际部的教室没有差别，正方形的教室里整齐摆放着三四十张白色金属书桌，抛光的米色瓷砖反射着屋顶的灯光。教室的前方是整面墙的黑板，嵌有平板电视，右侧摆放着长长的书架，教室的前后角落里设有两个教师书桌。与顶峰中学一样，首都中学的老师也根据自身科目的特性装饰教室。学校对装饰风格几乎不做整体要求，因此每间教室的装饰从奢华到朴素各不相同。一位生物教师将教室改造成了"温室"，窗台上种满了花草，屋内各处摆放着花盆，墙上挂着一幅人体血液循环图。一位语文老师在墙上贴满了世界地图、历史事件表和学生的考试成绩及排名，没留下一点空白。一位英语老师为书架填满英语小说和词典，将教室改造为小型图书馆。相比之下，一位数学老师只将测量工具放在书架顶部，其他空间留给学生摆放书和试卷。

校园的尽头是食堂。食堂类似于美国的美食广场，设有数十个窗口，学生们可排队享用每日特色菜。而尽管看起来选择很多，但许多学生并不满意，他们抱怨菜色过于单调。上课时间，校园一片宁静。而到了课间休息时，学生们的聊天声就充满了走廊，他们大声与其他班的朋友们打招呼。首都中学的学生精力充沛，老师们经常需要大声呼喊才能阻止他们在走廊里奔跑。

简而言之，顶峰中学以建筑古雅、文化品位高和历史文物丰富来展现精英特质，学生在宁静的环境中学习，磨炼从容不迫的品性。而首都中学以其宏伟的景观与国际化气息彰显精英风貌，精英学生在色彩明亮的国际化建筑之间自由漫步。两所学校各具特色，但相同的是，学校都与周边环境有明显的区别。正是在这样的校园里，中国的未来精英为参与全球竞争而接受培训，第一步是考入国内外顶尖高校。

备战高考

高考前十二天的早上七点，首都中学的高三学生们在操场集合。一位声音尖细的短发女生登上了讲台，对着麦克风大声道："十二天后，我们将冲向高考的战场。老师和家长的鼓励是我们手中的盾牌，努力与勤奋是我们的宝剑。"她大约讲了五分钟，将考试比作最后一战，宣誓自己与同学们会"为学校争取最高荣誉"。女孩完成演讲后，高三教师代表刘老师登台进行类似发言。他以"只剩十二天，你们将走向高考的战场"开始，以"十二天后，你们将成为（我们）学校的骄傲。十年后，你们将成为各自领域的中流砥柱。二十年后，你们将成为社会与国家的栋梁"收尾。

高考是严肃的，不能将其简单理解为一场高风险考试。就像上例中的女生与老师所说的那样，高考常被比作一场战斗，学生不仅要为生活与未来而战，还要为自己的学校与国家而战。该比喻显示，高考不仅仅是一场高等教育的筛选考试。在精英学生看来，高考结果关乎集体生存与团体的繁荣。鉴于这层额外意义，高考成绩自然成了学生的关注重心。高考成绩非常关键，实际上在整个高中阶段，任何其他标准的重要性都不可能与之相比。

对考试成绩的集体关注

没有什么能像高考一样吸引全国民众的关注。每年夏天，网民们都在社交媒体上发布高考主题的图文以博得热度，例如2017年以"高考"为名的虚构电影海报，背景中是一群面容严肃的青少年。各家媒体详细报道高考状元们高中毕业前的生活经历，使其一夜间成为全国名人。每到考试那几日，各地政府都会实施专项政策帮助考生家庭。高考前几天，《北京晚报》用大约5个版面（该报通常一期有40个版面）的篇幅刊登了政府对高考家庭的支持政策，包括允许考生家长的车在考试日占用警车车位，可能赶不到考场时请警方帮忙疏导交通。报纸版面的各个角落写满了关于照顾考生的贴士，例如专家建议提前60~90分钟吃早餐。考试当天，每个考场都配备救护车和安保人员。考生须出示准考证进入考场，焦虑的父母和心忧的老师们被拦在外面。每年这两天，考场附近的道路戒严，人流量大幅上升。尽管如此，附近居民似乎并不感到困扰，还竖起大型标志，提醒人们保持安静，以免打扰考生。

连网民、媒体、地方政府、社区居民等旁观人士都对考试结果如此关注，那么学生、老师和家长这些利益相关者自然会投入相当大的精力。在我所调查的高中，学生们每天都生活在激烈的竞争中。考试成绩通常是公开透明的。许多老师在教室墙壁或公告牌上张贴学生的名字、考试成绩、班级排名和过往排名。学校在走廊上用粉色纸张和超大字体宣扬学生的详细成绩，称之为"荣誉榜"。录取结果一出，学校就会在官网上列出清北录取名单，并在校门口张贴海报。首都中学等学校正在逐步停止公开学生成绩，但学生们照样能获取这些信息，不论是通过相互询问还是老师的协助。他们甚至可以利用家庭的社交网络——父母们通过社交媒体比较孩子的考试成绩，信息传播速度极快。叶华是一名就读于顶峰中学的男生，有一次他拿着试卷慢慢地向门口走去。不到30秒，脚还没迈出门，就听到同学在教室里大喊："叶华！你考了140分？"他还补了一句，"我妈说是你妈告诉她的"，以示来源可靠。在顶峰中学，询问考试成绩是正常的聊天开场白，谈论彼此的分数就像谈论天气一样。

  学生们在考试成绩上开展的竞争异常激烈。在老师的鞭策下，各个班级之间也相互评比，看哪个班的平均分最高，或是年级第一出在哪个班。分数的公开自然也催生了校际竞争，老师们会用尽一切办法提高学校的高考平均分，比如说服已经获得保送资格的奥林匹克竞赛（简称"奥赛"）获奖者参加高考，因为他们的成绩往往十分优秀。一切以竞争为中心的思考方式使教师们对外校学生极为多疑，最典型的例子发生在首都中学高三的一次物理课上，一位中年李姓教师警告学生们："在考场……其他学校的学生会想办法暗算你，就因为你来自首都中学。不要听他们的话，不要帮助他们。

无论他们说什么或给你什么，都是想害你。"

将其他学校的考生描述为敌人的老师并非只有她一个，在许多教师看来，外校生会不择手段伤害自己的学生。他们对其他学校的学生如此警惕，或许是因为要对学生备考负全责。在中国，家长（包括精英）往往默认在高考方面应一切听从老师的建议。在大礼堂举行的家长会上，大约五百名家长坐在台下，安静聆听老师们的演讲。私下的会面不多，老师也并不鼓励。许多老师表示，家长的拜访是"完全没有必要"的，是"浪费时间"，并试图"在几句话内结束谈话"。[40] 某年夏天，顶峰中学要求所有班主任进行家访。老师们承认其良好意图，但仍然抱怨不已。在强烈的抵触和反对下，顶峰中学的管理层撤回了这一要求。

在家长眼中，老师掌握着他们无从获得的知识，大多数家长会不假思索地接受老师的计划。即使无法理解老师的某项安排或通知，他们也会保持沉默，不寻求解释。[41] 家长们虽采取了不干涉的方式，但这绝非忽视。本研究中的精英家长们会营造一切以考试为重的环境，从而支持自己的孩子。例如，他们会支付高昂的房租，搬到靠近学校的公寓，以减少孩子的通勤时间。那些考出过状元的公寓租金尤为高昂，房东们通常会借机涨价两至三倍。除了明明有房却额外支付房租外，这些父母还会为提升孩子的高考成绩而牺牲自己。[42] 一部名为《高三》的纪录片曾展现如下情景：在福建，一名老师劝告家长不要在孩子高三这年离婚，因为高考考得好比中彩票还好，家长顺从地点头称是。[43] 每年的媒体报道中都有家长为不影响孩子备考而隐瞒祖父母病情的事例。有时，好学生的父母甚至会出于同样原因而隐瞒其中一人的突然离世。考虑到成年人和周围人对高考的共同关注，无怪乎精英学生将考试抬高到学生生活中的至高之位。

北京的特殊情况

放眼世界，高风险考试往往是直接而易于理解的——高分者进入更好的学校。在这一点上，高考也不例外。然而，北京的高考结构还包括一系列特殊情况，可能影响学生的录取结果，需要谨慎应对。在我田野考察期间（2013年至2014年），一种最有益（或有害）的特殊情况是高考加分制度。部分学生可以直接获得高考成绩的加分，而且有多种获得加分的方式，但每名学生只能择其一。表1.1列出了2013年和2014年可选的加分项目。除了少数民族外，要获得加分都需要花费学生大量时间。学生最少要花6个月准备各大学组织的自主招生考试，而若选择高中奥赛，则要准备两年之久。此外，如表1.1所示，加分方式和预期收益经常遭遇临时变动。2014年，在奥赛开始前的两个月，政府突然宣布，全国中学生奥林匹克竞赛的金牌获得者将不再自动获得保送大学的资格。这一消息彻底将于朗压垮，她花了整整两年准备竞赛，为此牺牲了准备高考的时间。同年，首都中学的丽丽告诉我，她的梦校在自主招生前几个月突然取消了考试，看到通知她差点哭了出来。

表 1.1　北京学生可获得的加分

类型	2013 年加分	2014 年加分
1. 全国高中奥林匹克竞赛的最高等级 [a]	保送	10 分
2. 通过大学自主招生考试	上限 60 分	上限 60 分
3. 三好学生 [b]	20 分	10 分
4. 体育特长 [c]	20 分	20 分
5. 少数民族	10 分	5 分
6. 校长推荐 [d]	60 分	60 分
7. 北京大学及清华大学冬令营	上限 60 分	上限 60 分

注：每名学生只能获得一种类型的加分。
a. 除了 10 分加分，北京大学和清华大学还在 2014 年大幅降低了这些学生的录取分数线。2015 年加分制被废除，但分数线降低仍然有效。
b. "三好学生"加分政策于 2015 年被废除。
c. 政府逐渐减少了符合特长生加分资格的体育项目。
d. 北京大学和清华大学每年向北京的顶尖高中分配一至两个名额。

　　北京考生面临的另一个独特障碍是报志愿的方式。每个学生在填报志愿后最多只会收到一所大学的录取通知书，在中国的大多数省、自治区、直辖市，学生会根据自己的高考分数填报志愿，这是比较直观的。但在北京，学生会在 6 月高考之前的 5 月提交最多 5 个志愿。未出成绩先做选择的风险明确体现于该制度的官方名称：猜分填报志愿。[44] 除此之外，考生与学校的匹配过程使得录取程序更加复杂，学生还需要考虑具体院校的各种限制。例如，顶尖大学只录取第一志愿报考的学生。有些大学接受第一志愿为顶尖大学的考生将自己填为第二志愿，有些大学干脆不接受将本校填报为第三志愿及以后的学生。也有许多大学允许学生将其列到后面，但每低一个志愿档次，分数线都要向上调整（相当于扣更多分）。而且，这些标准是大学自行决定的，录取处理时间也各不相同。在一次家长会上,首都中学的副校长多次告诫家长第一志愿的重要性,"当一所大学将(未录取的)学生的考试成绩发到下一所大学时,(后者)可能已经报满了,就无法再录取了",即便这名学生的分数达到了录取分数线。[45] 欧米伽中学的一名女生曾总结精英学生的应对之策:"只有第一志愿才算数,第二个已经是备选项,和第一志愿差很远。基本上,没人愿意去第二志愿。"

这些潜在风险让原本简明的选拔系统变得复杂。备战高考的精英学生需要随时了解这些特殊政策,应对突发变化。因此,学生和他们的家人不得不投入大量精力争取加分,把时间花在稳妥择校上面。

国内部的日常

精英学生目标单一,面临巨大的不确定性,他们的三年高中生活就是为高考做准备的。其实许多人认为自己已经为高考做了"超过十年"的准备,或者"从上小学起""从记事以来"就在备考。田野调查初期,我曾询问欧米伽中学的柳向祖和他的三位好友每天学习多长时间,有哪些课外活动。听到问题后,他们一脸无法置信的表情。"那就是24小时吧。"其中一人翻了个白眼。另一人讽刺地答道:"课外活动是什么?没听说过。"[46] 另一次采访中,中央中学的娜同学用成语"一锤定音"形容中式教育的过程。换句话说,高考是最后一锤,决定了这名学生的成果,为其"十多年"的刻苦努力赋予意义。有位老师也曾对我说过与娜等人的说法相似的话:"备战高考是一份全职工作。"我很快意识到,这些描述毫无夸张成分。对于顶级高中的精英学生和其他所有以清华、北大为目标的考生而言,醒着的每分每秒都要用来备考。

在顶级中学,老师们会将三年的考试内容压缩到两年的课程中,磨炼学生们的应试技能,而最后一年高三的全部活动皆为备考而展开。高三学生一天的学习生活大致如此开始:早上七点半到校,参加当日的第一场考试。首都中学是个例外,周一一早学生们要到操场上参加升旗仪式,受表彰的学生会站上主席台。老师希望同学们在升旗仪式上保持专注,但大多数学生会偷偷将备考笔记藏在口袋或袖子里,机械地为台上的人鼓掌(用某位学生的话,这些人"想必是做了什么好事")。

八点开始上第一节课。高一和高二的学生还会上一些与考试无关的课程,比如哲学,但高三学生只学考试科目和上体育课。[47]上课内容则是做卷子和讲卷子的循环。我很快了解到,学生们如果一节课做卷子,那么下节课就会是讲卷子,然后再做卷子,再讲卷子,不断循环。高三学生经常考试,包括各科的每日测验、周考、期中考、区模考和期末考。甚至连体育课的目的也是提高考试成绩:体育是高中毕业考试的一部分,学生的健康对于执行日常计划是必不可少的。课间休息有十分钟[48],午餐则是一个小时,老师经常为了再讲一两道题而拖堂。剩下的时间里,学生们排队上厕所,小睡片刻,讨论试题,或在桌前自习。

全天的课程于五点半结束,学生们可以回家吃晚饭。几乎所有高三生都会在一个小时内返回学校开始晚自习,老师则在走廊巡逻。学校非常重视晚自习,老师们声称晚自习的效果直接与高考成绩相关，也会在家长会上通报晚自习情况。学生们可以自行决定学到几点，但几乎所有人都在晚上九点半到十点半之间离开。一天结束时，学生疲惫地拖着脚步朝前门走去，十五小时前，他们从这里走进教室。回家后，他们会继续学习，通常在十一点到半夜两点之间上床睡觉（表1.2列出了国内部的学生日程表）。周末的学习任务就更重了，许多高三生因为压力大，整个周末都会穿着校服在学校自习，早上九点到校，晚上九点左右离开。周末的自习与晚自习类似，老师会在校园里巡逻，学生们安静地学习，铃声照常打响，与平日一样。学生们每天在校度过十二到十五个小时，几乎没有时间接受任何形式的课外辅导、补习或影子教育。[49]

表1.2 首都中学和顶峰中学时间表

	国内部和国际部（秋季学期，高三）	国际部（春季学期，高三）	
		首都中学	顶峰中学
7:00—7:20	到校		
7:20—8:00	开始上课[a]		到校
8:00—12:25	第一节至第五节课	到校	上课时间
12:25—13:35	午休	午休	午休
13:35—16:00	第六节至第八节课	上课时间	上课时间
16:00—17:30	自习		
17:30—18:30	晚休		
18:30—21:30/22:30	晚自习[b]		

a. 内容包括考试、自习和升旗仪式。
b. 通常高三才有晚自习。

申请美国大学

首都中学的几位高三生曾邀请我参加 5 月的数学课堂展示，课题是两个变量之间的统计关系研究。莉兹和蒂娜两位女生决定使用"CUUS 2016 年申请队列"（CUUS 全称为"Chinese Undergraduates in the United States"，即"在美中国本科生"，是留美中国学生公益论坛）的数据，探究 SAT 分数与大学录取结果之间的关系，该队列包含了数百个样本。我坐在教室的后排聆听。她们使用幻灯片展示，第一页的大标题写着"SAT 分数和大学录取"。莉兹是一名开朗的短发女生，脸上有些痘痘，她走到教室前方，微笑着向同学们介绍项目情况。这个题目瞬间吸引了全班同学的注意力，刚刚还在打瞌睡或偷偷发短信的学生立刻抬起头，坐直了身子，专心望着屏幕。

莉兹指着屏幕，环视整个教室，坦率地说："这应该是我们所有人最关心的事。我是说曾经最关心的。"（这批学生已经参加 SAT 考试并收到了大学录取结果。）经过莉兹的暖场，蒂娜开始汇报她们的研究结果，她是一位安静而害羞的女生。她首先展示了一个明显呈正相关的散点图。"很明显，SAT 分数越高，录取学校排名越高。"她有些紧张，语速不断加快，眼睛紧盯着屏幕，"所有的点会集中在这条线周围，我们可以看到两者之间的确存在联系。我们进行了假说检验，证明它们确实相关。"同学们专注地望着幻灯片，蒂娜道出她们的结论："我们的结论是，尽管我们非常希望告诉自己，SAT 低分并不一定意味着大学排名低，但数据表明，正是 SAT 分数决定了我们被哪所大学录取。"大家点头赞同，都认为这个结论具有说服力。

国际部学生对申请美国大学的流程了如指掌。在高中期间，他们制作作品集，写论文，寻求推荐信，平日争取考高分。即便如此，他们依然坚信 SAT 分数与申请结果直接相关。在众多主题中，莉兹和蒂娜选择研究 SAT 分数与申请结果之间的关联，表明她们在考完 SAT 后仍对其相当关注。"SAT"这个词能迅速吸引同学们的注意力（让他们抬头专心看屏幕），可见莉兹和蒂娜并非特例，教室里大多数学生都对此很感兴趣。虽然距毕业只剩不到一个月，但这些精英学生并未将申请抛诸脑后。SAT 成绩是他们"曾经最关心的"。

聚焦 SAT

除学生群体外，媒体、网民和地方企业在美国大学申请季也对 SAT 成绩表现出关注。媒体通常将 SAT（和 ACT，美国大学入学考试）称为"美国高考"。[50] 记者们会详细报道每年获得 SAT 满分和被多所美国顶尖大学录取的学生。这些报道会展开介绍他们如何备考 SAT、选择哪所大学，将其塑造为同一赛道学生的楷模。网民们会在社交媒体上转发文章并表示祝贺，留学目的国及高校的大学生们也会在社交媒体上分享这些新闻，表示期待新生的到来。与高考成绩突出的学生一样，SAT 高分者也能立即在其城市、省份、国家，甚至跨越大洲收获名誉。SAT 备考已是繁荣产业，各学区涌现出一大批 SAT 补习机构（或"影子教育"机构），学校附近的书店为本地的考生提供大量 SAT 考试指南、词汇手册和模拟题册，就摆在一进店的显眼位置。有些书店卖的 SAT 资料太多，引得学生们抱怨其他书籍进得不够多。

志在前往美国求学的学生和家庭都明白，美国大学采用的是综合评估每位申请者的选拔系统，但他们仍将焦点放在 SAT 分数上并为此竞争。从某种意义上说，学生们对待 SAT 就好像对待高考一样。第一次接触这些有志出国的学生时，他们对考试分数的执着令我惊讶。首都中学一位姓龙的数学教师是我的主要信息提供者，他曾邀请我代一节物理课，向同学们介绍美国的大学生活。我进行简短介绍后，学生们立刻提出了问题，比如："如果我 SAT 分数不太高，能考上布林莫尔学院吗？""据说都是考同一所大学，中国学生要比美国学生 SAT 分更高才行，是不是真的啊？""该不该同时备考 GRE（美国研究生入学考试）和 SAT？"结果，我回答的所有问题都与备考和 SAT 分数有关。学生们对 SAT 的关注度是其他任何话题都难以企及的。他们有时会忘记带课本，但从不会忘记带 SAT 单词书。他们的课堂笔记字迹潦草，满是涂鸦，随意放在课桌上、书包里或书本之间。相比之下，他们的 SAT 笔记十分工整，收在透明文件夹里，随时可以翻出查阅。

学生们会在课间休息、吃饭时和放学后互相比较 SAT 成绩，对彼此的分数非常关注，甚至上课时也会偷偷讨论。[51] SAT 虽说是个人考试，分数却成了公开信息。学生们会与同班同学、不同年级乃至不同学校的预备留学生做比较，他们相信美国大学会将所有中国申请者放到一个池子里，所以竞争对手并不限于北京学生。他们会利用补习机构、个人社交圈、在线聊天室等渠道获知对方的 SAT 分数。汉娜来自首都中学，被约翰斯·霍普金斯大学录取。据她说，同级新生的 SAT 分数最高可达满分，最低的要比最高的少 200 分。这或许表明美国大学会接纳 SAT 分数各不相同的中国学生，SAT 并不像大家想象中那么重要。[52] 即便如此，学生们还是无视了这种可能性，继续专注于考试。

比较 SAT 分数是国际部学生们的标准问候方式。他们会坦率地回答，也期望对方坦诚以待。许多人并不喜欢这种以 SAT 为主题的问候，但仍然参与其中。首都中学的赛琳娜平时多与另一所顶级高中的学生往来，她对这种行为尤其不满："中国学生一见面就问你 SAT 考多少分，然后他们会说，'哦，我比你低'，或者'我比你高'，诸如此类。"学生们对他人成绩的情绪反应也很大，他们鄙视低分者，会说某人"只得了"某个（低）分，或者"最终只去了"某个（低排名的）大学，同时尊崇高分者，将其形容为"优秀"或"太强了"。学生们即使不再联系，也还能记得对方的 SAT 分数。对 SAT 分数的共同关注，对 SAT 结果的情感投入，以及 SAT 分数构成其长期记忆的事实，都表明对于精英学生来说，SAT 不仅仅是一次考试。

家长们全身心投入帮孩子备考。富裕的精英家长为此耗资巨大，每年的账单包括 1.5 万美元的国际部学费，[53] 3000 美元的课外辅导费，以及每节课 100 美元的私人辅导。[54] 放假期间，家长们还会送孩子去美国参加夏令营，提高他们的英语能力，预算可高达 5 万美元。除此之外，学生们每年还要前往中国香港地区或新加坡参加考试，多的要去 5 次，父母为其支付机票、酒店和报名费用。家长们的许多付出是难以量化的。不少父母表示自己曾通宵研究美国大学，每天早早起床为孩子准备新鲜的面包，寻找 SAT 名师帮孩子提分。学生家长为 SAT 付出的心血表明，这项考试对他们而言至关重要。

然而，学生和家长对 SAT 的重视引起了学校顾问教师的不满。尽管学生家庭坚信 SAT 是选择大学的基础，但顾问们却认为 SAT 只是一个必须通过的节点，他们更看重在高校实力与学生兴趣之间寻找最佳"匹配"。但家长对学生申请列表的掌控权更大，学校顾问有时会感到无力。在首都中学工作的美国顾问汤姆戴着防雾霾口罩皱眉抱怨，许多家长只是"拿出一份美国最佳大学排名"，告诉孩子"申请排名前十或前三十的学校"。即使像约翰这样的中国顾问，如果去劝家长不要完全基于 SAT 分数做决定，家长也会立刻用"你太不体谅人了！"等指责来让他们闭嘴。家长和学校顾问对 SAT 的不同理解让顾问十分沮丧，顾问们暗指家长阻碍他们履行工作职责。首都中学的美国顾问克里斯以一声叹息总结了顾问的无力感："最终，决定权还是在家长和学生手中。"

尽管学校顾问们认为家长对 SAT 的重视是出于无知，但本研究中的精英家长认为，其做法是对美国大学申请系统不确定性的理性应对。家长们承认美国的高等教育选拔系统与中国的大相径庭，知道录取结果不完全取决于考试成绩，也很为孩子的作品集焦虑。然而，正如特蕾西的父亲解释的那样，问题在于他们"不明白……课外活动究竟有什么重要的，目的是什么，又可以展现出什么"。他们想知道每项标准的相对重要性，却得不到一个明确答案。因此，在缺乏关键信息的情况下，家长们只得把注意力集中在标准明确的事情上——SAT 分数，越高越好。

学校顾问们劝孩子不要把注意力集中在他们认为唯一可控的标

准上，家长们认为孩子们在 SAT 备考上没能得到顾问的充分支持，于是把孩子送到专门从事 SAT 备考的补习班和私教那里。本研究中几个学校的国际部都有类似的不鼓励学生聘请私教的政策，但很少能够执行下去。中央中学实行的是零容忍政策，家长们只得秘密寻求外部帮助。顶峰中学和首都中学的劝阻方式是在家长会上强调顾问的资质，但本研究中计划留学的学生只有一个人没有接受私人辅导或咨询服务。有些学校会与特定机构合作，其他学校则不太在意，欧米伽的学生花大价钱请私教和顾问是众所周知的。[55]

  缺乏沟通加剧了学校顾问和家长之间的分歧。顾问们常对家长表示欢迎，认为与家长顺畅沟通很重要，但大多数家长并未与孩子的顾问见面。外籍顾问将沟通问题归因于语言障碍。语言可能是一个重要因素，但在首都中学，中国顾问约翰（传言中接触家长最多的顾问）也表示，把所有沟通方式都算上，整个学年中也只有"大约四分之一的家长"联系过自己。特例家庭也并未打破这一规则。布兰登的父亲是本研究中唯一一位完全信任美国顾问并与之密切协作的家长。这位父亲赞扬顾问威廉"经验丰富，诚实正直，熟悉美国的许多大学"。然而即便如此，他也很少与顾问沟通，也没有提供威廉具体怎样帮助布兰登的事例。换句话说，与国内部的家长类似，国际部的精英家长通常不会主动联系学校顾问。

国际部的日常

  尽管申请的大学相同，但中国高中国际部的学生与美国高中生的生活并不相同，在申请季结束前，他们的日程安排反而与国内部学生高度一致。学生们早上七点半前到达学校，而后要上五节课，两节课之间有十分钟的休息时间。吃完午饭，再上三节课。他们在晚饭后也回学校自习到晚上九点半或十点半（表1.2展示了国际部学生的典型日程）。当然，国内部与国际部之间也有不少较小的差异。其中之一是申请压力的集中时间不同，国际部的申请高峰在高二，学生们常常声称自己的焦虑超过了高考生。首都中学的托尼成绩十分优秀，他向我表达了高二阶段的艰辛："整个高二，感觉自己是被车拖着走。我要拼命努力追赶。"他认识到自己得取悦老师，做好课前预习和课后复习，按时完成作业，但他"根本没有时间"。"要考SAT，要考AP①，还要做ECE认证[56]。"托尼的回忆表明，他和同学们将考试成绩置于其他入学要求之上，各种申请条件都在抢占他们的时间，因此他们感到不堪重负。

学校不提供SAT备考课程，但SAT成绩对学生及其家庭至关重要，他们就只能周末上补习班或接受私人辅导。而顶级学校看到学生们不多思考就将整个高二和高三上半年全花在备考上，便会担心他们忽视其他入学要求，反而不利于申请。出于对学校声誉的考量，这些顶级高中开始采取措施强制学生参与美国大学所欣赏的活动。首都中学每天下午至少安排一节课用于校内活动，计入课外实践。尽管学生们常有怨言，但这些经历确实成了申请文书中展现个人领导力的案例。与其他学校相比，首都中学已经做得很少了，有

---

① AP是Advanced Placement的缩写，即大学先修课程，此处指大学先修课程及考试，主要适用于计划前往美国读本科的高中生。AP成绩可以抵扣大学相应课程的学分，也是美国及世界其他国家和地区的部分大学录取学生的重要依据。

些学校甚至会组织海外志愿活动。[57]

高三的春季学期，国际部学生会收到录取结果，他们的日程表从此彻底改变。学生们不再在学校待到很晚，周末也不来自习。国际部没有标准化课表，取决于个人的课程量，学生们的时间表相对灵活。首都中学国际部的学生常常中午左右到校，下午才上课；顶峰中学则是上午上课，吃完午饭就放学。学生可以自由选择感兴趣的选修课，只要学校能够提供。首都中学开设微观经济学 AP 课程已久，聘请了一位拥有该领域高级学位的教师。北京的另一所顶级中学计划开设名为"社会科学写作"的课程，本研究涉及的学校都没有开这门课。灵活的课程表和自由进出学校的权限让国际部高三学生可以在校外发展自己的兴趣——亚历克斯兴致勃勃地报了武术课，乔则决定在暑假之前完成志愿工作。许多学生前往东亚其他国家或东南亚旅行，也有少数人想要狂补韩国电视剧。

小结

对精英青年而言，上大学不仅是一个教育里程碑，更是决定他们能否参与未来精英地位竞争的关键一步。根据这一理解，高考并不只是一场决定学生能在中国上哪所大学的考试，SAT 也不仅仅和美国高校申请有关。学生们坚信，在这些考试中获得高分并获得顶尖大学的录取通知书，是参与全球精英地位竞争的通行证。精英学生们将考入一流大学与长期地位收益联系起来，专注与同龄人竞争，争取名校录取资格，愿意在整个高中时期埋头于课本和模拟考。他们每天都活在竞争里，自己和同学们的成绩从来不是秘密。

那些通过教育成就提升地位的精英父母秉持着与子女相同的观念，也会尽力帮助孩子应对教育竞争。培养未来精英的一个关键步骤是尽可能将其送入顶级高中。这些高中尽显精英主义美学，教学成绩傲人，以培养精英学子的成功经验为荣，其中一些学校自清朝建校以来便桃李满门。学校教师以培养学生进入名校为己任。在备考的过程中，顶级中学的精英学生们全情投入全中国乃至全世界的地位竞争。正是在这样的环境里，中国未来的精英们获得了争夺全球精英地位所需的方法与工具。

第二章

各居其位

"欸我说，你听说过学神吗？"这是晓龙对我说的第一句话。当时快到晚餐时间了，学生们纷纷收拾书包走出教室，我正想着能否在下雪前赶到家。晓龙就坐在我旁边，把课本塞进椅背上挂着的黑书包里。我迟疑道："没有听过。"他对我的回答很惊讶，转过头来："那学霸呢？至少听过学渣或学弱吧？"我简直像是在听火星语。晓龙右手搭着椅背，左手肘支在膝盖上，微笑着放缓语速："那好吧，我来给你科普一下。"

最初走访中学时，我的目标是找到受欢迎或被排斥的标志，它们通常是精英地位的标志。[1]不过，学校里虽然也有比较受欢迎或者担任干部的学生，但这些特质对于同学们来说似乎没那么重要。受欢迎的学生有时也会被嘲笑，有魅力的孩子并未受到优待。就连班长都很难行使权力，常常被大家忽视（这个职位是投票选出或由老师指定的）。有些学生会在社交媒体上炫耀他们的奢侈品，但收到的"赞"很少，也没有引起太多关注。擅长体育的学生找不到人跟他们一起运动，擅长艺术的学生的才华也被同学们忽视。显然，如果将中国高中的地位再生产比喻为一种纸牌游戏，那么我还没摸清规则。[2] 那么，游戏的规则到底是什么？在这些成绩优异的中国精英学生中间，能让人获得地位的特征是什么？

正如晓龙等学生后来解释的那样，在他们的世界里，地位体系的决定标准只有一个：考试分数。此规则在不同的学校都适用，从国内部到国际部人人遵从。学生们相信考试分数决定大学录取结果，因此将成绩视为个人地位的决定因素（在这里，考试排名和录取结果也能代表学生的成绩）。

从国际标准来看，精英青少年群体的平均水平已经算是一流，因此，最高分与最低分之间的差距自然很小。在国内部，高地位群体包括那些考试分数接近北大、清华录取分数线，或在北京市排名前3%的学生。[3] 在国际部，SAT成绩2200分是一个标准线（在新制下为1510分，或者是美国的前2%）。在学生们看来，考过这个神奇分数是进入常春藤盟校的敲门砖。低地位群体包括所有分数低于学校平均分的学生，虽说平均分数因时而异，但根据学校公布的考试成绩，这些都不难计算。SAT成绩不会公开，但每次考试后，学生们都会分享自己的成绩，让SAT分数事实上成了公开信息。SAT的平均分通常在2100分到2150分（新制下为1470至1490分，或者是美国的前3%到4%）。[4]

地位体系的规则简单明了，但学生们仍会遇到一些障碍。一个是考试分数经常波动。学生们会密切关注彼此的表现，常常告诉我"没有人一直考低分"，即使最优秀的学生也可能"在一两次考试中失手"。考试频率如此之高，成绩的波动会给地位体系带来变化。学生们认为，解决办法是忽略个别的"偶然变化"，去"关注（每个人的）平均分"。换句话说，考试成绩波动的问题是随着学生互相监控成绩而产生的。而讽刺的是，他们的解决方法是更加密切地监测彼此的分数。

以考试成绩判定地位的另一个问题是，顶级高中的学生通常都成绩不错。每年，顶峰中学的实验班里都有一半学生考进北大、清华。首都中学每年都能总结出一份获得常春藤盟校及其他同水平高校录取通知的学生名单。高地中学不太关心北大、清华录取率，只要学生高考取得高分。一个教室里半数以上的学生拥有最高地位是不切实际的，[5] 于是学生们引入了"轻松"作为第二个划分依据。所谓轻松就是不勤奋、不努力或是不费力。学生口中的"轻松"指标包括是否及以何种程度参与无关备考的活动，如网络游戏、体育运动、饮食和睡眠。在他们看来，轻松是对个体时间利用的量化度量。[6] 在考试分数相当的学生中，那些具有轻松特质的地位更高。不过，尽管轻松的学生更受优待，在日常交流中，大家依然专注于考试成绩。在这个地位体系中，只有当很多学生的考试分数都相近时，轻松才变得重要。

中国式青少年地位体系

学神

基于地位评定规则，精英学生们根据考试成绩和轻松程度划分了四个层级，在国内部与国际部均适用（见图2.1）。[7] 该层级结构的顶端是学神，也就是那些不太用功就能得高分的人。学神是很稀少的，也并非平均分布在各个学校、年级和学部。不论哪所学校，同一年级的高考生或出国生中，学神的数量往往都超不过五个，有时甚至一个都没有。欧米伽中学以学神多而著称，罗伯特对此事的总结十分到位："欧米伽肯定有一群学神，从入学新生就能看出来，他们把全北京最优秀最聪明的都挑走了。"

高地中学的凯风便是一位典型的学神，他身高中等，说话语气温和。凯风显然成绩优异，也是为数不多被老师选去参加高中奥赛的学生之一。凯风起初并不愿意，认为花费精力准备竞赛并不值得。然而，在其他竞赛生已经准备了一年后，他在高二时改变了主意。接受采访时，他解释道："我意识到奥赛只用考一天，但高考要考两天。如果一天就能搞定，那还是一天吧。"换句话说，他选择了竞赛这一路径，是为了节省精力。仅仅备赛一年，凯风便取得了奥赛顶尖成绩，并在高三开学后不久获得了保送北京大学的资格。

凯风与北京大学签约后，高地中学的老师说服他也参加高考，以提高学校的平均分。凯风被迫同意了，但他认为老师们设定的目标（高于学校平均水平）太简单了，于是为自己设定了一个更"合适"的目标，即在他的专业学科取得北京市第一名。凯风表示，即使获得了北京大学的录取通知，他也有努力学习的动力。他自愿与同学们一起，每晚在学校待到十点半。然而，他的努力似乎仅限于此。其他学生在教室里学习时，凯风则在玩魔方或光是为了消遣而解超出考试范围的数学题。接受采访时，凯风承认自己十二点左右上床前会看"两三集动画"或玩"一会儿"网络游戏。他还经常与同学们讨论动画剧情和游戏进度。作为一名不太费力就取得顶尖成绩的学生，凯风符合学神的标准，是高地中学向外来研究者推介的理想代表。

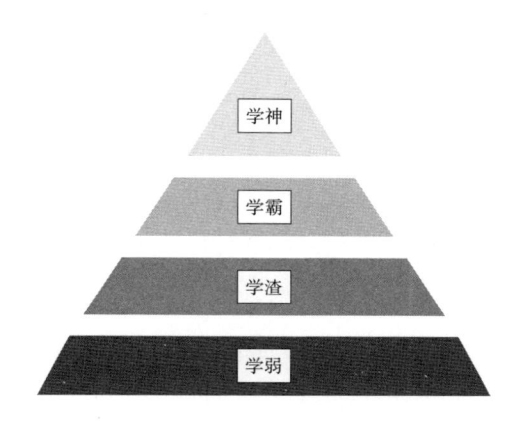

图 2.1　中国顶级高中的地位体系。本图无意标示每种地位层级包含的学生人数。一般来说，学神和学弱是人数最少的两个群体，学霸比学神和学弱的总和还多，而学渣是四个层级中人数最多的

学霸

第二类是"学霸"，意为"学习狂人"。学霸是指"学习非常努力且考试分数高"的学生。学霸比学神更常见，但仍只占学生中的一小部分。他们通常能获得与学神相媲美的考试分数，但无法做到轻松自如，因此被排除在顶层群体之外。尽管位列学神之下，学霸仍凭借优异的考试成绩在学校中享有较高地位。学霸是许多顶级高中提振平均分和大学录取成果的主力军。比如在托尼看来，首都中学之所以能大幅提升考试成绩，大学录取水平与欧米伽相当，主要归功于勤奋的学霸："欧米伽的学神更多，顶峰既有学神又有学霸。但首都中学培养了大量学霸。"

特蕾西是首都中学国际部的一名短发女生，身材瘦弱，有着大大的眼睛，她说话速度极快，具备学霸的所有标志性特征。虽然性格活泼、精力充沛，但浓浓的黑眼圈让她看起来并不轻松。特蕾西参加了几次SAT考试，最终获得了2200分的综合分数，虽然不错，却无法与学神们超过2300分的高分匹敌。尽管SAT分数略低，但特蕾西后来还是与学神朋友们一起被约翰斯·霍普金斯大学录取，她对这个结果比较满意。与轻松学习的学神们不同，特蕾西显然非常勤奋。每次来到她的教室，我都看到她在用功，要么在练习写作，要么在背SAT单词。上课时，老师们往往在一开始以随意讨论的形式激发学生们的兴趣，但特蕾西很少回应，而是在下面做些别的功课。特蕾西的同学和老师很少见她休息。与大家交流时，他们经常跟我开玩笑说她是个工作狂。

高中快毕业时，国际部的学生已经确定了大学去向，学生们变得悠闲起来，大多数人不再熬夜学习。但特蕾西除外，她继续努力学习。在高三的最后两个月，特蕾西经常躲在空教室里，因为觉得同学"太吵"，会分散她的注意力。几次看到她独自学习后，我走进教室问她在做什么。特蕾西认真地解释说："我在学AP课程，很花时间，我只有考得好才能继续被（约翰斯·霍普金斯大学）认可，还要准备入学分级考试。"我点了点头。特蕾西示意我坐过去，给我展示笔记本电脑上的单行距多页文章。"这是我的宿舍申请。我想住的宿舍区是申请人数最多的，所以这份申请越完美越好。我已经努力准备好几天了。"她的视线再次回到电脑屏幕，暗示我不要再打扰她。考试分数极高，每分每秒都用在学习上，甚至连申请宿舍都投入数日的精力，由此可见，特蕾西是实打实的学霸。

学渣

第三类学生被称为"学渣",字面意思是"学习渣滓"。学渣是指"不用功学习且考试分数不高的学生"。由于高、低分的划分标准是平均分,一所学校中有相当大比例的学生会被视为地位较低。[8]为了将这些学生进行区分,学渣特指一个较为松弛的群体。重点在于,学渣要展现出轻松的姿态,才不致被分入最底层。

罗伯特便是首都中学国际部的一名学渣,他个子高,皮肤黝黑,是个英俊迷人的男孩。初次见面时他读高二,给自己设定的 SAT 分数目标是"至少上 2100 分"。然而,从高二到高三考了整整五次之后,他的综合得分只有 2050 分,低于首都中学的平均线。[9]他后来与另外两名同学一起进入了乔治·华盛顿大学,三人的分数都低于国际部平均分。罗伯特的学业表现也不尽如人意,他在学校的成绩只能说相当差,我向他的老师华老师询问时,对方甚至皱了皱眉头。罗伯特的经济学作业也体现出一种闲散的态度——作业要求分析一项活动的成本和收益,他选择的是"打电脑游戏"。据他分析,打电脑游戏的成本是"占用了学习的时间",但因为打游戏"让我感觉很好",所以可以得出收益大于成本的结论,"有必要继续打电脑游戏",即使会耽误大学备考。罗伯特显然不够用功。高三春季学期,我曾密切留意他的行动。学校的课程大概下午就结束了,当时所有学生均已收到大学录取通知。下课铃响起后,许多学生留在课桌前做作业,没有离开的迹象。但罗伯特会迅速收拾好书本,几乎立刻冲出教室。有一次我叫住他,问他要去哪里。他已经走到走廊了,不情愿地折回来匆匆说道:"我要去公主坟。"他语速太快了,我没听懂。我再次问:"什么?"他叹了口气,又说了一遍："我要去公主坟，拜。"说完最后一个字，他已经消失不见。有些学生听到了我们的对话，惊诧地望向门口。我还是不知道他什么意思。看出我很困惑，坐在旁边的一位女生解释说："他要去公主坟的网吧打游戏。"其他学生也出声揭露罗伯特打网游的行为。一名男生大声喊道："甚至是上个学期的周末，我们都看到他从网吧里出来！"另一人迅速补充说："我们是去上 SAT 辅导班，结果他是去打网游！"由于考试分数低于平均分，罗伯特在学校的地位不高。然而，与那些课后和周末接受辅导的同学相比，罗伯特轻松自在。他因不努力而位于学渣之列，避免跌入层级结构的最底层——"学弱"。

学弱

在中国的顶级高中里，"学弱"身处绝对底层。学弱是那些"学习非常努力但考试成绩依然不理想"的学生。国内部的学弱和学渣往往会考入北京以外省市的名校[10]；而在国际部，这样的学生会申请美国和加拿大的公立大学，或非常春藤盟校水平的私立大学。很多学生自称学渣，但很少有人甘愿以学弱自居，大多数人也不会公开指认同学是学弱。尽管很少有人自认学弱，但学生们常常表示"每所学校都有学弱"，也会对本校哪些人是学弱达成一定共识。在对情况不甚了解的人看来，学弱往往十分隐蔽，因为他们总是独自一人。而一旦密切观察学生间的互动，就会发现学弱与其他同学的沟通往往是单方面的，在学弱面前，大家的说笑声也会有所收敛。

顶峰中学的刘潘身材高挑纤瘦，她是少有的自认学弱的学生。

高考结束几天后，我在附近一家咖啡厅采访了她。一开始，她紧张地表示自己"可能"是个学渣。但当我请她对各个层级进行定义后，她立刻撤回了这一说法，改称自己是学弱。她向前坐了坐，探身凑近我，低声解释说："我应该算是学弱。我是那种从来都考不好的。就是说有时候还行，大部分时候考得都不好……高三一年，我大部分时间都在学习，起早贪黑。"她详细介绍了自己的日程安排："早上六点起床，晚上十点或十一点睡觉。除了每天三顿饭，其他时间都在学习。"后来我才得知，这只是她周末的日程。周一到周五，她会完整参加晚自习，一直学到大概晚上十点，半夜才上床睡觉。如此看来，她显然比同班同学更勤奋努力。

尽管如此，她的成绩一直排在全班下游。刘潘后来离开北京，在一所外地名校主修艺术——艺术是这所高校的优势专业。那年夏天我向她表示祝贺时，注意到她似乎并不像其他人那样兴奋。她的班主任后来告诉我，尽管实际上已经做出"最好选择"，但她的梦想依然是清华美院，而那里的分数线"不在她能力范围内"。她不得不妥协，将目标转向排名较低的大学。即使选择了分数线较低的大学，刘潘的录取过程也有些波折。她试图争取"三好学生"奖，但没能成功。她还参加了自主招生考试，也失败了，成为班里为数不多的没有高考加分的学生之一。需要指出，按照全国标准，她的成绩绝不算差。高考 665 分，意味着她排在北京市的前 5%，换一所学校她就是学霸。然而，在一个半数学生将考入清北的班级里，刘潘的成绩注定比不过其他同学。如此勤奋却考不出高分，这让她成了所在高中的一名典型学弱，地位极低。

总体而言，学生们对于不同层级群体的定义与意义达成了共识。所有学生都在维持这个地位体系及其排序标准，这表明了该体系的强大。这些地位术语的出现频率极高，甚至已经成为俚语。提到学神的非凡成就时，学生们会说"快来膜学神"；而说某人"当学霸呢"就表明此人正在学习；当学生们想从考试的压力中挣脱出来，休息片刻时，他们会说自己"是个学渣"；有时，学生们想要放弃某事，也会开玩笑地喊"我弱爆了！"，引起哄堂大笑。[11]

高中地位体系的应对之法

学生们对学校的地位体系有着清晰的认识。个人的地位来自考试分数与轻松程度相结合的评判标准。学生们还知道，考试分数的回报和是否保持轻松有关，而随着具体情况的变化，这两种特质获得的回报有所不同。然而，想在地位竞争中获胜，仅仅了解和遵从规则是不够的。玩家们必须积极参与，制定相应的策略，从而赢得较高地位或者避免落入低地位。掌握有关规则的复杂知识后，精英学生会根据自己在层级结构中的位置制定策略，选择最有利于自己在校地位的方法。

学神与优先策略：阿什利"必须选择"剑桥

学神们成绩出色，游刃有余，他们以回报最高的特质为基础做出各项选择，从而维系地位体系。他们深知考试分数及排名的重要性，更清楚如果在高分、高排名的基础上，还能表现出轻松，他们就能居于顶端。根据上述规则及自身的高位，学神们采用了优先策略，将取得高排名视为第一要务。而后，他们则要展现出轻松感。从备考到大学申请，学神在许多决策中都采取这一策略。

顶峰中学的阿什利·方是个典型例子，外号"方姨"的她有一双明亮的眸子，气质偏成熟。在阿什利高三那年，我与她初识。她的SAT考了2230分，稳居同级生前列，她申请的大学也都是美国排名最高的。但因为对申请结果感到不确定，她后来决定多申请几所学校。大多数学生在扩大申请面时会选择同一国家排名较低的学校，但学神不会这样考虑问题。[12] 阿什利新申请的是那些对SAT要求同样高且排名相当的英国顶尖大学。

那年春天我去拜访阿什利，当时距离最终择校期限只有几天时间。阿什利看到我出现在走廊上，立刻将我带去一个空会议室，私下里跟我讲述她的近况。大多数学生只会收到一两个学校的录取通知，学神阿什利则收到了四个：剑桥大学、卡内基-梅隆大学、西北大学和布兰迪斯大学。她立刻拒绝了四所大学中排名最低的布兰迪斯，也不太满意西北大学。而在剑桥和卡内基-梅隆之间，阿什利还有些犹豫。她向我讲述了收到剑桥大学录取通知时的激动，但第二周又收到了卡内基-梅隆的通知，于是她开始失眠。

在这次临时会面中，一向冷静自持的"方姨"在比较两个选项时显得紧张不安。她重重叹了口气："我真不知道该选哪个。我非常喜欢剑桥，但不想放弃卡内基-梅隆。"两所学校各有优势。她解释说："卡内基-梅隆的计算机科学项目是我最感兴趣的，毕业生就业机会也很好，正好是我想要进入的领域！"说着她又叹了口气："但剑桥是我的梦校。校园很美，几年前我去过一次，一见钟情。"我先是表示恭喜，而后建议她与父母谈谈，一起探讨两所学校的利弊。阿什利点了点头，又叹了口气。她不再说话，似乎陷入了沉思。

晚春时节，我与阿什利相约在京城游逛半天。一见面，阿什利就告诉我她已经决定去剑桥大学学习经济学。她微笑着向我转述了一家人的讨论过程，以及他们为比较两所大学而创建的评分系统。"我选择剑桥，因为它名气更大，排名也比卡内基-梅隆更高。剑桥的名号本身就能为我带来更多机会。拒掉卡内基-梅隆让我伤心了几天，但我必须选择剑桥。"她顿了顿说，"从申请文书来看，相比于美国大学，剑桥更偏好在具体学科领域知识比较扎实的学生。"她自信道："我考试分数比较高，（到那里）会有优势。"

阿什利的择校过程一步步展现了大学排名的重要性。像阿什利这样的学神，只会考虑对 SAT 成绩要求很高的顶尖大学。有些学神会对录取结果感到不确定，但也不会申请那些排名较低、对 SAT 要求不高的保底校。阿什利拒绝申请排名低于布兰迪斯的大学，这表明作为一名学神，她拒绝了降低自身地位的一切可能性，她决定通过向其他国家排名类似的大学提交申请来维持自身的高地位。在决定拒绝哪些学校的过程中，阿什利也遵循着相同的准则，重点是维持较高地位。根据同样的地位体系规则，她拒绝了布兰迪斯和西北大学的项目，因为要么学校，要么项目，在她看来排名不高。她之所以在卡内基-梅隆和剑桥之间犹豫不决，是因为二者的排名不相上下。她对计算机科学很感兴趣，而卡内基-梅隆在计算机科学专业内位居榜首，这令她十分心动。但是，剑桥的整体排名高于卡内基-梅隆，且位居全球前五。实际上，她是在感兴趣的领域的顶级项目与世界排名顶尖的大学之间做选择。

阿什利最终选择了剑桥，一定程度上是出于地位考虑（"名气更大"，"排名更高"）。但是，她的另一解释也暗含了轻松学习的理念。阿什利指出卡内基-梅隆有两大优势：兴趣契合度和毕业后成为计算机科学家的机会。这两个原因都与轻松无关，后者甚至需要辛勤工作。相比之下，她无法具体说明剑桥能提供的"机会"，对录取她的经济学专业的态度也较为矛盾。但是她选择剑桥的两个原因是"校园很美"，以及自己比其他同学更有优势（"考试分数比较高"）。二者都指向了轻松的大学生活。阿什利的例子展现了一位学神如何通过策略性地选择战斗保持顶端地位：首先争取进入排名最高的大学，而后选择可以轻松应对的竞争。在她与其他人的例子中，大学排名和个人轻松感这对组合比个人兴趣和职业满足感更重要。

阿什利择校的故事还没有完结。作为一名学神，阿什利的大学选择是顶峰中学的公开信息，一直传到高考生间。与阿什利游玩归来一周后，国内部的学神李飞表达了对阿什利选择剑桥的赞许。我在他父母的公寓里同他探讨清华录取的事情时，李飞批评了这个极端重视考试成绩的社会，令我惊讶的是，他突然提到了阿什利。

他松垮地坐在桌子旁的木椅上，皱眉道："我想改变社会评价一个人的方式。有时候，我觉得低分不代表什么都做不好。我一直在思考这个问题，考试分数不能决定一个人的素质。就像阿什利，你知道她吗？"李飞停下来，确认我是否认识阿什利。我点了点头。他继续说："我个人认为阿什利很优秀。但如果她没有考入一所世界一流的顶尖大学，没有取得那些顶尖成就，她就是个无名之辈。幸好她上了剑桥大学。这就涉及地位了——卡内基-梅隆大学？没什么名气。在中国,剑桥更能说明你的实力。天呐,我们为什么要做这样的衡量?"批评完自己,他停顿了一会儿,然后迅速摇了摇头,总结道:"但我个人也觉得,在剑桥学经济学比在卡内基-梅隆学计算机科学要好得多。"

李飞的最后几句话表明,高考生中的学神也有同样的担忧。虽然不喜欢地位体系的规则,但李飞还是成了维护者。在对阿什利的分析中,他没有考虑个人兴趣或是与项目的契合度,只看重排名。其他学神也赞同阿什利优先考虑大学排名的决定,对她与他们自己一样遵守规则的做法感到满意。

学霸与学习策略:德宏不再休息

学霸们作为学校里的高地位群体,主要关心的是地位不下滑。他们对学神地位不感兴趣,大多数人也不曾试图提升自身地位,其中一个原因是学生们认为学神与其他人之间存在不可逾越的鸿沟。更重要的是,做一名学神就意味着要展现轻松感,而减少学习时间会增加考试成绩下降的风险,甚至可能从学霸降级为学渣。这对于学霸而言不仅是地位下降,更是从高处跌落。此外,随着大学申请截止日期和高考的迫近,学生群体的平均努力程度不断提升,学霸们会面临更强的地位威胁。

学霸们对地位下降风险的反应是采取一贯的方法——学习。如此看来,学霸们缺乏轻松感的表现不仅是一种群体特征,也是他们保持较高地位的策略。然而,学习策略的副作用在于,一旦成绩下滑,学霸就会直接降为学弱。投入的努力越多,成为学弱的可能性也就越大,而一旦成为学弱,就要更加努力地学习。在发奋努力和脆弱性的恶性循环中，学霸们直到高中毕业都不会放松下来。

德宏是一名典型的学霸，以学习策略维持高地位。他就读于首都中学，身形健壮，高二时决定努力当上学霸。用他自己的话说，他努力学习的决定是一场"赌博"，因为如果努力了成绩却上不去，他就变成了学弱。幸运的是，他的成绩确实提高了。高三那年，德宏成了一名学霸。

德宏逐步增加学习时间，高一时还会在课间休息时看漫画，但漫画对高考没有帮助，因此到了高二，德宏开始在课间学习，将休息时间限制在晚饭后的三十分钟。他不再看漫画，改成看三十分钟的好莱坞电影，这对高考英语听力有好处。[13] 到高三下学期，德宏几乎不再给自己任何休息时间。想放松一下时，他会在走廊尽头做几分钟俯卧撑，面前放一本打开的教材。用他的话说，做俯卧撑的目的是"为高考提升身体素质"。但是因为"其他人都在教室里学习，我不能浪费时间"，所以他必须学点什么，让几分钟的俯卧撑时间不被"浪费"。

德宏的努力不止于此。随着高考的临近，他不再做俯卧撑了。德宏平日走路速度极快，几乎没时间和任何人交谈。高考前两周，我与几名学生一同坐在某间教室里，等待晚自习开始。德宏匆匆走进来，从朋友那里取一个笔记本。看到我在，他向我点头示意后转身离开。在他走出教室之前，我喊出他的名字，大声询问每天安排得这么紧张，成绩是否有提升。

"没有，根本没有！"德宏快步走向我，一边摇着头，一边将眼睛睁得圆圆的。然后他深吸一口气，低声解释道："我知道自己处在什么位置。我和北大的最低分数线之间有大概三百人。这三百个人我真的考不过，绝对考不过。其他人一直在进步，我不想落后。我已经尽力了，但真的没有办法再进步了。能保持现在这个位置不下滑就谢天谢地了。"说罢，他快步走出教室。

像德宏这样的学霸都有地位焦虑。高考临近，竞争日益升级（"其他人一直在进步"），他们必须拼尽全力（"我已经尽力了"）。增加学习时间的策略似乎有些反直觉：这些学霸本可以私底下学习，实现层级的跨越。德宏本可以找个隐蔽的地方做俯卧撑，却选择在走廊里公开行动。这是因为，他认为自己几乎没有机会进入学校的最高地位层级（"绝对考不过"）。比起追求最高地位，学霸们更担心地位下降（"能保持现在这个位置不下滑就谢天谢地了"）。他们不担心和那些总是轻松自在的学神区分开来，而是专注于与学渣和学弱划清界限。

在这学习时间和地位降低风险共同攀升的螺旋中，德宏并不孤单。许多学霸都有相同的担忧，经常采取更加激烈的做法。譬如，首都中学的学霸子怡在高三每次模考前都要通宵两至三天。后来，她考上了清华大学。特蕾西是国际部的一位学霸，从早到晚都在学习，甚至被同学们称为工作狂。大学申请截止前，她一度焦虑发作。这些例子表明，学霸的学习策略会对身体与情绪造成负面影响。然而，他们愿意放弃休息，忍受睡眠不足，熬过焦虑发作，只为维持较高地位并获得顶尖大学的录取通知。在高中的地位竞争中，学霸们遵循规则，不惜一切代价保持在胜利的一方。

学渣和天鹅策略：家齐的日常表演

学渣们好似一群天鹅。在学校，他们表面上优雅自如，实则在水下拼命扑动。学渣们通常将"天鹅策略"当作维护在校地位的必要手段。与学霸们一样,他们并不试图争取最高地位。实际上,他们大多对更高层级不感兴趣,主要关心的是不当学弱。作为仅比学弱高一级的学生,学渣能意识到降级的可能性,于是制定策略以防在地位竞争中彻底失败。这个过程需小心谨慎,要持续不断地表现出与学弱不同的关键特质——轻松。

学渣们可以说是最有策略意识的玩家。以家齐为例,他是首都中学一名身材健壮的男生,留着寸头,戴黑框眼镜。高二末以来,家齐频繁逃晚自习。即使是考试压力最大的时候,他也不会周末来学校,而同学们往往自愿在学校待到很晚。高三时,我经常看到家齐在教室里看汽车杂志,而其他同学正奋笔疾书。他做出的解释是:"既然无论学不学,都干不过(考不过)那些成绩好的,我干脆就不学了。"我问他为什么不考虑更努力一点,把成绩和名次向上提,他耸耸肩,调皮地笑了笑:"没什么原因。我考虑过,最后还是决定躺平。"

家齐尽管在学校里看着不学习,但暗地里相当努力。他拜托我带他练英语,我还好几次和他一起在空教室里看英语作文(属于高考内容)。他的母亲徐太太还告诉我,家齐周末会在家里学习,后来我也亲眼看到了。某个星期日下午,我到他家进行家庭观察,家齐来公交车站接我,而后我们直奔他家。徐太太招呼我进门,吩咐家齐带我看看各个房间。我注意到他书桌上有一本打开的教材,表明在我们见面之前他正在学习。三分钟后我们转完了整间公寓,家齐说他要去学习了。我在客厅的角落里做笔记,家齐则坐在书桌前,卧室的门敞开着。我整整待了五个小时,其间家齐只离开房间两次，总共不到五分钟：一次去洗手间，另一次去厨房倒水喝。他整个下午都坐在书桌前，没有移动，没有吃东西，也不曾与任何人交谈。除了徐太太在厨房切白菜和家齐翻书的声音，公寓里再无别的动静。我走进厨房与做晚饭的徐太太聊天，她告诉我，家齐周末总是整个下午坐在书桌前学习。

家齐和其他学渣往往在学校的公共空间里表现得轻松自如，一个人时又花大量时间精力学习。这些偷偷努力的举动表明，他们试图维持学渣的身份，小心避免落入学弱的境地。天鹅策略还表明，学渣是一个相当重要的群体，谨遵规则行事。他们或许是校园中人数最多的群体，他们对考试成绩表现得不在意时，或许能够挑战地位体系的运作。至少，他们可以建立其他地位标准来威胁原有体系的稳定性。[14] 但是，他们终归只是假装而已，不是真的不在意成绩和基于考试的竞争。他们泰然自若的态度是一种伪装，是为了隐藏真正的意图。天鹅策略之所以有效，是因为他们全心全意地按照现有规则参与地位竞争。如此一来，学渣们维持着无忧无虑的形象，同时维持着学校的地位体系。而在这个他们拼命划水保持漂浮的体系中，最底层的人已被淹没。

学弱与向前看策略：马克前往加拿大

与其他层级不同，学弱在学校的地位体系中几乎没有选择余地，他们往往在向学霸或学渣努力时遭遇失败。部分身处底层的学弱想要通过拒不承认来改善自己的地位，却往往适得其反。比如，自身的不认同不能阻止其他学生为其贴上标签。作为学弱却做出不合身份的举动，也可能招致嘲讽和讥笑，将学弱们牢牢钉在原地。

因此，那些接受自己在校地位的学弱往往采用向前看的策略。他们放弃了高中的地位竞争，致力于提前为下一轮竞争做准备。首都中学的马克是一名活泼开朗的高个子男生，他的成绩并不理想，虽然不会自视为学弱，但也曾承认自己符合学弱的定义。马克努力准备SAT考试，一共参加了五次，尽管费尽心力，综合分数也只达到了2180分，低于学校平均水平。后来，他进入了不列颠哥伦比亚大学。乍一看，马克的策略有些奇怪。比如说，他经常假装自己很用功，实际上并非如此。在一个阳光明媚的星期五下午，我坐在高二教室中间靠窗的座位上。学生们在课桌前等待老师上课，教室前方角落的马克突然拿出大屏黑色笔记本电脑，溜到离我不远的空座上。我惊讶地转向他，发现他正在电脑上打游戏。"你在干什么？"我问道，想必是皱了皱眉头。他还没来得及回答，老师就走进教室开始上课。马克迅速戴上了耳机。他的视线仍然在屏幕上，但朝我倾了倾身，轻声说："我不是这个班的。不过就是，你知道，我坐在你旁边，这样他们会误以为我在学习。明白了吧？你是我的掩护。"他自豪地瞥了我一眼，又立刻沉浸在游戏的世界中。

马克以努力掩盖放松的做法是违反直觉的，玩游戏是轻松的表现，他本可以让其他学生知道自己轻松自如，从而向上流动，成为一名学渣。但相反，他用努力来掩饰轻松。马克经常错过这种晋升学渣的黄金时机，最终留在学弱之列。一个说得通的解释是，他或许对地位层级理解不足。但马克又是向我清楚解释系统规则的学生之一，他知道是什么决定了一名学生的地位，也明白哪名学生属于哪个群体。另一个可能性是，马克不希望老师因为他不认真听课而生气。但他又没报这门课（"我不是这个班的"），没有必要来上课。还有一种可能，马克是为了不扰乱课堂而假装学习。但是，他点击鼠标的声音很大，旁边的女生已表现出不悦，不时投来恼怒的目光。因此，可能性更大的解释是，马克放弃了摆脱学弱地位的机会。此时此刻以及在其他情境中，他并不在意向上爬的机会，因为他已经接受了底层地位。他没有表现出轻松，而是习惯性地维持了学弱刻苦努力的形象，并未采取向上流动的策略。

接受自身地位的学弱们不再谋求向上，而是通过规划下一轮竞争来应对这一体系。相比于明显缺乏策略的高中生存方式，马克在选择大学时对地位竞争进行了有意设计。同学们大多留学美国，而他决定去加拿大。马克高中毕业两年后，我与他见了一面。谈到在首都中学的岁月，马克告诉我，高中时 SAT 一直考不到高分把他"压垮了"，他最后决定只申请加拿大的学校。我问他为什么如此决定，他回答："我没法和那些学神同台竞争。他们都申请康奈尔或宾夕法尼亚这种 SAT 要求 2300 分以上的学校。"马克皱眉道："我没机会的。如果申美国，我一所顶尖大学也进不去。但如果去加拿大，我还是能申到好大学的，加拿大比较好申。当然，加拿大不是美国。""不过啊，"他停顿了一下，大声道出结论，"加拿大有几所大学世界排名也很高！"

上述案例表明，学弱在应对高中生活时并非没有策略。但与其他群体关注校内地位不同，学弱更多地为未来竞争做准备。马克用向前看策略申请了加拿大的高校，这个决定在两个层面上都是面向未来的。首先，他与高中地位竞争保持距离，认为那是一场无望的战斗（"我没法和那些学神同台竞争"）。加拿大不在学神和学霸的视线范围内，由于成绩优异的群体几乎不关注加拿大院校的排名，马克得以避免直接比较，早早退出了竞争。其次，马克计划在高中毕业后迎来崭新的开始。在他的考量中，那些他竞争不过的学生将前往美国的大学，自己去加拿大尚可以进入一所顶尖大学（"世界排名也很高"）。最重要的是，他将面对新的竞争对手群体，很可能竞争强度有所降低，这将提升他赢得高地位的成功率。[15] 换句话说，学弱接受了自己在竞争中输掉的事实。这个群体的规模不大，他们不试图改变规则，也没有这个力量。他们所做的只是为下一轮竞争谋划新的开始。然而，他们对未来竞争规则的预期并无变化，不仅是屈从于地位竞争的规则，也充当了规则的维系者。

地位体系的合理化

在大多数社会群体中，地位由家庭背景、种族、工作安排、学校资源或上述因素的组合决定。[16] 相比之下，本研究中的精英学生普遍专注于考试成绩。在为这一地位体系的合理性辩护时，他们会去解释为什么有些人始终成绩优异，有些人看上去努力却始终无法提高成绩。然而在如此同质化的群体中，想要解释成绩差异可能没那么容易。这些学生来自北京相对富裕的家庭，上学时的日程安排相同，每天一起度过15个小时。若以纸牌游戏为喻，精英学生们认为彼此手里的牌差异不大。个人努力、家庭背景等统计学上的突出因素都无法解释考试成绩的差异，因此这些学生不甚在意那些常见归因，而是把成绩视为天生才能的反映。

天生才能论

从天生才能的视角来看,学神们生来优越,学弱们则生来弱势。尽管这个观点政治不正确,也违背了中国主流的任人唯才的叙事,但属于不同地位群体的精英学生普遍接受这个解释,并一致以此维护校园地位体系的合理性。在我的采访对象中,明佳是一名成绩优异的天生才能论支持者,后来考入清华大学。我曾向她询问什么是地位体系的决定因素,从学弱开始问起,她却先讲到学神群体,强调天生才能对于区分地位群体的重要性。

"你对学弱怎么看?"我问道。

"我觉得,努力也算是个相关因素,但或许还是基因所致。"明佳以就事论事的口吻回答。

听到这里,我抬高嗓门重复道:"基因?"

明佳立刻缓和了措辞,说道:"也许不完全是基因,和思维习惯、生活习惯也有关。"

我迅速平静下来,请她详细解释。明佳回答:"就是,我觉得,有些人天生更聪明。可能是在学校里得到了更好的发展,可能是父母教得更好。我不知道是怎么变成这样的。很多人,他们就是有思考力。"

明佳与其他人的例子说明,学生们会将地位归因于天生才能。明佳在学弱和学神的例子之间任意切换,表明天生才能论可以佐证整个地位体系,从上到下无一例外。此外,即使在听众不同意的情况下——我就对学弱天生智力较弱的观点("或许还是基因所致")表现出困惑——明佳依然坚持自己的解释。看到我的反应,她很快通过补充社会因素(习惯、学校和家庭)缓和了论点的尖锐性。但她很快又回到最初的观点，下一句话她又将地位归因于天生才能（"天生更聪明"，"有思考力"）。考虑到明佳成绩优异，大家可能会认为优秀的学生会通过主张天生才能为其高地位辩护。虽然不无道理，但明佳在我们的访谈中明确表示，她离学神还差很远，最多只算是一名学霸。这表明，面对学校里的尖子生，明佳等学生会感到天资上的弱势。

努力无用

这些学生之所以信奉天生才能论，是因为他们看不到其他可能性。鉴于他们通常无法给出替代性的解释，我在后来的对话中曾提出一些替代假设，但每次都遭到反驳。顶峰中学的建民是一名学弱，尽管地位最低，却是天生才能论的坚决捍卫者。高考结束后的某个夏日，我与建民吃了顿午饭，谈论着考试成绩和大学计划。我问他学神的成绩为什么那么好。

建民毫不犹豫地解释道："学神是什么样呢？比方说你拼命学习，但他们不会。他们可能正打游戏呢，要不就干点别的。他们能力就是更强。你无能为力，没法解释。就是这样，他们特别聪明。"

我提出努力也是考试成功的关键，但建民回以嘲讽。他倾过身子，双手撑在木桌上，笑道："如果努力就能考好，那也太简单了。如果努力就能成功，那我只需要努力就行了。要是每个人都努力学习，那每个人都会成功。但不可能的。所以说，努力不会带来成功。还有很多其他因素，比如运气。"他抿了一口茶，补充道："还有智商，或者说智慧。"

包括建民在内，许多学生只承认天生的素质，拒绝其他的解释,包括时间管理、学习习惯以及过往经验。[17]与明佳一样,建民非常赞同天生才能论("能力就是更强""运气""智商,或者说智慧")。此外,建民还对我提出的替代假设(比如努力学习)进行反驳("不可能的"),并以自己为例阐释这个体系的本质。我们的对话表明,学弱深谙主导地位等级的规则。面对现行的分类标准,他们承认自己地位较低,也选择接受。

关键在于,建民的话还体现出低地位学生为该体系辩护及合理化的程度之深。成绩较差的学生之所以维护学校的地位体系,可能是因为需要一种解释其较差成绩的直接方式。将低分归因于无法控制的因素,即天生才能,他们就不必为在校表现不佳负责。还有一点值得关注:尽管学生们使用相同的词描述学神,诸如"聪明"或具有"超强脑力",但在这些讨论中,"天生才能"仍然是一个抽象概念。学生们不会对天生才能进行直接测量,也无法为此论点提供直接证据,只是通过某人的分数和表现出的努力程度来推断。而当他们将这难以观察或测量的特质作为学生间成绩差异的唯一合理解释时,便在学神与其他学生之间设置了一道不可跨越的鸿沟。随着学生们将地位体系合理化,学神群体的地位被抬升,最终与其他人完全区分开。学神由此被供上了学校的"神坛"。

天生无能:天生才能的反面

学生们相信学神"生来"就有才能,高于众人。按相同的逻辑,学弱则是"生来"愚钝。晓龙便是一名直白地宣称学弱的才能"低于"旁人的学生。我们相识时,他在首都中学读高二。某次田野观察,我就坐在他身边。一整天的观察结束时,他突然主动向我搭话，问我是否知道有四个地位群体。随后，他为我解释了这些群体的定义，并表明自己是个学渣。当时我对该体系缺乏理解，不明白它如何塑造学生们的日常生活。我问晓龙，是否考虑努力学习提高成绩。换句话说，我在鼓励他追求更高的学霸之位。

晓龙深吸一口气，怀疑地望着我。他蹙额厉声道："我不是学弱！绝对不是！那么努力学习还考不好，就证明脑子有问题。彻底没救了。学渣也比学弱好，我是学渣。你看清楚，我是因为学习不努力才成绩不好，不是因为我蠢！"

学生们在学弱和其他所有人之间划清了界限，很多时候似乎在暗示，无论如何都要避免成为学弱。这种区分对于像晓龙这样的学渣尤为重要，面对地位流动性问题时，他本能地贬斥学弱智商不足（"脑子有问题""蠢"），以此划清界限。学渣们可能是为了保住自己的地位才这样说，但就连学神和学霸也会批评学弱群体。据我观察，学生们经常就学弱发表贬低的言论并施以口头伤害。

一次采访中，我问首都中学的学神托尼如何看待学弱。托尼不带感情地回答："他们智障。"而后他像是认为已经回答完毕，望向我，等待下一个问题。还有一次，我询问的对象是顶峰中学一名成绩略高于平均水平的学生，名叫乔。乔毫不犹豫地直言："他们脑子有问题。"阿什利是个例外，这位学神选择了另一套语言来解释学弱的表现。用阿什利的话说，学弱"没有找到（正确的）方法，或者心理有障碍"。尽管这个回答潜在性地指向行为和心理因素，阿什利却还是补充道："其实，聪明就是一种学习方式。"这又回到了天生才能论。上述例子共同表明，学生往往将学弱的地位归因于天生无能（"脑子有问题""智障"）。[18] 根据这种叙事，学弱与其他学生的差异就不只是地位低下,他们的低地位已被其他学生口中的"天生弱势"合理化。

有关地位的宿命论

学生们对地位下降极为恐惧,甚至常常因此拒绝向更高的层级努力。但是,每一届学弱中都有人通过勤奋努力升级为学霸,对此,学渣群体自然也是心知肚明。尽管周围有地位变动的成功案例,学生们依然常常表示地位是不可更改的,并非个人所能左右。天生才能论在学生间制造出一种无力感,使其默默承受校园地位体系的结果,不再挣扎。对于这样的结果,学生们往往视其为宿命。在早前的例子中,建民也曾暗指考试分数由命运决定。他曾声称,学神的地位是不可挑战的("无能为力")。家齐等学生也表达了类似的感受,我曾在休息时间听家齐和朋友们对一名学弱的低分发表评论,我加入了他们的讨论,询问这名学弱能否做些什么改变自己的处境。家齐沉默片刻,歪头陷入深思。过了一会儿,他沉重地叹了口气,挥了挥右手,平静地对我说:"这是智商问题。他们整天学习,但毫无效果。这些人没希望。"家齐得出的结论是,学弱注定是学弱("没希望"),在学校没有地位上升的希望。

许多学生在谈到别人"注定"地位不高时,语气轻松如常。但首都中学的书桦是个例外。书桦是一位身材健美的女生,成绩中上。被问及对学弱的看法时,书桦将我随意抛出的话题转化为一场严肃的讨论,告诉我在整个高中阶段,她一直在思考个体地位的问题。高考后一个阳光明媚的下午,我和书桦一起去溜冰。坐下来脱冰鞋时,我问她同学们高考表现如何。书桦说起了几个考得不错的学神与学霸，而后也提到了几个成绩不理想的学渣与学弱。她对成绩不理想的同学表示同情，因为他们只能去京外念大学。她叹了口气："虽然很可惜，但也是意料之中的。"我问她，这些学生有什么办法可以提高考试成绩，或者改变自己的处境。

书桦坐直身子，认真地分享了她的想法："说真的，这个问题我已经想很久了。为什么有些人无论怎么努力，都还是考不好。"她摇了摇头，同情地说道："我意识到这一切都是命运。在一定程度上无法避免，是吧？仔细想想，真的就是这样。你改变不了，一点办法都没有。"

与其他人一样，书桦接受命运决定地位的观念。书桦已是少数承认对地位体系有所思考的学生，但她也想不出别的理由。比起其他同学，她的话更近似一种冷漠的宿命论。尽管对考试成绩的决定因素进行了诸多思考，但她还是得出了与其他人相同的结论（"改变不了"）。她的回答还表明，本研究中的学生们之所以采纳明显不合逻辑的天生才能论，是为了将所观察到的成绩差异合理化。由此，学生可将地位结果归因于一种不可观察的特征，并称之为"天生才能"。无论自身地位如何，学生们都在为该体系辩护。在此过程中，学生们认为天生才能是问题的本质，否认努力的重要性，怀着宿命论的心态看待自己在地位体系中的位置。

毕业之后：变与不变

高中毕业后，这些精英学生的生活自然也发生了变化。大学与他们熟悉的高中环境迥然不同，考试分数与 GPA 不再尽人皆知，课程安排也不再统一，竞争对手的范围则扩大了许多倍。留在中国的学生们要面对来自全国各地的高分考生，而离开中国的留学生们面对的则是世界各地的优秀学子。许多新情况已近乎外部冲击，但学生们对地位竞争的理解和策略仍能得到应用。

"农村孩子都疯了"：游戏规则的时间变化

被北大、清华录取的精英学生们如今要面对来自全国各地的竞争对手。起初，他们试图维系地位体系，认为成绩最突出者生来更加优越。刘军曾是首都中学的一名学神，他说自己上大学后被成绩更好的同班同学"智商碾压"。其他学生在大一时也表达了相同的感受，高地中学的学神凯风在北京大学表现平平。当我问及系里成绩最优异的同学时，他摇了摇头，叹息着表示那些人是"真正的大神，他们太聪明了。好像根本不需要努力，你就是跟不上他们。我们都不在一个维度"。

很快就能发现，这些精英学生在学业竞争中系统性失利，输给了来自人口规模较大的省份的学生。[19] 基于成绩的竞争太过激烈，他们的努力显得徒劳无功。许多人干脆放弃争夺顶尖地位。为了博得一丝获胜之机，精英学生们开发出争取高地位的替代规则。学神和学弱仍然处在等级体系的两端，但轻松感的作用被抬高，使学霸的地位降至学渣之下。换句话说，他们不再纯粹关注考试成绩，而是将轻松看得与考试分数同等重要。

书桦后来考入复旦大学，她是参与改变学生地位规则的精英学生之一。她读大学那几年，我们定期见面。她大一那年的秋季，我们在学生餐厅点了些小吃。她说大学让她想起高中,唯一的不同是,"复旦的学霸们太努力了",比高中那些学霸还要刻苦。这表明书桦和其他学生一样,在大学仍然致力于同样的地位竞争。然而,随着大学生活逐渐展开,原先的许多学神和学霸很难追上那些极端刻苦的同学,后者大多来自中国的农村地区。此时,精英学生们对地位体系的看法发生了变化。我在书桦大二末时再次与她见面,约在一家餐厅吃晚饭,她第一次向我抱怨学霸群体。她承认自己这样的北京学生成绩较差,却争辩说这也比学霸"好"。

"我发现城市孩子发展比较全面,生活不只有学习,对吧?"她自豪地说道,"那些从人口大省来的农村学生竞争更激烈,他们学习的时候都这样——"书桦紧握双拳,手腕抵在桌边,低头做出读书的样子。两秒钟后,她直起身继续道:"我们也这样学,但他们学习时一动不动。那些江苏、山东、河南来的整天只学习!"

然后,书桦将自己与学霸进行比较。"我排队体检时,在手机上玩《植物大战僵尸》,"她再次强调,"没什么问题呀,不然做什么呢?""但我旁边的同学说,"书桦升高语调,模仿那人的嗓音,"'哦,我也想玩,但我没时间。'"

"那她在排队时做什么呢?"我问。

"学习。"书桦翻了个白眼,假笑道。而后她提高音量,几乎是隔着桌子大喊:"那些孩子都疯了!是,我成绩没他们好。我只完成课程要求,顶多读一篇论文。但他们会为了补充知识去读整本书!天哪!"

此场景与其他事例表明,到了大二末,那些留在中国的高考生已经面临较为严重的失败,以至于希望暂时改变大学里的地位规则。书桦认为，与其一门心思扎在考试分数上，不如追求松弛的全面发展（"生活不只有学习"）。于是，精英学生从根本上改变了对学霸地位的看法。尽管学生们对学霸的定义与此前相同，即刻苦学习取得好成绩的群体，但在大学环境中，学霸们地位不高。那些精英学生上大学后大多是学渣，会嘲讽学霸们的学习习惯（模仿他们的姿势）。他们批评学霸没能全面发展（缺乏轻松感），这种情况在高中是不会出现的。学生谈起学霸时的蔑视表现（模仿声音，翻白眼，假笑，"天哪"）与我此前的观察形成强烈对比。最后，不同高校的精英学生能够改变地位体系的规则，这一事实表明大学里的学霸似乎没有能力捍卫自身地位。[20]

尽管精英学生改变了地位体系，但这种改变是暂时的。大学毕业后，他们又回到了熟悉的规则。丽丽在首都中学时期曾是一名学霸，我们在她大二那年的冬天于北大见了一面。与凯风和刘军一样，丽丽在北大成绩平平。丽丽的想法和书桦类似，认为北京人懂得如何在大学里"玩得开心"，因此比那些"只知道学习"的勤奋学霸优越。所谓"玩得开心"就是保持轻松，具体而言，她买了一辆摩托车在城市里四处游玩，经常约朋友逛学校附近的商场。她在系里的成绩略低于平均分，但她不以为意，把时间更多地花在男朋友那里，而不是放在学习上。通过上述种种方式，丽丽也增加了轻松感，提升了大学中北京学生的地位，尽管这些北京学生成绩低于平均水平，但还是占据着比学霸更高的地位。

毕业一个月后，她飞去纽约读硕士。降落几天后，她与我见面。丽丽开心地带我参观宿舍，告诉我她打算在硕士期间"努力学习，跟上进度"。她指着卧室旁上锁的房间，说道："那是我室友的房间。我搬来两天了，还没见过她。还有一位室友是博士生，说自己一般都在实验室。"她微笑着补充道："肯定是个学霸。我要向她学习。"一个小时后，丽丽的高中好友托尼和丹尼尔也赶来加入我们，要带丽丽熟悉周边环境。那个暑假他们刚好在曼哈顿实习。我们朝地铁站走去，丹尼尔谈到了他的博士项目，说自己 GRE 考得很好。

"你 GRE 考了多少分？"我问道。

丽丽当时在我和丹尼尔前方大约 3 米处，立刻回过头来看着我们。她和托尼放慢了脚步，回到我们身边，四个人站成一排，占满了人行道。丹尼尔平静地说："我考了 336 分。"丽丽听到后倒吸一口气，瞪大双眼看着他，随即别开了头。注意到这激烈反应，我问丽丽 GRE 考得如何。

她尴尬地笑了笑，小声回答道："我考了 332 分。336 分真的很高。"她把头埋得很低，避开了我们三个的视线，沉默不语，直到我和托尼转换话题试图缓和气氛。

大学毕业不到两个月，丽丽已经重新回到她在高中时遵从的规则。她不再关注大学时代的那套规则，即轻松比考试成绩重要，而是重新赋予高分者更高的地位。具体来说，她计划在研究生阶段恢复学霸地位，包括将（尚未见面的）室友作为学霸榜样。看起来，丽丽不仅下定决心变身学霸，还表现出了不轻松的状态。听到"GRE"这个词，她本能地进入竞争状态，对考试成绩十分紧张（回头看，放慢脚步）。丽丽得知朋友在 GRE 考试中获得高分后明显变得紧绷（吸气，瞪大双眼，别开头，尴尬微笑）。告诉我她考得不如丹尼尔后，丽丽也流露出了尴尬的迹象（回避眼神接触，保持沉默），与在大学时无忧无虑的态度不同，她不再声称轻松感最重要，而是拾起了对考试成绩极度焦虑、竞争意识极强的旧习惯。[21]

正当丽丽以学霸的面貌开启研究生新篇章时，晓龙决定毕业后采用学渣模式。晓龙一直很注意将自己与高中的学弱区分开来。高中毕业后，他出京上大学，继续保持学渣的身份。2019年，我与晓龙见面，那是他在大学度过的第五个春天。这个曾经和我身高相近的男孩现在已经比我高出了一个头，但仍像高中时一样瘦弱。他带我参观校园，说他想多读一年本科，备考东京的研究生。我有些惊讶，他曾经是为数不多的从未考虑出国的学生。

"在中国考研太不值得，"晓龙笑着说，"只有几所好大学，大家为考研拼命学习，太难考了。我永远无法与那些人竞争。"然后他兴奋地说："日本就好多了！大学的世界排名还可以，而且入学条件很少！"

我问他打算如何实现目标。他自信地说道："最主要的是通过语言考试，这个有点难，我会花一年时间学日语，好好努力，可能比以前都要用功，争取一年内学好这门语言。"

我对这一刻记忆犹新，因为一名过去主要追求轻松感的男生竟决定"比以前都要用功"地学习。但我还没来得及做出反应，晓龙立刻缓和了说辞。"也许不会那么努力。我会一边看漫画一边学日语。"他咧开嘴笑着，"你了解我的。我学习不努力，高中时也没用功念书，现在也是一样。我知道努力能做得更好，但我不要。应该那时候养成刻苦用功的习惯，好吧，现在为时已晚！"他耸了耸肩："我不想卷进国内考研的残酷竞争，太累了。"

晓龙从高中到大学都保持相同的地位，这样的学生不多。他知道付出努力会带来更好的结果，而强调轻松感会对未来产生不利影响。然而，他将展现轻松的习惯归因于高中以来地位一直保持稳定，并且认为这个习惯已经无法改变（"现在为时已晚"，"我不要"）。通过降低成绩预期、强调轻松感，晓龙继续以学渣的方式参与地位再生产的竞争。其实，他这种风险规避策略与高中时的做法是一脉相承的。5年前，高三的晓龙有意通过在晚自习时看漫画来展示轻松，牺牲了高考分数；2019年，晓龙决定通过看漫画学日语，牺牲的是语言考试的分数。

"美国人不怎么聪明"：在美国玩同一套游戏

那些在国内参加高考的学生曾想在大学里遵循同一套规则，却未能如愿，出国的留学生们则难以预测未来的处境。在搬进宿舍前，他们以为大学校园的竞争会更激烈。他们设想出一幅凄凉的场景：作为新玩家，他们将面对天然更具优势的经验老手。刚到新环境中，他们就迫切地想要学会新规则，许多人都做好了艰难爬坡的准备。但学生们往往惊讶地发现，国外的地位体系与高中时差异不大。仅仅几个月，留学生身份与外语带来的威胁感便消失了，他们就这样融入了新环境。

罗伯特清晰地描述了在从美国西海岸到东海岸的大学里践行同一套等级制度的做法。他本科毕业后的夏天，我去拜访即将读研的罗伯特。我们坐在他的公寓里聊天，回忆起高中时的学神和学霸。我问他大学里的情况是否有所不同。罗伯特思考片刻，犹豫道："我在这儿（乔治·华盛顿大学）没看到什么学神。"然后他迅速补充道："不过成绩好的学生会受到尊重，如果同时能保持轻松，那就更好了。"按罗伯特所说,大学的地位决定因素与高中是相同的,成绩好的学生受到尊重,地位较高,而轻松取得高分的学生尤其令人仰慕("如果同时能保持轻松,那就更好了")。在罗伯特看来,自己和同学们进入了另一个类似的竞争场景,其中的玩家有所不同,但没有人明确处于顶尖地位。

其他留美的学生也有相同的看法。他们不仅维系着过去的地位分配规则,还继续使用天生才能论进行解释。斯泰西曾是首都中学一名成绩中等的学生,后考入克莱蒙特·麦肯纳学院。她曾在大一下学期来费城找我。我去火车站接她。离开北京后,她的变化不小,头发留到了披肩的长度,牙套也不再戴了。更重大的变化是,她不再是首都中学的一名中等学生,而是成为大学里的尖子生。我们沿着水泥人行道向宾夕法尼亚大学走去,我问她最近过得怎么样。

"啊,这个确实要说说。"她兴奋地说,"我刚来这儿的时候,其实有点担心,你理解吧?一切都是英语,不知道能不能跟得上。"

我点了点头,心想这将是一个关于她英语进步的对话。但我错了,我们的聊天迎来了一个激烈转折。"但后来,我发现美国人不怎么聪明!"斯泰西睁大眼睛看向我,兴奋而急切地提高了音量,"他们会有课堂讨论,一开始我真的很怵,所以就先听听大家在说什么。听了才知道,根本没说什么有内容的话!经常与课程材料毫无关系,或者一听就知道他们没读完文献就来上课了!"

斯泰西笑了起来,骄傲地说:"我知道,因为我都读了。真的,我发誓我把每一页都读了。所以我知道那些美国人根本就是胡扯!"谈话结束时,斯泰西对教授们允许学生们自由讨论无关话题表示不解,抱怨课堂讨论"浪费时间"。

我向留美的学生们问起平日生活时，他们往往以美国同学的学业表现作为回答。斯泰西开心地发现自己在班上名列前茅，其他留学生也有类似的经历。特蕾西便是其中之一，她在约翰斯·霍普金斯大学读大三时，我曾去看望她。我们一起走过拥挤的食堂，学生们边吃饭边相互讨论，桌上是翻开的教科书。我说这些学生似乎很会利用时间。特蕾西摇了摇头，告诉我她的美国同学"在学校里表现不怎么样"。她笑着说道："我搞不懂。他们不应该更有优势才对吗？"

类似的还有乔，他曾在大学毕业前来费城找我。我们坐在斯库尔基尔河畔，聊起他的大学岁月。乔回忆说，他在波士顿学院的同学"不如"他表现优异："我们看不到别人的成绩，所以我以为每个人都像我一样每门课都拿 A。但我看到一个同学拿的不是 A。可是从课堂讨论和作业来看，我还以为他挺厉害呢。但他只得了个 B，从那以后，我意识到大多数人拿的都是 B。"

他们的这些反馈共同说明，中国精英学生还在使用过去的规则将同学们划分为不同地位群体。罗伯特、斯泰西、特蕾西和乔叙述的情况发生在大学的不同阶段。入校后不久，学生们很快发现自己的学习成绩比美国人好。特别是在母语者本该具备语言优势的情况下，他们还是一次又一次拿到了更好的成绩。为了解释这一现象，学生们搬出了他们在高中时就非常熟悉的天生才能论。他们将大学里的美国学生描述为"不怎么聪明"或"笨"，就像他们高中时谈论学弱那样。[22]

除了相同的规则和辩护之辞，精英学生们还运用过去的地位策略来应对大学中的地位体系。克莱尔在首都中学曾是一名学神，后来进入耶鲁大学。她的顾问十分欣慰，却又担心克莱尔会"变成大池塘（耶鲁）中的一条小鱼"。顾问的担忧成了现实，在我跟踪的几位留学生中，只有她表示在大学时期成绩不佳。我在克莱尔上大二那年去看她，漫步在校园里，她忍住眼泪告诉我，自己在耶鲁大学"体会到了自卑感"。克莱尔说，她在第一次期中考试中得了人生中第一个C，从此成绩就一直低于平均水平。她比以往更加刻苦地学习，但在本应轻松的通选课程中仍然达不到平均分。高度努力却又考出低分，她感到自己即将跌入学弱的范畴。为了应对这一局面，她全身心投入舞蹈，从第二个学期开始积极参加课外活动。此外，她还前往剑桥大学交换了一年。她修了一些只有及格或不及格两档的课程，摆脱了与耶鲁同学竞争高分的困境。这些策略产生了效果，她在学校并未跌至底层。

  克莱尔采用相同的策略应对就业市场，我曾在纽约与她和她的男朋友见面，三人在一家印度餐厅共进晚餐。当时克莱尔刚刚毕业，进入一家全球排名前二十的公司工作。我在晚餐时表示祝贺，她似乎有点尴尬。她别扭地摆了摆手，解释说她接受这份工作是因为"录用通知来得早，免去了找工作的苦恼"。后来我意识到，克莱尔的谦逊暗含着对这份工作的不满。与克莱尔的高中朋友赛琳娜见面时，她直言不讳地告诉我，克莱尔的工资在这个领域"相当低"。高中时与克莱尔关系亲近的托尼则表示，如果是他，"绝对不会接受这份工作"。一年后，斯泰西也从这个岗位开始做起，不过几个月就找到了更好的机会跳槽。他们的评论引起了我的注意，于是我上网浏览这个公司的主页，发现克莱尔是她部门中唯一的常春藤盟校毕业生。

克莱尔的生活轨迹显示，她与其他中国精英学生一样熟悉地位再生产的规则。她对自己的成绩非常重视，并很早就发现自己没有资格成为耶鲁的学霸，她曾本能地努力成为一名学霸以保持地位。而当刻苦学习的策略失灵，她立刻寻求轻松感，避免落入底层。毕业后，克莱尔有意选择了一份比不上耶鲁或首都中学其他同学的工作，她知道旁人会认为她的资历远胜于这份工作，但还是毫不犹豫地接受了它，这也是表现轻松感的一个步骤（"免去了找工作的苦恼"）。克莱尔决定专注于课外活动，去剑桥交换，接受了其他人不认可的职位，都是为了展现轻松感。

仔细观察克莱尔的轨迹，会发现实际上她采取了与新身份高度适配的策略——天鹅策略，学渣的标志。克莱尔努力跳舞，成为耶鲁舞蹈俱乐部的主导人物之一。然而她告诉我，由于此前的训练经验有限，自己曾在旁人看不到的地方花大量时间对镜练习。为了前往剑桥交换，她经历了激烈的竞争，因为很多学生都有这个愿望。她认真准备了很久，说自己"很幸运"得到了这个机会，即使申请过程并不像她说的那么轻松。克莱尔曾在纽约市的这家公司无薪实习，每天工作到深夜。公司对她的表现很满意，因此在招聘季开始之前就发出了录用通知。然而，克莱尔在公开场合和男友面前都没有提起这些努力——男友也毕业于耶鲁大学。表面的轻松掩盖了她在水下拼命划动的事实。

小结

　　本研究中精英学生的地位再生产过程仿佛一场游戏。各自落座后，他们很快就一套规则达成了协议，迅速通过考试分数和轻松程度区分出四个层级的玩家：学神、学霸、学渣和学弱。他们为游戏规则的合理性辩护，认为地位结果反映了天生才能。而后，学生根据各自的位置制定策略。所有学生都在维持这个地位体系及其排序标准，可见该体系的强大。通过这些实践，本研究中的高中成为中国精英青年参与未来地位竞争的培训基地。

　　个体的地位会改变，但规则和策略持续存在。在大学里，学生会经历地位的流动，有时从巅峰跌到谷底，有时攀上巅峰，但他们参与地位竞争的方式不会变化。理解地位体系的设置仍然至关重要。在进入国内、美国和其他地方的新环境之前，学生们会本能地摸清决定地位的关键因素。随着新玩家的加入，学生们为不同的规则做好准备。有些情况下，他们需要改变规则，另一些情况下则不需要，但即使有变化，也不会突破这个体系。正如本章所示，考入国内大学的学生为了保持竞争优势，改变了考试分数和轻松感的重要程度，但并未引入两者之外的标准。进入新的等级体系后，他们沿用高中时学到的策略，以在全球竞争中获得尽可能高的地位。

第三章

膜学神

2014年夏天，我和明佳在一家客流量不小的咖啡厅靠窗的位置坐下来，阳光透过窗子打在木桌上，柔和的光线与她口中描述的严苛地位体系形成强烈对照。明佳微笑着，双臂交叉抱在胸前："考试分数就像社会中的金钱一样。我不是说富人就最受尊敬，但有钱人总比没钱的人更受尊重一点。"五年后，亚历克斯在波士顿一家喧闹的酒馆里表达了相似的看法。他啜了一口鸡尾酒，平静地说："人们和整个社会都尊重有钱人。这是个简单的维度。"他幽默地补充道："也许还有其他维度，比如长得好看，或者做了些好事。但总的来说，主流观念就是这样。"

高考前一个月的某个午后，骄阳似火，我、丽丽、婉茹和梅从麦当劳吃完午餐回到首都中学——是时候回教室继续学习了。学校的墙上都贴有"分秒必争"和"时间就是金钱"等标语，但三名高三女生并不着急，她们在走廊上磨磨蹭蹭，兴奋地讨论麦当劳刚出的抹茶麦旋风。大约 15 米外的拐角处，一排浅粉色的墙报引起了她们的注意。闲谈顿时终止，女孩们的笑容立刻转变为认真凝视。

婉茹指着墙报大喊一声："快去膜学神！"我还没意识到发生了什么，她们就已经冲了过去，丽丽拽着我的胳膊让我跟上。

她们在粉色墙报前停住，探着头仔细阅读。海报上以大号黑体字列出了上一次模考成绩优秀的学生的姓名及分数。她们一起静静地欣赏了片刻，陷入沉默。一两分钟后，婉茹和梅慢慢低下头，彼此没有对视，静静转身走向教室。丽丽留了下来，紧抿着嘴唇仔细研究墙报。不知过了多久，她仍紧盯着那几张墙报，语速极慢地告诉我："这些孩子是我们下面一届的。高二参加我们的模拟考。"她深吸了一口气，而后伸出食指，指向墙报顶部列出的某位男生。他的分数约为 650 分，没有丽丽高，但丽丽看起来有些沮丧。她由衷佩服地长叹一口气，说："这孩子真厉害。我高二的时候可差远了。"丽丽摇了摇头，笑容微不可察。她轻声总结说："他是真正的学神。"

我刚入校做研究时，把地位较高的学生想象成好莱坞电影中受欢迎的啦啦队队长和橄榄球队的四分卫，要么就是一些民族志研究中描述的运动高手和酷小孩。我的想象并不完全正确。毫无疑问，高地位的学生在校园里很有名气。但是，他们的名气不能简单地等同于受欢迎程度，他们对同龄人的影响超出了"受欢迎"这个概念。同学们不一定真的认识这些高地位学生，后者也不一定需要本人出现来彰显影响力，他们有时甚至会避免与同学交往。许多高地位学生在校园里独来独往，对同学隐瞒行踪，一个人学习。也有些人表现得更友善，并不是只跟同一个地位群体的同学交往，而是自由地与各种成绩水平的同学成为朋友。根据实际情况来看，有一部分高地位学生只和成绩较差的同学交往。

尽管如此，成绩优异的学生总是特殊的，尤其是学神，他们是同学之间日常聊天的话题中心，仅凭姓名与考试分数就能强烈影响学生的集体情绪。上述事例中，三个女生都不认识高二的年级第一，如果在校园里遇见，多半也认不出来，但仅仅瞥了一眼这个男生的考试成绩，女孩们的行为就被彻底改变。在此之前，她们一直在轻松愉悦地聊着天，而看到墙报后，她们立刻变得沉默而严肃。此前还是慢悠悠地走向教室，得知男生的成绩后，她们径直返回座位。其中，丽丽的反应尤为有趣。她是一名学霸，在学校地位很高，后来在北大的自主招生考试中获得了30分的加分。考虑到这一点，丽丽本不必在意这名男生考得如何，毕竟她也不认识对方，两人也不是直接竞争关系，因为他们不在一个年级。再者，这名男生也不能保证到了高三依旧成绩优异。但丽丽本能地认识到他有可能比自己成绩更好，于是认定他为学神。尽管她表达出被超越的感受（叹息，摇头，微笑），但同时也表达了更强烈的钦佩之情。

丽丽的行为和感情是学生们对高分者的典型反应。若温和概括，可以说学生们尊重成绩优异的同学。用明佳的话说，考试成绩就像金钱一样：分数越高，得到的尊重就越多。在这个类比中，考试成绩决定了顶级高中学生的价值，就像金钱或财富决定了社会精英的净值一样。[1] 此外，精英学生崇拜并"想要成为"成绩优异者，就像成年人常说想成为全国乃至全世界顶级富翁一样。因此，"尊重"这个词尚不足以体现高分学生的至高地位。同学们对该群体的强烈尊重带有类似对明星的崇拜之情，而成绩顶尖者获得的特殊待遇更适合用学生们常说的"膜拜"或"膜"来形容。由此可见，地位高不仅代表受欢迎，还意味着受到尊重，或者从根本上说，是受到崇拜。

日常互动：普遍友善与同学关系

虽然学生们的行为表现以地位为基础，比如"膜学神"，但校园氛围总体是愉快友善的，包容每一名学生。课间休息时，教室里常常响起欢声笑语，用餐时间也能听到学生们的笑谈声。学生们的友谊网络混杂着不同地位层级的同学，不同层级间也没有空间界限。在美国，学生们通常会与同地位群体的朋友待在一起，教室、食堂和礼堂中都有明确的空间区隔。[2] 而在中国的高中，学生们会和地位不同的同学一起上课用餐。就座位选择而言，我访问的学校是老师为学生指定座位，定期调换，以促进同班同学的友谊。即使可以自己选择座位，学生们也不这样做。例如，在丽丽的班上，学生们第一天进教室上课时坐在哪，整个学期就都坐在那里。国际部的学生也遵循同样的座位分配规则。布兰登通常坐在教室后排，但上生物课时却坐在第一排中间。

我问他为什么换座位，他解释说："我第一天到得早，所以整个学期都坐那里。"接着他抱怨说："一直和伊兰先生（生物老师）面对面太有压力了。我那天应该晚点到！"

学校礼堂和运动场上举行的年级乃至全校大会也遵循相同的指

导方针。学校会为每个班和年级指定座位区域，而在我参加的所有会议中，学生们都是轮到哪里坐哪里，不会考虑此前的座位。他们既不会保留座位，也不会换座位，我从未听说有人抱怨自己的座位。在食堂也是一样，午饭和晚饭时间，三个年级共一千多名学生会在几分钟内涌入食堂。[3] 预料到人多，学生们争先恐后地找座位，每天都要尽力不和朋友走散。他们无法挑选座位，只能凭运气找座位。总体而言，学校里没有什么空间界限，学生们挑选座位时并不关心社会地位的差别。

大家会公开地与其他地位群体的同学成为密友，甚至约会。观察同学间人际网络及亲密友谊联结的一种方式是看看哪些人在一起吃饭。据我观察，每个午餐小组几乎都由不同地位的学生组成。[4] 首都中学国内部的某个班上有两名学神：诗颖和大鹏。二人关系良好但并不亲密，有各自的午餐伙伴。大鹏一般和成绩中等的思年在一起，思年后来考上了中国人民大学。诗颖则通常和学渣丽娲一起用餐。诗颖和丽娲之间的地位差异很大。诗颖是老师们心目中有望成为北京市状元的"超级明星"，相比之下，丽娲的考试分数远低于清北分数线，她也没有报考这两所大学。在我的观察中，诗颖、丽娲和其他成绩中等或偏低的学生们常常一起吃饭、上体育课，家长会后也是诗颖的母亲送他们回家。在国际部也可以看到类似的友谊模式。萨曼莎是一名SAT考到2330分的学神，后来去了哥伦比亚大学。与她同班的还有另外两名地位较高的学生——托尼和特蕾西，皆为学霸。三人一起聊天，座位也连在一起，彼此关系不错。托尼经常和特蕾西及其他朋友一起吃午饭，但萨曼莎从不加入，她和托尼或特蕾西都算不上密友。萨曼莎的好朋友是一些成绩较差的学生，她们一起吃饭、做作业，相伴去上课。

就连恋爱关系也常是跨地位层级的，有的高地位学生会与同样地位高的人约会，已知的情侣搭配中有学神和学霸，比如托尼（学神）和特蕾西（学霸）、大鹏（学神）和吉娜（学霸）；但高地位学生与低地位学生在一起的情况也不少。克莱尔（学神）和鲍勃（学渣）曾短暂交往，而后鲍勃提出分手，让克莱尔伤心不已。[5] 皋同学（学霸）曾经追了艾娅很多年，而艾娅的成绩只能算中等，接近学渣。罗伯特（学渣）也曾追求过萨曼莎（学神）。萨曼莎没有答应与他交往，并非出于地位差异，而是因为她当时没兴趣谈恋爱。后来罗伯特与斯泰西约会，斯泰西的分数也比他高。

综合来看，学生们在校园内形成了包容性的友谊圈。尽管地位层级界定明确，但友谊关系网跨越了不同的群体。从早到晚与其他地位的同学在一起，这与校内地位体系本身并无干系。亲近关系也不会影响地位。[6] 凭借这些做法，学生们构建了包容、温暖、友善的校园氛围。

携手并肩

在中国的顶级高中，学生间的总体包容性也体现在强烈的团结意识中。当他们共同聚焦于大学录取结果，这种团结感便将每个人联系在一起。然而，大学录取是一场零和博弈。毕竟学生们的排名是相对而言的，顶尖大学的录取名额也是有限的。北大、清华录了一个人，就代表另一个人落选，而常春藤盟校每年也不太可能从同一所高中招收太多学生。尽管如此，校园的和谐氛围似乎盖过了激烈的学业竞争。虽说每天都在公开竞争，但学生们并不把彼此视为竞争对手。他们认为彼此是共同奋战的战友，一同面对高考和大学申请。

某次访问顶峰中学期间，我注意到学生们的团结感。那是2013年一个阳光明媚的日子，我跟随学神李飞进行田野调查。午饭铃声响过，我与李飞来到顶峰中学的学生食堂。我们加入了其他五名男生的行列，他们正在大口吃米饭，一边狼吞虎咽，一边讨论某次模拟考的成绩。他们首先分享了各自的考试成绩，然后交换了其他高分学生的消息。坐在我身边的男生身材壮实，名叫淼，我问他："你们经常和其他班的学生这样竞争吗？"几个人听到后停止了进餐，惊讶地望向我。淼立刻解释说："其实我们不觉得大家在互相竞争。"李飞也说："我们不这样想。"其他男生似乎松了一口气，对于想法一致感到欣慰。淼总结说："这里没有竞争，我们都是朋友。"表达完立场后，他们又回到认真的讨论中，回顾彼此在模拟考试中犯的错。

总而言之，我看到学生们彼此友善相待，李飞和淼的例子可代表学生们对同学关系的大体看法。在他们眼中，同学都是"朋友"，他们"不是在竞争"。北京的精英学生们皆聚焦于大学升学，常常一起讨论并点评彼此的答案。虽然这些讨论有时会偏向于质问，比如要求对方解释为什么会犯某个错误，但学生们这样做是出于好意。他们回顾考试答案，帮助彼此进步，这是好朋友之间应该做的。他们要求对方解释犯过的错，以确定问题的根源，因为他们认为这是防止今后再错的关键。他们在仿佛无休止的考试中相互支持、鼓励，因为朋友就该如此。这些对话之所以存在，正是因为学生们关心彼此。所以在他们的心目中，对一个人成绩的严厉讨论并不是为了比出高低，而是为了相互激励，在迈向大学的关键考试中取得最好的成绩。

同学监督

作为一个集体，学生们对何为恰当行为、彼此该如何互动有着一定共识。他们会当场指出彼此在课堂上的不当行为，如上课睡觉，也会通过同辈压力的方式予以纠正。同学之间的监督程度相当高，甚至会认为有权干涉彼此的个人或家庭决定，如试图改变对方的大学志愿。某天的最后一节课上，李飞的班主任吴老师让大家一起看看大学志愿表。她担忧地说道："你们班上有五个同学想去清华大学读物理，但是清华物理系今年只从北京招七个。你们（五个人）要重新考虑一下。"然后她宣布下课，拿起书本快步走出教室。

随即，同学们离开自己的座位，将这五个选了清华物理系的学生围住。他们愈靠愈近，有理有据地强势劝说这五人做出其他选择。坐在我前面的峰同学便是五人之一，他被四个同学包围了，两名站在他的左边，一名坐在他的课桌上，另一名则在他右边坐下。右边这位强同学强势地说道："考北大物理，你学物理，我也学物理。"峰回答："我的加分不能用在北大！"峰整理好他的黑色书包，试图离开教室，但站在左边的同学们却没有移动脚步。强同学大声要求峰坐下。峰抓着他的书包，不情愿地坐了回去。强开始给他讲北大物理系如何如何好，说与清华物理系的"狭隘"相比，北大"视野更广"。另一位同学也附和道："北大的老师大多是西方留学背景的！"意思是北京大学物理系的本科生培养水平一流。峰依然坚持："我爸想让我去清华。"强拿着水瓶，自信地回答说：

"我会说服你爸爸让你去北大！"峰嗤笑一声："扯淡。"随后便拿好自己的东西，挤出教室。强并不气馁，大声喊道："你想学物理？去北大吧！"

棠怡也是五人中的一位。她梳着短马尾，面颊红润，抱着课本站在教室后方，周围的同学露出焦虑的神色，包括李飞，他站在棠怡和后门之间，一米八的高个子挡住了出口。李飞温和而坚定地指导棠怡改变志愿，指出她备选方案的不切实际。

"你的第二志愿是什么？"李飞温和地问道。

"我不知道，爸妈给我选的。"棠怡皱着眉回答。

"不是大学，"李飞说，"我是说什么专业。"

"我不知道！"她不耐烦地喊道，"全都是物理（专业）！"

李飞为她分析可供选择的替代志愿，其他同学在一旁听着。他列出了棠怡志愿单上可能出现的院校及其相应的物理系分数线，得出结论："你不能把这四所大学列到一起。无论顺序如何，如果你进不了第一志愿（清华物理系），你肯定也进不了第二和第四志愿。"棠怡的眉头皱得更紧。她愤怒地回答："你怎么知道我进不了第一志愿？"李飞无言以对，其他人都笑了起来。

棠怡试图挪向后门，却根本过不去。她放弃了，快步向教室中间走去，身后跟着许多同学，都劝她再考虑考虑。强走过去拍了拍李飞的后背，说道："她没问题，分挺高的。你现在应该知道家长对择校影响有多大了。"李飞垂头丧气地离开教室。我迅速跟了上去。走出学校大门时，他低声对我说，棠怡在填志愿表的问题上"犯了大错"。李飞心里依然担忧，他在脑海中设想了棠怡未来的录取情况，并分析入学后转专业的可能性。

第三章 膜学神

上述事例以及其他事例表明，学生们在感觉到某些同学择校错误时，会迅速纠正对方。考不上第一志愿会对大学录取造成巨大威胁，因为精英学生将第一志愿视为唯一的选择，其后四个选择都是不理想的备选。若未能考入首选学校，最糟糕的情况就是无法进入任何大学，这将损害班级的整体升学战绩。学生们的反应很可能是为了帮助同学争取最好的录取结果，他们的出发点可能是好的，但强势劝说和坚持改变同学选择的行为表明，他们还有更深一层的忧虑。更可能的解释是，吴老师所暗示的没有足够的录取名额才是大家所关心的。作为一个集体，学生们试图消除这样的风险因素。峰和棠怡都在坚持大学志愿时拿家长做理由。考虑到家长在填报志愿时扮演着重要的角色，[7]学生们或许会在受家长影响时退让。但现实并非如此，学生们要求老师施加压力，迫使这五个人更改志愿。学生们告诉吴老师，他们没能改变五个人的决定。第二天，吴老师在课程最后以严肃的口吻对全班同学说："记住，考大学是你们自己的事。不要把一切都交给父母来决定。"

这五名学生是否能被心仪的学校录取原本与他人无关。然而，当100%的大学录取率被顶级中学视为常态，考不上大学就成了严重的过错。因此，学生们会尽一切努力避免这种情况。强同学愿意额外付出努力改变峰的想法。他答应和峰一起更改自己的志愿（"你学物理，我也学物理"，在北京大学），甚至认为自己可以说服峰的父母（"我会说服你爸爸"）。李飞当场列举出棠怡有可能填报的志愿组合，并指出她的备选方案不可行（"肯定也进不了"其他学校）。整体而言，这些监管行为似乎起到了一定作用。考试成绩公布后，班上的每个同学都拿到了录取通知书，考入清华大学物理系的不足五人。至少有几个人，包括峰和棠怡，改变了他们的志愿。

维系地位边界

尽管人际交往是跨越地位层级的，同学们也具有团结意识，但学生在互动中仍会注意到地位之分。学生会坚持要求彼此遵照地位行事，无法容忍那些试图跨越到另一个（更高）地位群体的学生，也不允许低地位学生被误认为拥有高地位。这些澄清地位边界的互动是非对抗性的，学生们因此得以在维系差异化的同时保持校园的和谐氛围。

首都中学的学霸丽丽有时会做出符合更高地位层级的表现，她是个特别勤奋的学生，后来考上了北大。我很少见她休息，与友人交谈也通常是在讨论考试答案。甚至老师们都担心她会因为高考"压力过大"。对她进行全天观察时，我曾与她、婉茹和梅一起吃午餐。丽丽吃饭时骄傲地宣布她没有完成作业，梅挑了挑眉毛，但很快低下头拨弄饭菜。婉茹立刻以挑战的语气回答道："哦，是吗？我这个学期都没做物理作业。"梅惊讶地看着婉茹。丽丽听闻，直接90度转头，长长的马尾摆到另一边。她看起来很恐慌，冲婉茹大声警告这样可能会招惹物理老师："不会让你好过的！"

丽丽还试图在高考第二天让自己看起来轻松些（从而被看作学神而不是学霸），她和其他学生在门口站成了一个圈，考生们的亲友只能将他们送到这里。我赶来加入他们，听到他们正谈论是否会在从进入考场到开考前的这段时间里学习。丽丽宣布她不会，打算"就在考场随便转悠"。几分钟后，学生们散开了。我祝丽丽好运，她却拉住我的手臂，将我带进了考场区域。一过安检，丽丽就径直走向一个教室，和其他几名学生一起安静地进行最后的考前突击。其他人都在考试开始前八到十分钟离开，丽丽却一直没有动。一名男生似乎有些担心，回过头提醒丽丽："该进去了。"丽丽点点头，却没有动，连鼻子都埋在书本里。男生叹了口气，留下一句："别迟到！"丽丽点了点头，没有看他。她一直学到临近开考。和朋友们一起排队准备进入教室时，有位同学如释重负地说："哎呀，你可算来了！"其他人开玩笑说："又背了几个公式是吧？"丽丽微笑着没有回答。

作为一名不折不扣的学霸，丽丽想要获得更高地位，唯一要做的就是展现轻松感。然而，她树立轻松形象的努力总是徒劳的。在上述与其他事例中，同学们会断然否定她的轻松声明，将她牢牢钉在学霸的位置上。婉茹故意挑战丽丽，将自己塑造成"真正"的轻松者（以长期不交作业对比一次不交作业）。梅也显然不赞同丽丽（挑眉）。考场上的同学们很清楚她的行动背叛了言辞，并毫不犹豫地指出她一直在学习（"背了几个公式"）。在这两个案例中，丽丽都表现出典型的学霸行为（警告婉茹，留在备考教室里），这进一步证实了她的地位。简而言之，丽丽的同学们非常清楚她并非学神，也不允许她假扮学神，他们拆穿了她的每一次尝试。

就像婉茹和梅特别注重学霸和学神之间的区分，学生们往往会要求彼此固守在自己的地位层级中。学神隐于幕后，看着其他同学们划定地位边界。然而极偶尔时，也会有学生有意抬升某人的地位。在这种情况下，学神会立即采取行动，宣扬自身的优越性。一个例子发生在2013年春天，那天我正跟随着诗颖，学渣沐涵恰好过生日。我们为她庆生时，沐涵笑得很开心，说她很高兴能收到朋友们的礼物。出乎我意料的是，她突然将自己与同班的吉娜进行比较。吉娜是一名学霸，在班上备受尊重。"但和吉娜没法比。她过生日的时候，基本全年级都给她送礼物，你们看到了吧，礼物多到柜子都锁不上了。"沐涵伸手画了个半圆，比画着爆炸的情形，睁大眼睛夸张地说："就好像礼物从她的储物柜里崩出来了！她绝对是整个学校最受仰慕的学生。"

我点点头，心里记下了吉娜的受欢迎程度。看到我注意到了这个信息，诗颖温柔地打断我们："吉娜其实会给很多人送礼物，包括我。大家都在回报她的好意。"

沐涵沉默了。我试图把两个人的话融到一起，接了一句："但也不至于礼物多到从柜子里崩出来吧？"这句话暗示吉娜确实也收到了回报，但这么多礼物，总不可能都是回报。换句话说，吉娜确实受到同学们的钦佩，只是没有看起来那么多。

诗颖和沐涵都理解了我的话。沐涵微微点头，看向诗颖。诗颖脸上仍然挂着甜甜的微笑，愉悦地回答："那你就知道，她去年给多少人送过礼物了。"沐涵不想再争论，迅速走开了。

学生们常常向高地位群体表达钦慕，包括学神诗颖，也包括学霸吉娜，只是对后者的仰慕程度较低。其他时候，诗颖也会点头认可吉娜的高地位，但她迅速反驳了沐涵这次的说法。这些不同的反应表明，吉娜受到尊重本身并不会刺激诗颖为其归位，诗颖所否定的是沐涵对吉娜在校地位的不当提升（把一个学霸看作"最受仰慕的学生"）。在学校地位最高的诗颖寥寥几句话，便重新塑造了吉娜的形象，吉娜不再是校园里"最受仰慕的学生"，而只是一个努力交朋友的普通学生。作为学霸，吉娜可以享受同龄人的钦佩，但其他学生不能把她与学神相提并论，她也不可以踏入学神的领地。最后，作为地位最高的学生，诗颖有权在争论中下定论。

人们在相互纠正、批评的时候，往往容易发生冲突、心生敌意或恶语伤人。但学生们在这种时候也很少造成紧张氛围，他们仍是一个友善的集体。他们相互评论时也是欢声笑语、面带微笑的。在各自的位置上，他们能够顺畅地沟通，相互支持。本研究中的精英学生们在这样的互动中增进了友情，在他们看来，同学会为自己带来帮助与体贴，相处是友善的。多数学生都表示对朋友真心相待，彼此关照，很感激能在一个同学相互支持的环境中学习。

成绩优异者受同学仰慕

本研究中的学生大多温暖友善，互帮互助。然而，鉴于地位影响着同学间的互动模式，并不是所有学生的互动都同样亲密，彼此的关系深浅也并不均等。班级观察与访谈结果显示，同学们往往会尊敬那些成绩优秀者，并对他们表达崇敬之情。而面对这些关注，成绩优秀者也常常做出理所应当之态，包括经常无视友善的校友，不接受同学监督，以及要求同学给予尊重。

聚光灯下：克莱尔的追随者遍及全校

高地位的学生总是很显眼，他们是学生群体中最受关注的焦点。学神和学霸在校园里存在感极强，即使他们并不在场。克莱尔有一头蓬松的卷发，总是穿着优雅。她成绩优异，SAT考了2330分，据说是全年级最高分，稳稳站在首都中学地位体系的顶端。克莱尔是闻名全校的学神。我来到首都中学时，国际部几乎每名学生都声称和克莱尔关系不错。她确实对大多数人都很友好，但自称是她朋友的人远多于她真正往来的好友。[8] 学生们都对她申请的院校熟稔于心，一起焦急地等待她的录取结果。整个申请季，国际部的学生们每天都能告诉我克莱尔今天有没有收到回复。春季学期过半，克莱尔收到了许多拒信，却还没拿到录取通知，同学们为她辩护说至今只收到拒信是正常的，因为"克莱尔只申请最好的大学"，"她用别人的梦校当备选"。第二次或第三次听到这些解释时，我开始思考其合理性，不经意地皱起了眉头。见我并未回应而是陷入沉思，一名同学迅速喊道："这是真的！克莱尔的保底大学是维思大学（也译"卫斯理大学"），那可是莫妮卡的梦校！"这名同学说着伸手指向大约6米外的一名女生，她应该就是莫妮卡。

学生们的焦虑情绪在克莱尔获得耶鲁录取通知书的那日转变为宽慰和欢庆。国际部的同学们向她公开表达崇敬，仿佛这是一项集体成就。[9] 随后几周里，许多学生见面第一句话就是："你听说克莱尔被耶鲁录了吗？"高考生听说以后也为克莱尔被耶鲁录取感到高兴。不久之后，学校大张旗鼓地对克莱尔的成就表示祝贺，更是激起了学生们的兴奋之情。在首都中学国际部，教学楼入口处的大屏幕会向每位拜访者展示学生姓名及录取结果。排在最前面的便是克莱尔的全身照，她身穿一条白裙，背景似乎是一座花园，照片下方写着"耶鲁大学"几个大字。其他学生的头像与录取结果紧随其后，没有特定顺序。为了宣扬克莱尔的成就，首都中学要求她制作一张真人大小的海报供展示。这张海报大概在毕业季完成，被张贴在礼堂前方，那里是学校开会以及举办家长会的场所。如此大的阵势，自然让低年级的同学也知道了克莱尔。克莱尔的成绩被推崇为国际部几年来的一大亮点。她毕业后的第二年，我又回到首都中学，后两届学生还能记起克莱尔的录取结果和 SAT 成绩。她的名字仍能点燃同学们的交谈热情，同学们称她为"众所周知"的"超级明星"。

学生们本可以只关注克莱尔进入哪所大学，但他们对克莱尔的申请进展持续跟踪，为其申请结果倾注了许多情感。他们相信克莱尔被拒后会取得成功，并在外人对她的学业表示怀疑时，坚定地站出来辩护（替她说话，做出解释与提出理由）。同学们还会一同庆祝她的个人成就，将其视为集体的光荣（散布消息，带有钦佩的语气）。而作为众人关注的焦点，克莱尔也促使群体视线向她集中。首都中学要求毕业班提供个人照片时，克莱尔本能地交上了一张全身照，而其他学生只交了一张面部证件照。克莱尔也没有把制作海报当成不必要的负担，她愿意接受这个任务，并向母亲寻求帮助。接受集体的庆贺并持续激发同学们的热情，克莱尔就这样成了传奇人物。

名人待遇：茜珺是校园明星

并不是所有高地位学生都与同校生来往。许多学生有意无意地在身体和心理上与其他人保持距离，以此显出与众不同。顶峰中学的茜珺是一名白皙纤瘦的女生，偶尔会去做模特。高三一个阳光明媚的春日里，我跟随茜珺进行观察，当时消息刚刚传来，她在某个顶尖艺术院校的入学考试中名列第一。那是一节体育课，茜珺与同学们一同在操场上进行各类体育活动。我站在背阴处观察。一名留着毛刺发型的矮个子男生从我身后走来，问我为什么站在这里。我说自己正在跟随观察茜珺。

他立刻眼睛一亮。"茜珺可是我们学校的明星。你知道吧！"这位男生的声音明显带着仰慕之情，"茜珺考上了（某顶尖艺术院校）！我们学校上一个考进去的是（一位导演）；你知道吧，他现在很有名。那是很久以前的事了，之后还没人考上呢！"

男孩兴奋地讲述茜珺的成就，语速越来越快。我微笑地听他一项项列举茜珺去年取得的成绩，大约十分钟后，铃声响起，茜珺走了过来。她的笑容很淡，身姿高挑挺拔，下颌微扬，向我示意。男生原本还在谈论他对茜珺的钦佩，看到她却闭上了嘴。随着她走近，男生的目光里闪烁着敬意。

茜珺与他没有目光接触。她停在至少一米五远的地方，轻声宣布："下课了，我们走吧。"

"哦，我们刚刚还在聊你呢！"我高兴地指着男孩。

茜珺看了他一眼，嘴角微微上扬。男生睁大了眼睛，似乎想说些什么，却未出一言。他看上去有些焦虑或是疑虑。茜珺望向我的眼睛，语气更加坚定："走吧。"然后她转身走开了。我跟着她，回头看到男孩眼中闪过一丝后悔。他塌着肩膀看向茜珺离开的方向。后来我问茜珺是否认识那个男孩。"嗯，他是另一个班的，我们没说过话。"她耸耸肩，"别理他。很多人都是这样的。"

在学校里，茜珺和许多其他高地位学生既是名人，又过着独行侠的生活。作为名人，茜珺本可以让同学们为她的众多成就欢呼。

她已出版两部散文集，电影项目获得了全国性奖项，在世界排名前五的艺术院校的入学考试中取得了最高分。她的成就引起了媒体的关注，电视上甚至播出了有关她的微型纪录片。然而，她不愿意与其他学生谈论自己的成就，与父母一起参加的颁奖典礼也没有让同学们知道。[10] 她从走廊经过时，学生们会转过头来看她，但她却像没有注意到这些目光一样径直走过。我很少看到茜珺与同学在校园里同行。[11] 铃声一响她就回家，就像这次一样，她尽量不和同学交往。一个不知名的男孩对她的成就很感兴趣，与来访者热情谈论。他很激动能看到她（从紧闭的嘴唇和闪亮的双眼就能看出），也很想与她攀谈（看起来很焦虑），但茜珺无视了他。她划清了社交界限，无论是在身体上（一米五远并且转身走开）还是在情感上（宣布自己要离开，没有眼神交流，匆匆一瞥，"别理他"）都保持距离。[12] 尽管她几乎不回应，茜珺的同学们始终对她非常关注。同学们将她与其他人区分开，自认为是她的粉丝。

行为不端的自由：露娜从来不写作业

尽管同学们会监督彼此的课堂行为，但成绩好的学生可以做一些低分生不能做的事。一次小组访谈中，我询问刘潘和浩辰是否觉得哪位同学很特别，两人中，刘潘的地位相对较低，浩辰的相对较高。刘潘立刻提到地位较高的露娜同学。她提高了音量，用崇拜的语气讲起她所知道的露娜："高一的时候她考过年级第一。从那以后，她一直考高分。露娜总是在睡觉，早上起不来，所以不吃早点就赶来上课，上课时也总是睡觉，从来不写作业，就是这样。但她一直成绩非常优秀！"刘潘的话语中透着仰慕，她睁大眼睛望着我，兴奋地补充说："她转到了国际部，后来还申上了耶鲁！"浩辰在一旁没有出声，却大幅度地点头表示同意。

露娜的行为与其他学生截然不同。田野调查中，我对学生们上课时的专注程度印象深刻，没有看到一个人上课打盹。如果有人睡着了，附近的同学会立即叫醒他们。大家也会批评那些上学迟到的同学，也就是说，在我访问的高中里，准时出勤是一种规范。而露娜即使没有遵循这些规范（"总是睡觉"和"从来不写作业"），却也能免于同学的监督和谴责。露娜的例子可以与之前的婉茹进行对比，婉茹是一名学渣，她说自己从来不交作业。这两个人的行为类似，露娜的逾矩程度还要更严重一些。然而，同学们会原谅露娜，却没有原谅婉茹。即使露娜有轻微的行为不端，学生们依然崇拜她，刘潘和浩辰认为露娜是特别的，而丽丽和梅却说婉茹会遇到大麻烦。这个例子和其他事例表明，高地位学生在很大程度上可以免于同学监督，他们甚至可以打破班里的行为规范，而其他同学若有触犯，会被及时纠正。

要求尊敬：朱莉"很有名气"

高地位的学生经常被同学的仰慕包围，他们往往认为特殊待遇及被他人关注是理所应当的。当他们意外地不被关注时，这种心态暴露得最明显。中央中学的朱莉是一名高挑健美的女生，自我定位是学神。一个春寒料峭的下午，朱莉给我发短信，邀请我一起在学校附近的咖啡店坐坐。面对面落座后，我开始听她抱怨先前发生的"不可接受"的事。简单来讲，就是她同高二的一名男生说话，对方居然不认识她。

我感到困惑，问道："他不是你们年级的，为什么应该认识你？"

朱莉放下咖啡怒视我，高声道："你可能不知道，但在学校我是很有名气的。我名列前茅，也许不是每次都考第一，但总是在前10%。我还是女篮队长，怎么可能有人不认识我呢？"在后来的谈话中，朱莉总结说："我得跟朋友说说这事，让朋友给他补充点信息。"

身处地位体系的顶端，朱莉对同学的关注有强烈需求。最初几次见面时，她就把自己的高地位告知于我，轻描淡写地提到自己准备 SAT 只用了大约十天，而且只考了一次，其他人则动辄准备几个月，还要考许多次。[13] 她还说在同学们忙着申请大学时，她还继续参加篮球队训练，组织学校的圣诞派对。朱莉对自身地位的认同感极强，期望得到相应级别的尊重。大多数学生都不会期望其他年级的学生认识自己，但朱莉认为全校学生都应该认识她，知晓她的成就，并在现实中认出她。对于朱莉来说，鹤立鸡群是她应得的权利。因此，当一个学生没有给予她认为应有的关注时，朱莉的反应就像是那名低年级学生剥夺了她的权利一样。面对这样的侵犯，朱莉依赖同学的支持（她的朋友）来纠正侵犯者的行为，并将这个决定表述为仁慈之举（"给他补充点信息"）。

总而言之，经过选拔获得上层地位的学生会获得不变的关注，这往往也是他们凭自身素质博得的。学神与学霸会在日常的同学互动中表现得自信沉稳，享受同学的高度钦佩。对于旁人的崇拜，他们会愈加习惯。地位如此之高，他们在学校交朋友几乎毫不费力，习惯被怀着渴望结识的憧憬靠近他们的同学包围。如此行为模式下，高地位的学生成了校园中的合法精英，拥有较高的地位。成绩优秀的学生们学会彰显自己的与众不同，我将在后文中指出，他们中的许多人在大学和日后工作中，也会采取类似的方式与他人互动。

低分学生做什么都是错的

学神和学霸即使不求名誉也能博得同学们的关注，而学渣和学弱在其位置上无论如何也得不到那样的关注。像克莱尔这样的学神即使毕了业也能被记住，而学渣和学弱的才能得不到认可，很快就会被遗忘。高地位的学生因其成就而受同学称赞，相比之下，低地位的学生犯了些小错就会被同学取笑。当他们获得值得庆祝的成就时，同学们反而以嘲讽的态度回应。有些学神和学霸会无视其他同学。而学渣和学弱有时带着友好的态度接近旁人，却会被无视。

迅速遗忘：布兰登不被认可

成绩不佳者往往被人群淹没，无论他们在学业之外取得何种成就。布兰登身高中等，平日里话不多，是克莱尔的国际部同学。布兰登在 SAT 考试中取得了 2140 分，后来就读于加州大学洛杉矶分校。他在运动和音乐方面很有天赋。休息时间，其他学生在教室里学习时，布兰登和朋友们经常往篮球场跑。根据我的记录，他经常是得分最高或是助攻最多的球员。布兰登还擅长拉小提琴。一位美国老师评价布兰登是全校最有音乐天赋的学生，对他的小提琴独奏赞不绝口。尽管他的整体成绩仅处于平均水平，但在最喜爱的心理学课程中，他的表现很出色。同学们认为这门课他懂得最多，做作业时会请他帮忙。AP心理学课程作业截止的前一天，我跟随布兰登展开调查。一整天的每个课间，他都被同学们包围。布兰登坐在自己的桌前，愉快地主持问答环节，好像他是这门课的助教。布兰登很善于交际，在高中有很多朋友，但同学们从未提起他的音乐才能。他们不记得布兰登的小提琴独奏演出，甚至连学校是否办过音乐会也不太清楚。布兰登的篮球技术也没人在意。

后来，布兰登被加州大学洛杉矶分校录取，这在同学们看来不是个多么光鲜的结果。他毕业后的第二年，我再次回到首都中学，我向下一届的几名学生询问是否认识布兰登，他们都只是茫然地摇摇头。由于成绩不突出，布兰登的地位不高。因此，同学们不会认可他的课外成绩，他毕业后很快就被遗忘。

克莱尔的经历则与他形成鲜明对照。克莱尔的个人成就受到同学们的仰慕，而布兰登尽管多才多艺（运动和音乐），却没有得到类似的认可。学校会公开庆祝克莱尔的成绩，请她自己来宣扬个人事迹。布兰登就没有这样的待遇。同学们对克莱尔的大学申请过程了如指掌，能说出她收到的每一封拒信；但他们不知道布兰登申请了哪些学校，除了加州大学洛杉矶分校外，也不知道他收到了哪些院校的录取通知。[14] 由于成绩平平，布兰登的课外活动不受认可。人群中，他是个无名之辈，很快被遗忘。

课堂上的羞辱：莎拉答不出问题

低地位学生通常不会成为同学关注的焦点。而当他们成为焦点时，往往是作为羞辱对象。我曾旁听首都中学高二的物理课，张老师用这节课讲解考题。她先是走到教室右边检查学生们的答案，然后回到讲台前，就下一题的答案向莎拉提问。

莎拉是一名地位较低的学生，她忐忑地站起来，回答问题的声音很小。听到显然错误的答案，有几名学生露出惊讶的表情。我邻座的约瑟夫在教室的后方，此时皱起眉骂出了一句脏话。

听到脏话，我立刻望向张老师。老师显然听到了，正打量着约瑟夫。莎拉也听到了这句脏话，立刻停止回答。张老师的视线又回到了莎拉身上，让她接着说。莎拉焦急地解释自己的解题过程，但隔了三个座位的威廉突然大声打断她，给出了另一个答案。老师继续询问莎拉，将注意力放在她身上，试图找到错误的原因。而莎拉看上去很尴尬，脸红了起来，嘴唇紧抿着噘起来，用力握着笔杆。看到莎拉无法顺畅回答问题，张老师让她坐下，继续问下一个问题。

在这样的羞辱事件中，发起者并不一定地位很高，但被羞辱的总是地位较低者。约瑟夫和威廉成绩高于平均分，但也不是高地位者，而莎拉在同学和朋友口中是一名学弱。约瑟夫与许多男孩一样，有时候说脏话只是为了打趣。但他骂莎拉时，语气是认真的，莎拉也意识到这一点，并受到了冒犯（表现为沉默）。威廉本可以帮忙，但他的冒犯行为显然不是想帮忙（打断，大声说话，替莎拉回答），让莎拉十分尴尬（脸红）。这两个人为嘲笑莎拉而破坏了课堂礼仪，包括不说脏话、点名后再回答问题、说话前先举手。在此过程中，他们不仅将同学们的注意力引到莎拉的低地位上，还妨碍了张老师帮助莎拉纠正错误。

同学羞辱通常都是针对地位低下的学生，而对于熟悉地位体系的学生来说，这些人考试犯错不应该是什么意外。考虑到低地位的定义标准是成绩不好，低地位学生在每场考试中都难免出错。但尽管有这样的预期，同学们也不会放过他们。没有一个学生为莎拉辩护，也没有人帮她找理由或是原谅她的错误。同学们的态度就好像她犯了严重的罪行，必须公开羞辱，直到她感到羞愧。

不是当学生干部的料：若伦的学生工作受嘲笑

地位较低的学生往往明白，他们最好避免引人注意，因为即使是庆祝性的聚会也可能变成一场嘲讽。一个阳光明媚的清晨，我和高三学生们一起参加了首都中学的期末升旗仪式。简短的仪式上，老师在台上要求学生们为学生会成员的工作鼓掌。[15]一排学生登上讲台，他们都是学生会成员。老师喊出他们的名字时，每个人都向前一步鞠躬，其余同学在台下机械地鼓掌。然而，当老师喊到"若伦"时，同学们并没有立即报以热烈的掌声。相反，台下响起的却是笑声、惊叹声和嘲讽声。周围的同学明显不以为然，议论纷纷："他是学生会的？"看到若伦鞠躬后退回队伍，老师又开始叫下一位学生会成员，反应较快的同学们稀稀拉拉地为若伦鼓起掌来。几分钟后，仪式结束了。我和同学们一起慢慢走出操场。虽然大多数人没有再发表意见，但有几个人还是一脸得意，一路走回教室。

若伦回到教室时，学生们已经对这个话题不感兴趣了。没有人找他聊学生会的经历，也没有人探究他是如何获得这个职位的。[16]当然，更没有人向他表示祝贺，或是感谢他一年来为年级所做的贡献。那天晚些时候，我和同学们聊天时随口提到了这件事，但他们都不知道若伦是学生会成员。他的朋友们也对此一无所知，因为当另一名学渣男生开玩笑说"如果他是学生会的，我也可以是学生会的"时，大家都笑了。若伦的情况是个例外，却也印证着常态。他的同学们显然不赞成他加入学生会。同学们认为他没有资格担任学生干部（笑声、惊叹声和嘲讽声），对他整整一年的服务工作表示嘲讽（"如果他是……我也可以是……"）。除了态度上的不赞成，同学们对若伦基本是漠视的。虽然他出人意料地担任学生干部在班里引起了骚动，但大家的兴趣几分钟就消散了。若伦的成就也没有引起同学们的注意，作为学生会成员，他要定期参加会议，但他的朋友们都不知情。这表明他要么秘密行动，要么是忘记提了。或者，他的朋友们可能没注意到若伦时不时会消失。作为一名学渣，若伦与高地位同学取得相同成就时，得到的待遇却截然不同。他没有像其他学生会成员那样获得褒奖，反倒因为担任同样的职务而受人嘲笑。

遭受冷眼：康维被疏远

学校里的学生通常友善对待彼此，但偶尔会有一名学生（通常地位较低）被同学们疏远。康维是一名皮肤苍白的瘦小男生，有着细长的双眼，他被视为学校里"最差的学生"。我刚到首都中学时，康维有时会找我聊天。然而，我和康维的对话总是很短，身边的学生们会迅速地插进来，突然终结我们的对话。我和许多同学的关系亲近之后，他们会在康维靠近时把我拉开。男生们一看到他就把我引向别处，告诫我："别理他。"女生们发现康维从走廊尽头走来，便会拽着我向反方向走。高考前两周的某一天，我在跟随丽丽时就遇到了这种情况。当时，我和丽丽、婉茹在教学楼门口等待梅一起去吃午饭。

我在入口的内侧，面朝外同丽丽和婉茹聊天。我们正开玩笑地抱怨梅来得太迟，我们好饿，两个女孩突然停止讲话，相互瞥了一眼。我看到她们一言不发地转身向外走去，就在这时，有人从背后轻轻拍了我一下。我回过头，发现是康维。

"嘿！好久不见！"他热情地向我打招呼，一脸灿烂的笑容。

"是呀！"我回答。

丽丽和婉茹的神情明显不悦，交换了一下眼神。康维向我提出了诸如"你好吗？""你的研究进展如何？"之类的问题。我的回答都比较简短，比如"我还好""挺顺利"等等。而我说得越多，丽丽和婉茹就离我越远，她们转身背对康维，斜睨着我。我努力一边跟上女孩们的脚步，一边回答康维的问题。然而，我和康维每向前一步，女孩们都会与我拉开更大的距离。

突然，梅从走廊冲来，喊道："对不起，我迟到了！走吧！"她用肩膀把我推向丽丽和婉茹，将我和康维分开。丽丽和婉茹笑着松了口气，用手势示意我加入她们。我向康维说了声"再见！"，立即朝她们跑去。康维也许回了句"再见"，但我们都没有回头看。

在我进行田野调查的过程中，曾多次观察到学生回避、躲避康维的事件，有时学生甚至会明显表现出厌恶。我与康维只互动了不到一分钟，但这短暂的碰面已经让我体会到了被无视的感觉。女孩们至少三次示意我不应该和他交谈（通过走开、交换眼神和把我推向她们）。与康维的善意提问相比，我的回应几乎可以说是不友好的，甚至有些无礼。[17]然而就连这样的回应也足以让女孩们不满（不悦的表情，斜睨我，离得更远）。此次事件与其他相似情形表明，学生们已经明确：与康维最适当的互动就是不互动。

据我所知，全校只有康维和另一名学生被同学们集体回避，因此我以为同学们一定有特殊的理由。在后续的采访中，我曾询问许多学生对康维的看法，以及为什么如此对待他。学生们批评他经常与人争斗，过于主动地追求女生，或者说他"看起来很丑"，"笑容很猥琐"。虽然这些指控可能有部分是真实的，但其他行为类似的学生并没有受到排挤。此外，即使学生们的批评是真实的，同学们对某个学生如此排斥似乎也过于严厉了。

后来，在与高地位学生于朗的后续访谈中，我终于明白康维所受的集体敌意的来源——并不在于他的不良行为。于朗告诉我，自己并不知道康维犯了什么错，却还是觉得对方是个"怪人"，因此减少与他的联系。为了找出他被视为"怪人"的具体原因，我最后问道，如果康维的成绩特别好，大家待他会有所不同吗？

"当然！"于朗立即点头，以肯定的口吻回答说，"我们会更容忍他。大家不会这样谈论他（像现在这样负面）。"

于朗的回答指出，康维最大的"缺点"不是他打架和追女生，而是学习成绩差，在学校地位垫底。找到这个可能的线索后，我对其他学生提出了相同的问题。这些学生给出了同于朗一样的答案，但往往会否定我的假设情景，坚持认为康维不可能成绩优秀。然而，无论康维在学校的状况是否有转圜余地，如果分数很高，同学们总会原谅他被控诉的一切行为。康维的地位极低，他所面对的同学监督程度便极高。学生们会审视他的一举一动，指责他的一举一动存在哪些问题，这反过来导致了更高级别的监督。同学监督与抱怨的循环持续升级，直到康维连微笑都成了问题（"猥琐"）。

毕业典礼当天，我最后一次见到康维。那一天，自豪的父母们涌入校园，手里举着相机。毕业生们穿着黑色的毕业服，开心地合影留念。到处都是欢呼声和笑声。在校园的一角，康维静静地一个人站着，等母亲为他拍照。我和几位同学路过时，停下脚步祝贺这对母子。康维像往常一样展露微笑。他的母亲表现得很惊喜，问我："你能不能……？"但其他几名学生已经走在前面，她还没来得及说完这句话，他们就把我叫走了。

总的来说，这些例子表明，成绩水平不同的学生在与同龄人交往时遵循不同的模式。学渣和学弱不被同学关注，其成就也不会得到赞赏。若是成为众人关注的焦点，往往是因为做错了事而受到羞辱，哪怕只是考试做错题这样的小事。他们基本没有机会成为学生干部，即使有这样的机会，也会被同学嘲笑。在极端情况下，他们对他人的友好态度会得到截然相反的回应，甚至完全得不到回应。中学时的交往模式会在大学和工作环境中得到复制。我将在后文中展示，那些认为自己地位普通或较低的学生未来也会继续仰慕成绩优异的学生，他们学着融入人群，不去过多宣扬个人成就。

学生关于同学相处差异性的认识

对于同学交往的系统性差异，学生们也是有所认识的。家齐就曾解释说，考试分数和地位是决定同学交往的关键。用他的话说："许多成绩优秀的学生不善交际。如果他们的成绩下降，原来的朋友可能就不会跟他们讲话了。愿意和他们交流的人会越来越少，他们的听众也不会很多。"然而，尽管有些学生对这些做法持批评态度,但大家仍然遵循上述规范。那些在高中期间经历过地位变动的学生对基于地位的人际交往的看法相当务实。

同学歧视:"只要学习好,做什么都行"

成绩优秀的托尼对这些系统性差异持批评态度。他尤其反感任命高分学生为学生干部的做法。我和托尼曾在一间学生会的空办公室里坐了一整天,以完成田野观察。房间的一角整齐地码放着一摞书,书名是《赢在首都中学》。封面是一名男生的形象,他自信地站在蓝天白云下。托尼坐在办公桌后的黑色皮椅上,放松地将一只手放在头后,另一只手指着那堆书,讽刺地说:"我也出了点力。"这些书是首都中学出版的学生传记,用以宣扬学生的成就。然后他说,这个图书项目只是学生会职责范围内的众多琐事之一。托尼翻起了白眼,说:"杂事特别多。"[18]

"哇,你们都好厉害啊。"我称赞道。

"不!这是歧视!"托尼摇摇头说,"仔细想想,这基本上就是歧视!在(很多)学校里,只要学习好,大家就觉得你做什么都行。首都中学也有这种歧视。"

托尼认为,对不同地位学生的差别待遇是基于考试成绩的歧视做法。他的想法来自对学校任务分配的观察。作为学校中地位较高的学生,托尼承担了年级里的多项工作,并且深感不满。例如,他不情不愿地为一本他根本不在意的传记写了篇文章,经常带头组织社会科学俱乐部的阅读讨论,尽管他每次都想逃。在我们的对话中,托尼承认他擅长学习,但他肩负的任务与学业表现无关。他认为不该把这些与学业无关的任务交给一小部分成绩优秀的学生,而应该"让那些愿意做这些事的人去做"。不幸的是,这种想法几乎从未实现过。学生们普遍对高分者"盲目信任",认为他们能在各种任务上表现优异。与此同时,他们"歧视"低分者,认为他们"毫无价值"且"没有能力"。

虽然托尼对基于分数的同学歧视持批评态度,但他忽视了自己作为高地位学生所享有的优势。托尼把自己不情愿承担的负担看得很重,却没有提到自己获得的关注,也似乎没有意识到自己免受同学监督的事实。若将他与"SAT 一千多分"的低分学生凯文相比较,可以明显看出托尼在同学关注与行动自由方面的特权。两个男孩都不爱交际,经常从教室消失。然而,托尼的同学们原谅他擅自离开教室,却批评凯文是一个"沉默寡言,不合群,上着上着课就消失了"的人。此外,托尼和凯文的外貌都有瑕疵。大家会批评凯文"头发太长,刘海遮住了眉毛",说些负面的话:"想想吧,一个男的,弄成那样!"同学们也开玩笑说托尼的笑容"看起来有点傻",但这些评论是为了以"傻乎乎的外表"衬托"超强的智商"。托尼备受尊敬和仰慕,其他学生都想成为他;而凯文则被忽视和说闲话,同学们只想避开他,更不可能想要成为他。[19] 就连解释同学互动的能力也取决于地位。后来的采访中,学生们承认曾努力确保我"永远不会见到"凯文。相比之下,托尼可以与我这样的研究者自由交往,并在同学歧视问题上发声。

闪光的需求:德宏的自我反省

虽然有学生批评差异化的互动模式,但也有人支持这种系统性区分,认可其合理性。德宏是一名学霸,但在高中的前一年半,他曾是学渣。被复旦大学录取后，我邀请他到我母校的北京中心喝咖啡。我们坐在白色仿皮椅上，白色的大理石桌旁是一扇法式窗户，可以看到繁忙的街道。聊天时，他一开始表示松了一口气，感叹高考终于结束，但当我们谈到高中同学时，他的情绪发生了变化。

"人们总需要在某些事情上有闪光点。能够闪光才可以吸引我的注意。"他笑着，双手捧着白纸杯。

"你所说的闪光是什么意思？"我问道，"考高分还是……"

德宏立刻挺直身子点了点头。"那肯定是一个非常大的亮点，"他非常认真地解释说，"我是那种没什么天赋的人，即使是在学习上。我参加不了奥赛，音乐、美术之类的也不擅长，运动也不行。我只能通过努力学习来引起别人的注意。我用功读书，是为了得到大家的关注。如果我成绩不好，就没有我的位置，我只能被埋没在人群中。那样我就不存在了。"

"不对，不是这样的。"我反对道，但德宏打断了我。

"事情就是这样。"他以平淡的语气说道，"高考已经过去一个月，我已经忘记了很多不重要的人，像那些考试不好的人，分不高的人。如果你不比别人出色，被忘记是很正常的。为什么有人要记得你呢？没有理由。"

我坐在白色大理石桌的对面，一时无言以对。德宏继续以自己为例："我可以这样讲：'我的高中朋友德宏，他考得非常好，上了一所很好的大学，我觉得他很厉害。'"他停顿片刻，望向我的双眼。我点了点头，心想这是对他的准确描述。然后他继续说："但不会说'我的高中朋友德宏，他考得一般，上了一所普通的大学。'"我看着他，感到困惑。德宏嗤笑一声："我没事说这个干吗呢？关键是我为什么要记得他呢？对吧？我没有理由记得他。"他似乎认为已经把话说得很明白，不带感情地将纸杯放在我们之间的桌上，懒散地靠在椅背上。

在解释同学关系时，德宏持有一种极为冷酷的观点。他对同学关系的现实理解可能是由他在学校的地位上升经历造成的。最初在班里学习不好时，同学们很少关注他；但成为学霸之后，同学们开始注意并追随他。经历过不同的待遇，德宏认识到，地位高的学生会脱颖而出（"闪光"），而学生是一个容易遗忘的群体，只会记得地位高的人。尽管德宏提到课外活动也是个人才能的一部分，但他并不认为这些能让一个人"闪光"。在中国精英学生的地位体系中，德宏等学生心知肚明，非学业才能与在同学面前"闪光"无关。[20] 他强调，要想吸引同学的关注，必须取得高分。正如他解释的那样，他愿意"拼命学习"，因为这是"唯一能让人们注意到我的方式"。他的努力得到了回报，成功地跨越了高低地位的界限。从无名小卒到享有声望，他领悟到考试成绩、地位和同学关注是密不可分的。他学会接受这样一个事实，即同学互动往往因考试成绩而有所不同，并认同该体系为自然、实际且符合逻辑的（"正常"，"没有理由记住"）。怀着这般务实的态度，德宏宣称系统性的差别对待是无法改变的现实（"事情就是这样"）。

毕业之后：新的朋友，不变的互动

如果说在高中交朋友是一件自然而然的事，那么在大学和工作中建立关系就是另一回事了。学生们不再每天见到同一群人，当然也不会在同一个房间里一起待上 15 个小时。大学朋友和同事或许与高中同学一样热心可靠，但成长环境与精英学生并不相同。高中毕业 6 年后，大多数学神和学霸仍然和高中朋友保持联系，而高中朋友也一直关注他们的学业发展。

大鹏是大家密切关注的一名学神。同学们见证大鹏加入高盛集团，还和高中女友吉娜结了婚，[21] 无须任何提示，他们就能对大鹏的收入做出合理猜测。并非所有的学神和学霸都能获得同学的仰慕。于朗的高中同学们就不太清楚她从清华毕业后申请到了一个博士项目，在全球排名顶尖。相比之下，学渣和学弱基本不再与高中同学联系。学渣晓龙大学时留在北京，却也不和高中同学来往。当马克（符合学弱的定义）在社交媒体上自豪地宣布他在不列颠哥伦比亚大学最后一个学期"终于得到了 A"的时候，点赞的朋友里少有高中同学。

到 2020 年时，研究中的 28 名学生除一人外均从大学毕业。其中大部分人毕业后，我都设法去拜访过他们。[22] 我对他们当前的同学关系，以及是否与青少年时代的朋友保持联系很感兴趣。一个有趣的模式逐渐清晰：学生们的友谊主要取决于居住地相近程度以及族裔是否相同。留在中国的学生会无意中根据居住地交朋友，他们发现那些"专注于学习"的农村学生很难结交，而"知道如何享受生活"的城市居民更容易相处。身在美国和欧洲的学生表示虽身处"多元化环境"，但他们中的大多数都在华人社群中寻求庇护。离开中国后，许多学生都拼命地想要和当地学生交朋友，但几年后由于共同兴趣、相似的口味和备考合作等原因，就开始转向族裔内部的社交网络。[23]不过，同学互动的基础并非完全改变。学生们到大学依然钦佩成绩优异者，他们密切关注彼此的个人表现，认为成绩优于旁人者的地位很高。低分学生依然不被关注。这些社交模式表明，这些曾经的青少年——后来成为大学生并进入劳动力市场——正运用同一个"地位-互动"（status-interaction）原则来进行同学间的交往，自高中以来一直如此。

高三时，丽丽和朋友们会"膜学神"，书桦在整个大学阶段也对学神们怀有类似的感情。我在她大一时去她大学里看望她，她在吃甜点的时候向我透露，自己对高中的学神诗颖无比崇拜，然后对大学里"几乎没有类似人物"一事感到遗憾。"学霸们很擅长学习，也许还有一两个特长。但像诗颖这样的学神什么都做得好。"书桦左手托着下巴，以憧憬的眼神望向空中："我真的很钦佩诗颖，发自内心钦佩。"她读大学的前三年里，我每年都去看望她。大三时，她找到一个在高端威士忌公司实习的机会，但对大学同学的竞争不充分感到失望。大四那年，我发短信祝贺她大学毕业。短信交流中，她告诉我她"过得很好"，一直在努力找工作。然后她说已经放弃了对学神出现的期待，甚至"再也不谈论这些事情了"。然而，她很快又发了一条短信说："但如果真的有学神，我还是会觉得他们很棒。哈哈！"书桦从大一到大四都很钦佩学神。她崇拜着诗颖，希望大学里有更多毫不费力就表现得很好的同学。她憧憬的眼神和钦佩的语调与丽丽如出一辙：他们都认为学神比旁人优秀，对学神的态度是"膜拜"。

地位较高的年轻人往往拥有一群仰慕者，在同龄人中格外引人注目，这是其他学生所无法企及的。从康奈尔大学毕业后，托尼加入了纽约的一家金融公司，搬到皇后区几个月后，他在公寓的天台休息室举办了一场生日派对。转天早上，我去拜访他。他开心地告诉我有二十多个朋友参加了派对，包括斯泰西、丹尼尔等高中朋友，附近的大学朋友，以及同事。托尼说自己招待得很周到，在派对开始时努力"社交"，迎接客人，为他们调酒，介绍大家认识。那个晚上大家似乎玩得很尽兴，他对此十分满意。他笑着描述说，在派对结束前，国际友人们开始使用西班牙语交谈；美国人处于不怎么思考的状态，很多都醉倒了；而中国朋友们一边打牌一边欢声笑语。[24]

尽管大多数学生都曾提及与朋友们过生日，但托尼的生日派对却比其他学生的规模更大，参与者构成也比其他学生的更加多元化。这些差异可能反映了个人偏好，但在短时间内聚集同龄人的能力是高地位青年的特权。托尼在高中时是学神，上大学时成绩也名列前茅。他在工作中表现得很出色，能够根据个人兴趣自由加入各种团队。他的派对出席情况表明，他仍然吸引着同龄人的关注，因为许多人前来其实并不方便。斯泰西从波士顿乘火车，晚上才抵达，第二天早上就离开去开会了。派对结束几天后，我在波士顿遇到了斯泰西，她开玩笑地抱怨说："我就为了他才跑那一趟！别人我可不干！"他的大学朋友们纷纷从附近城市和郊区赶来。同事们虽说就住在纽约，但参加派对也没有想象中那么方便。托尼生日前一天，他和同事们刚刚出差两周回来，他一边讲着出差的事，一边往洗衣机里放入一篮衣服，还有另外两篮在等着。"基本上就是在（另一个城市）进行了两周的高强度社交，之后你就想单独待着，躺下来放松一下。"换句话说，托尼的生日派对就好比召唤同辈前

第三章 膜学神　　125

来膜拜，而大家纷纷不遗余力地给予响应。其他学生没有这样的号召力，也不愿意为其他人这样做，这表明高地位者继续享受特殊待遇，在工作中也与高中时一样，始终是众人关注的焦点。

学生们与同龄人的不同相处模式，反映出他们自身在群体中的相对地位。亚历克斯是首都中学一名学渣，后来进入波士顿学院。我在2019年夏末去拜访他，当时他在一家跨境电商公司担任软件工程师已经两年了。亚历克斯并没有太大改变，依然留着短短的卷发，脸颊上有几颗痘痘。下班后他在公司门口迎接我，一只手抱着黑色的笔记本电脑，两只耳朵戴着耳机。他穿着红色格子衫和卡其裤，与出入大楼的人流融为一体。我们坐着他的红色SUV（运动型多用途车）去芬威球场附近的一家小酒馆吃晚餐。提起他的大学生活，亚历克斯首先向我汇报自己的GPA是3.77，在他看来，自己在中国学生群体中属于"平均水平"，群体中，"低分大概是3.5"，而"高分大概是3.9"。然而，从大学整体标准来看，亚历克斯属于高分群体。大学官网显示，凭3.4的GPA便足以进入优秀学生名单。亚历克斯从未提起，但他是以优异成绩毕业的。

根据不同的对比群体，亚历克斯在地位体系中的位置有所差异，因此他采用了两套相应的互动模式。亚历克斯对中国学生群体几乎无话可说。当我问起的时候，他主要的评论是非常尊敬"一位GPA达到4.0，进入哈佛法学院的女孩"。而谈到大学里的其他朋友（其中许多是肯尼亚人）时，他微笑着说自己经常与他们交流，尽管他们分散在世界各地。亚历克斯很喜欢他的非中国朋友（成绩不如他），却依然与他们保持一定距离。他说："学校里的人都很聪明，都经历过选拔。"但他立即叹了口气，说："总会有一些人跟不上。遇到不会的，我们会尽力相助。"我问他是否帮助过那些朋友，亚历克斯简单地回答说："我尽量只管好自己。"我挑了挑眉毛，想知道这是否违背了他的与同学友好亲近的说法。感觉到我心有疑虑，亚历克斯迅速补充说："但如果他们来找我，我会尽力帮助。"

亚历克斯认为他的同学可分为两个不同的群体：中国国籍的留学生，其中一半比他成绩好；以及其他（国际）学生，通常课程表现不如他。作为前一组中的普通学生，亚历克斯以"群众"的视角看待其他人。他分析了 GPA 的范围（3.5 到 3.9），评估自己在群体中的相对位置（"平均水平"），并对最优者（GPA 为 4.0 的女生）表示钦佩。

相比之下，在提到成绩较差的朋友时，亚历克斯采取了一种自上而下的视角。他的语气带有优越感（叹气，指出其他人"跟不上"，"不会"）；他还为自己划清了界限，这是高地位的标志。尽管感受到同学需要帮助，他却没有怎么帮助他们（"尽量只管好自己"），仅在有条件的情况下回应他们的请求（"我会尽力"）。这些叙述显示亚历克斯与成绩较差的同学保持一定的距离，与茜珺在高中时的表现相似。总体而言，高中的同学互动与大学和工作中的人际交往模式极为相似。茜珺便是个明显的例子，这位顶峰中学高高在上的名人，进入大学和职场后依然如此。我在 2019 年初冬再见茜珺，那是她在伦敦政治经济学院的最后一个学期，但她已完成了所有必修课程和论文，只需等待毕业。她本可以留在伦敦，却决定返回中国，因为她觉得伦敦很"无聊"，冬天又"太冷太阴沉"。茜珺主动提出在北京机场的到达大厅接我。她准时到达，穿着舒适的连帽卫衣、深色运动裤和蓬松的黑色羽绒服。她开着一辆价格超过10万美元[25]的黑色吉普车（通常是婚礼使用），带我去一家五星级餐厅用餐。

路上，茜珺向我介绍了进入大学以来的经历。她自大二起接一些商业广告项目，找到几位擅长灯光、编剧和其他领域的同学，组成了一个团队。用茜珺的话说，她"创立了自己的公司"，利润丰厚，"可以用自己的钱买想买的所有奢侈品"。我回答说，和朋友一起创办公司是件好事。茜珺立刻纠正我："哦，不，我和他们不是朋友。"她补充说："他们是同事，更像是雇员。"茜珺从学校请了一段时间的假，将公司引上正轨，我怀疑她的一些同事也是这样做的。一年多以后，国内最成功的商业广告制作人之一提出收她为徒。茜珺立即抓住这个机会，离开原来的团队。于是团队解散，公司也不再运营。

在做学徒期间，她学会了"制作之前的团队无法做到的高质量电影"，由此摸到了商业的门道，开始以自由职业者的身份接活儿。茜珺去伦敦政治经济学院读研，从而避开2018年的中国传统媒体衰退。学生们读研通常是为了接受进一步的教育，茜珺的需求只是"休息一下，但不让简历空白"，而伦敦政治经济学院提供了"相当轻松"的硕士项目，教的多是"常识"，"几乎不需要努力"。换句话说，她去那里只是为了让自己放松几年。茜珺读硕士期间经常独自旅行，她给我寄了欧洲各个国家的明信片，但我没有在社交媒体上看到她和同学朋友的照片。她有"很多时间"，在学校写了一部小说，小说在她回到北京后两个月内出版。被问及这部小说时，她扬起嘴角说："我完全是按照市场需求写的，我知道肯定有人感兴趣。不出所料，有家公司把它买下来，打算拍成电影。"尽管茜珺已经重新定居在北京，但她并没有与大学同学联系，也没有与他们合作。我们在一条小巷右转时，她耸了耸肩："我不知道他们在干什么。"然后以一种漫不经心的态度补充道："反正也不重要。"

本研究中许多持续位于行业顶端的精英学生都对表现较差的同龄人视而不见，茜珺是自身领域的佼佼者，这影响着她与旁人互动的方式。高中时，克莱尔是追随者关注的中心，大家支持她，为她辩护；同样，茜珺在大学里也是万众瞩目，同学们甚至为了成为她的"雇员"而离开学校。高中时，朱莉认为自己应该得到同学的关注；在劳动力市场上，茜珺也认为公司应当注意到她（"肯定有人感兴趣"和"不出所料"）。可以肯定，茜珺的特权感来自她所受的专业培训和在其领域的高水准表现。然而，虽然很多人对自己的工作成果充满信心，但茜珺对工作成功的高度确信却是无人能及的。[26]

虽然许多精英青年与同辈结交，但对于那些努力成为全球精英的人而言，和谐的同伴关系似乎并不是必需的。他们反倒会和旁人保持距离，从而显得与众不同。他们不仅划定了物理界限（突然脱离同学群体，或者不保持联系），还在情感上疏远他人。对于她认定的不如自己的人，茜珺的态度模糊不清，这一点在2013年和2019年几乎没有区别。她忽视同龄人，对他们的成果漠不关心（"不是朋友"和"不重要"）。茜珺表现出的缺少人际互动与边界意识明确让我想起她在高中时与同学的互动模式。正如茜珺不愿与大学同学和同事交往（"我不知道他们在干什么"），她也曾对高中同学发表同样的看法：六年前，我和高三的茜珺傍晚一同走出学校大门。当我询问她同学们当晚的活动时,她不带感情地回答说:"不知道。"

许多人同书桦、托尼、亚历克斯和茜珺一样,持续遵循高中时学到的人际交往规范。年轻的精英们习惯通过考试成绩和工作表现将彼此置于不同的地位群体中,就像在高中时一样。这些评估在很大程度上塑造了同辈关系,因此学生们在以后的生活中本能地运用相同规范去接近、回应同龄人,并与之互动。由此,青少年时期的同学互动模式成为他们成年后与世界各地同龄人互动的模式的先导。

小结

本研究中的学生虽然皆为精英,但他们在高中时,同学关系各不相同。他们都相互支持,可高地位群体的学生会获得更多友好的互动。这些受尊敬的学生成为同学关注的焦点,无论做什么,哪怕是违反课堂行为规范,都能备受钦佩。低地位群体的学生没有享受到这些特权。由于经历了系统性的区别对待,学生们认识到成绩和地位与同学态度之间不可避免的联系。他们习惯性地支持高地位学生,歧视低地位者,并预期获得与地位相符的待遇。在此过程中,学生们相互支持监督,确保所有人都在各自的地位界限内行事。

本章的研究结果突显了地位在塑造人际关系和互动模式中的作用。学生们拥有不同程度的社交性与合群倾向,但比起地位,个人特质对同学关系的影响较小。许多学神和学霸十分友善,也有一些与同学保持距离，有意疏远。同样，许多学渣和学弱性情温和，待人友好，也有一些不那么好相处。然而，即使是最冷漠疏远的高地位学生也能获得追随者，也有人想和他们交朋友。相比之下，地位体系底部无害而合群的学生却被人回避，同学们甚至不同他们做眼神交流，更不用说建立关系了。

  2019年，这些学生已经在世界各地开始工作或研究生阶段的学习。许多事情已经发生变化，但上述同学关系的模式仍然存在。他们继续以高中时期的方式在社会群体中扮演自己的角色，也就是说，青少年的同学团体深刻影响着未来精英之间以及未来精英与他人交往的方式。这些精英很可能认为自己在社会中地位较高，并据此行事。在此背景下，这些年轻的精英认为自己的不端行为应得到豁免，表现出强烈的特权意识。毕竟，他们从小学到的就是，学神理应受人崇拜，也有自由做任何事情。

第四章

把老师挂黑板上

唐老师刚一走进办公室，立马跟我讲起学神伟成，她两臂交叉抱在胸前："伟成上周二想去体育馆，但当时已经关门了。一般人看到体育馆没开门也就走了，对不对？"我点头表示同意。唐老师翻了个白眼："但伟成不是，一怒之下直接把玻璃门踢碎了。他被摄像头拍到了，还穿着校服，体育馆联系了学校，现在我们必须处理这件事。我们跟体育馆说：'他现在高三，压力太大了。'"她怒不可遏："我第二天见到他，看不出一点歉意！甚至看起来挺骄傲！显然没有人跟他谈过这件事！"

在3月一个寒冷的日子里，早上9点，我和首都中学的32名学生一起上毛老师的地理课。学生们安静地伏在乳白色的课桌上，准备做笔记。毛老师轻快地走进教室，这节课讲考试题，老师站在黑板旁，带同学们讨论上一次测试的题目。有一道题涉及厦深铁路是如何修建的。

毛老师解释说，这条铁路原本的规划是沿海岸线铺设的，但出于军事考虑，不得不向内陆迁移。"可是只移动了一千米！这个解释太牵强了！"这时，坐在前排的皋同学突然大声打断。皋是一名留着寸头、戴黑框眼镜的男生。他说："如果真是那样，应该像另外一条铁路似的，移到更远的地方！"

另一名女生也附和。同学们纷纷反驳毛老师的说法，教室里一阵骚动。毛老师试图给出更详尽的解释，但还没等她开口，坐在教室后排（我前面）的大鹏抬起头望向她，坚定地沉声道："让我来（回答）。这方面我能说几句。"

毛老师瞬间愣住了，困惑不解。"好吧。"她尴尬地放下手中的粉笔。

大鹏从座位上站起来，喃喃道："总之我能解释得更清楚。"

我和坐在他身边的同学都愣住了。大鹏左边的女生抬起头，深吸一口气，眼睛睁得大大的，满眼期待。毛老师的脸上看不出表情。大鹏走向黑板时，同学们都微低着头，默默注视着他。大鹏以老师指责学生回答错误的方式，迅速擦掉了毛老师的板书。而后，他画了一张海岸线图，开始为我们讲课："这条铁路很早就设计好了，但动工之前，其他相交的铁路已经建成……基本可以这么理解。其实是社会经济因素让这条铁路的建设发生了变化。"毛老师神情紧张，挺直了腰板，看着大鹏自信地走回座位。她不露情绪地点了点头，用英语说："谢谢。"而后继续上课，仿佛什么也没有发生。

我来首都中学的第一天就见证了这样的插曲。我本以为，每个班上都能看到精英学生如此展现自身的特权意识，但我很快就意识到，这种特权意识的爆发并不常见，而且只出现在成绩优异的学生身上。成绩优异者在学校的地位显然很高。此事件中的大鹏是为数不多的学神，也就是仿佛不费吹灰之力便可取得优异成绩的学生。他在全区模拟考中获得了最高分。通过校长推荐，他获得了 60 分的北大加分，每年只有几所重点高中的一两个学生能获得这类加分。[1] 实际上，大鹏的学习成绩非常好，他甚至没用上加分——后来在北京 7.2 万名考生中以前 50 名的成绩考上了北京大学。大鹏在学校的地位如此之高，他的特权意识与无礼程度也相当惊人。他批驳毛老师的错误解答，由此暗示其能力不足（毛老师说铁路改线是出于军事安全考虑，大鹏却说是社会经济原因）。他无视老师明显的恼怒迹象（面无表情、紧张、不露情绪），接管了课堂。最后，他当众擦掉了她的板书，仿佛将她当成一名学生。

大鹏的行为在学神中并不罕见，甚至有一个专门的短语来描述，就是"把老师挂黑板上"。我第一次看到这句话，是在一篇杂志的文章中，该文章将顶峰中学描述为"学生把老师挂黑板上的学校"。文章没有解释这句话的意思，于是我向本研究的主要信息提供者、顶峰中学数学教研组组长胡老师请教。他自豪地笑道："意思是我们的学生非常聪明，他们会在课堂上证明你是错的。"他摇了摇头，又说："但那是很久以前的事了。最近我们的学生不会这样做。我倒是希望如此。"胡老师对可能被"挂黑板上"的积极反应表明，教师对这个现象的反应是不同的。[2] 然而，无论教师的反应如何，存在描述这种特殊互动方式的流行语便已经表明，成绩优异的精英学生的这种师生互动模式，已得到广泛认识。

日常互动：普遍尊重和总体特权

"把老师挂黑板上"的行为并不常见，学生一般都会尊重老师，尤其是在中国的课堂上。无论学习成绩好坏，学生们都会在走廊上停下来向老师问好。在经过教师办公室时，他们一定会保持安静，以免打扰到老师。如果需要找办公室里的老师谈话，他们会轻轻敲门，轻手轻脚地走进去，快速靠近要找的老师，压低声音说话。总之，遵守纪律是学生的常态。学神和学弱都会毫无怨言地为老师跑腿，比如给其他学生送东西或为学校制作海报。老师只要出现在教室里，就足以引起学生的注意。当他们走进教室，只需要站在讲台前，学生们很快就会相互提醒，安静下来。有些老师开始上课时会仪式性地喊出"上课！"或"班长！"两个字。听到后，班长会立即命令教室里的每个学生起立、鞠躬，并齐声喊出公式化的问候语："早上/下午好，某（老师的姓）老师！"

只要看到学生做错事，老师就会出言训斥。有一次，我坐在教室里等待上课，聂老师向教室中间位置的诗颖走去。诗颖是首都中学的一名学神，负责给同学们发课程资料。我听到聂老师用严肃的语气指出诗颖"做事考虑不周"。诗颖僵硬地站在那里，一言不发，听聂老师生气地说："有人没拿到讲义，没有讲义就会跟不上课，根本不知道老师在讲什么。但是你没有检查，甚至根本没有注意到。现在赶紧去补救。"诗颖听话地点点头，轻轻回答："好的。"而后，她积极地寻找讲义，面带微笑地将讲义送到每个同学手中，连我也有一份。在这个例子中（和其他许多例子一样），学生们无论考试成绩和在学校中的地位如何，都顺从地接受了老师的纠正。

总体而言，本研究中的学生都很守规矩。北京的精英学生不需要老师太多监督，能很快对指令做出反应。甚至例外情况也能证明这一规律：在顶峰中学高三的一次会议上，老师公开批评了一名发短信申请不去上课的女生。这名学生的短信写道："我不舒服，今天不来上课了。"听到这里，教室里的许多学生都发出惊叹声或窃窃私语。很明显，无论对老师还是对同学，这种行为都是有失尊重、不可接受的。得体的发短信方式应该是向老师问好、道歉、解释情况，然后请求允许或原谅。

教师是备考专家

学生有充分的理由尊重并完全服从教师的指令。对于准备参加高考的学生来说，前面章节提到的许多加分项都需要老师的认可。顶级高中的学生还有一个严格遵守教师指令的理由：教师是模拟考试的出题人。学生们将教师视为对考试内容了如指掌的专家，且普遍相信自己的老师常被选为高考命题人。我在首都中学认识的第一个女生于朗便这样认为。

她和教历史的杨老师关系很好，她考上清华后还一直与杨老师保持联系。我在于朗进入清华后的第一年见到了她，喝咖啡时她问我："你知道杨老师吗？"我点了点头。她倾过身子低声说："他今年夏天消失了，没人能联系到他，谁也不知道他去哪了。我尝试联系过他几次，但一直没有回音。"虽然这听起来像是一个恐怖故事，但于朗很快表明了她的意思："我们都觉得他是被召去给高考出题了。其实，可以说相当肯定了。"我很惊讶，问她是怎么得到这个消息的。"因为他消失的时间完全符合高考命题的时间安排。

一般从考试前几周开始，也就是试题提交并最终确定的时候。直到几周后，高考阅卷工作开始，才可以联系到他。"她接着解释说，命题人员会被完全隔离起来，绝对不允许使用手机。我进一步追问，这有没有可能是巧合。于朗摇了摇头，耐心解释道："我们老师轮流出题，大家都知道的。"她端起饮品坐了回去，说："当然，那一年教高三的老师没有可能。两年前是郑老师出高考题，今年杨老师条件合适。"她靠在椅子上，望向我的眼睛，肯定地说："事情就是这样。"

于朗等学生深信本校教师掌握着高考的关键信息，他们密切追踪老师们的动向。事实证明，于朗的猜测是正确的，首都中学和顶峰中学的老师后来证实，确实有高中老师被召去出题。此外，老师们还说明，只有重点高中最有经验的老师才会被召去。然而，无论学生们猜得对不对，于朗的解释都为学生们听从老师的指示提供了一个经过深思熟虑的合理理由。从文化的角度看，学生对教师的遵从可解释为儒家的传统规范，但精英学生的叙述则为尊重和服从教师提供了工具性的理由——毕竟，没有比遵从高考命题人的备考指导更好的备考方式了。

申请美国大学的学生也有理由听从他们的老师和顾问，是他们为学生写推荐信并决定学生的 GPA，这两者都是申请材料的一部分。此外，学生们相信顾问会把他们送进美国的顶尖大学。汤姆是最受学生信任的顾问之一，他是一名中年美国白人，曾在美国的大学里任招生官。2013 年的申请结果出来后，首都中学创下了一年内向宾夕法尼亚大学输送 8 名学生的纪录。录取人数如此之多，以至于当年宾夕法尼亚大学的中国新生中，首都中学的毕业生就占到 10% 以上。[3] 同学们闲聊时说,是汤姆一手成就了这项纪录,"他一定在那所大学有关系"。第二年秋季,当汤姆离开首都中学入职顶峰中学时,2014 届的学生们伤心欲绝,这也是可以理解的。2014 年春季,首都中学没有一个学生被宾夕法尼亚大学录取,却有 4 个顶峰中学的学生拿到了宾夕法尼亚大学的录取通知,这让大家更加坚信汤姆的作用。

尽管这个故事传得很广,让许多学生深信不疑,但那些 2013 年被宾夕法尼亚大学录取的学生和首都中学的其他顾问却称这是谣言。赛琳娜是被宾夕法尼亚大学录取的 8 名学生之一,采访过程中,我重提这个八卦,她皱起眉头表示反对。那是在高中毕业后的暑假,她向我解释说,自己的顾问不是汤姆,而是中国教师约翰。赛琳娜说,约翰的"帮助不大,但偶尔会对我的论文提出一些好的建议"。她不记得从包括汤姆在内的任何顾问那里得到过额外的帮助。首都中学的其他顾问也驳斥此说法为无稽之谈,尤其是约翰,他嗤之以鼻,说学生们"真有想象力"。他承认汤姆离开了首都中学,但汤姆的离开和首都中学第二年宾夕法尼亚大学录取率的突然下降"没有因果关系,只是巧合"。他认为,无法确定宾夕法尼亚大学当年为何没有录取首都中学的学生,但无所谓,因为正如他自豪地宣称的那样,"虽然今年没有学生被宾夕法尼亚大学录取,但我们的学生申到了很多其他非常非常好的大学"。

虽然顾问们反对这些传言,但学生们是深信不疑的。2014 年春天,我与托尼和他的朋友们在校园附近他最喜欢的一家面馆共进午餐。托尼决定接受康奈尔大学的录取。虽然他对自己的申请结果很满意,但对同班同学申到的学校的整体排名感到不满,并将其归咎于汤姆的辞职。他嚼着面条，提起了关于汤姆和他创纪录的学生录取率的传言。"当年汤姆送了那么多学生进去（宾夕法尼亚大学），很多其他高中颗粒无收。"他皱着眉，"今年全年级一个都没有，一个都没有！看看顶峰，已经录了4个了！"其他人点头表示同意。我表示这可能只是巧合，也可能是因为首都中学2013年有太多学生被录取。托尼对我的说法不屑一顾："不可能！"他的朋友解释说："还记得我们学校去年举办的招生活动吗？来了好多招生官。汤姆让学生们领招生官参观校园，每个人都有机会，安排的都是他们申请的学校的招生官。我有朋友就被找过去了，他们好多人几个月后就拿到了梦校的录取。"托尼点点头，补充道："今年就没有这种活动。"而后他用问句结束了谈话："除了汤姆，还能有谁？靠魔法吗？"

虽然汤姆在宾夕法尼亚大学录取中所扮演的角色仍存争议，但研究表明，高中顾问确实在国际部学生的大学录取过程中发挥了作用。与大学招生官有联系的顾问能将所在高中的学生源源不断送入这些大学，[4] 汤姆很可能在学生与所申请大学的招生官之间建立了联系，从战略上与这些大学培养良好关系。这种战略究竟收效如何，目前并不清楚，但托尼等成绩优异的学生认为，这是一种他们有权获得的必要支持。当他们没有得到预期的帮助时，他们不仅否定了其他顾问对录取结果的解释（"靠魔法吗？"），还认为自己被剥夺了教育机会。相比之下，我没发现任何成绩差的学生讨论汤姆的辞职。事实上，我将在后文指出，低分学生与招生顾问的关系有所不同，这导致他们无法获得顾问的战略支持。

师生利益共同体

除了坚信教师在备考方面的专业性，学生们的信任还来自和教师的共同利益。学生们希望自己的成绩越高越好，而后进入最好的高校。教师们则希望成绩好的学生越多越好。尽管不会明说，但众所周知，如果学生成绩优秀，特别是如果考入顶尖大学的学生数量够多，重点高中就会给教师发奖金。不过，奖金还有一些值得关注的影响。学生和家长都知道，教师必须从几种策略中做出选择，才能最大限度地获得奖励。他们可以帮低分学生提高成绩以获得更优的平均分，也可以把重心放在中等学生身上，让其中一些成为有望被顶尖大学录取的有力竞争者。无论采用哪种方法，有一点是明确的：成绩优异的学生必须尽可能保持优异。[5] 因此，教师往往允许成绩优异的学生随心所欲，尤其是在高考或申请季来临之际。老师会偏爱那些有可能进入顶尖大学的学生，这一点是学生之间的默认共识。[6]

学生们知道，把学生送进顶尖大学带来的额外收入对许多教师来说非常重要。当被直接问及对教师重视培养尖子生现象的看法时，学生们会微笑着说，"老师挣得不多"，"（老师）有孩子要养"或"老师也需要谋生"。既然学生们似乎能够理解，教师们也就没有隐瞒对奖金的考量。在首都中学为期一天的观察期间，我无意中听到五六个女生在讨论录取机会。当时大概是中午，书桦和朋友们坐在课桌旁聊天，另外两个女生轻快地走进教室，径直找到书桦。她们刚从办公室回来，与学校某优秀班集体的班主任聂老师谈完话。这位老师一直在"数我们班有多少人能上北大清华"。一名女生说："聂老师算出了七个。你们懂的。"大家点了点头，没人问这七个人的名字,说明他们都明白是谁。女生继续说:"聂老师说她真的很需要第八个,但还不知道能是谁。"有几名女生似乎感到困惑,有几位则好奇地互相看了看。这时,那个女生大声宣布:"聂老师说书桦可能可以(考上),她问我们觉得书桦潜力如何!"这时,所有的女生都转向了书桦,书桦却一阵摇头,惊恐地喊道:"不可能!别指望我!压力太大了!有七个她就知足吧!"大家都笑了。宣布消息的女孩拍了拍书桦的背,说:"我们告诉她,你可能行,但不确定。聂老师好像有点失望,但至少她有七个能指望。"书桦松了一口气,垂下了肩膀。另一个女生问:"不过,老师到底能拿多少?"女生们耸耸肩。没人知道具体数目。"估计挺多吧。"她们一致认为。

虽然与我交谈过的教师既没有证实"奖金"数额,也没有提到过类似做法,但教师收入与学生成绩挂钩是政府政策认可的一种绩效薪酬。[7]看准网(相当于 glassdoor.com,允许用户匿名公布自己的收入)用户提供的信息显示,欧米伽中学教师的绩效工资可能会超过其固定年收入。由于明白教师的利益与自己一致,学生们将老师视为合作者,相信他们会为自己的最佳利益着想。对奖金考量的认识和默许让学生们放下心来,也促使其服从教师的备考指示,或是在申请国外学校时依赖教师和顾问。此外,在学生眼中,绩效工资也解释了教师通常根据考试成绩区别对待学生的做法。

以送礼建立关系

学生认识到教师对他们进入名牌大学起到的作用,因此会通过送礼来表达谢意(这种交流也可见于企业与它们的合作者之间)。[8]

教师们很清楚自己会在节日、活动和生日时收到礼物，[9]但他们也有不期待的东西。例如，贺卡对师生关系的贡献就很有限。我告诉龙老师，美国学生有时会给老师写贺卡，他严肃地皱起了眉头。"贺卡？这是什么礼物？"他问，"为什么会有人想要这样的礼物？"

在我走访过的学校中，所有教师都收过学生（和家长）的礼物。某天，我在顶峰中学偶遇胡老师的经历，更是让我清楚地认识到这一点。胡老师在走廊上看到了我，邀请我到他的办公室，这间办公室是和其他三位数学老师共用的。他礼貌地问我要不要喝茶。我欣然接受。然而，他的下一个问题"你想喝哪种茶？"却让我难以回答。我站在那里，茫然地望着他，没想到还可以选择。他微笑着把我领到房间中央的一张桌子前，那里堆满了各式各样的茶叶。当我对这些价格不菲的茶叶表示惊叹时，胡老师指了指几种茶叶，向我推荐了某款特别好喝的绿茶。我立刻答应，看着他在纸杯里放了几片茶叶。他一边往杯子里倒热水，一边解释说，这些茶大多是同办公室老师收到的礼物。办公室的同事们都有"喝不完"的优质茶叶，于是养成了互相分享的习惯。

在我拜访过的学校中，学生习惯通过送礼与老师建立和保持关系。根据内容和场合的不同，这些礼物表达了不同的意图。诗颖这样的学生认为，礼物是为了在适当的场合表达感激之情。例如，她为每位老师准备了独立包装的苹果作为圣诞礼物。[10]

另一些学生更多出于工具性动机，如吸引某些学科教师的注意并得到他们的帮助。[11]虽然教师每到节假日或在特殊场合总会收到礼物，但值得注意的是，并非所有学生都送礼。学渣家齐就从来不送，当我问他有没有送老师什么礼物时，他皱眉困惑地问："没有，怎么了？"这种反应表明，给老师送礼物的做法尽管是"规范性"的，但对一些学生而言是荒谬的。

老师对礼物也有不同的反应。龙老师对精心包装的生日礼物不感兴趣，但胡老师和同事们愉快收藏茶叶的做法表明了他们的欣喜。无论反应如何，对于精英学生及其家庭而言，教师的关注和支持所带来的潜在教育效益超过了礼物的成本。毕竟，学生们认为老师对他们进入大学影响至深，进一步讲，老师影响着他们的未来。换句话说，虽然学生主要将送礼理解为一种表示尊重的方式，但鉴于收益-成本比非常高，它也是精英学生与老师之间加强义务关系的一种手段。

赞扬与赋权

老师们通常对学生寄予厚望。首都中学的教师常告诉学生，他们将"改变世界"，我认为这是在暗示他们将来会担任领导职务。同样，顶峰中学的老师们也经常提醒学生，他们比其他学校的学生更优秀。这些教师与学生闲聊时经常说"我们是顶峰的"，"我们显然比别人强得多"或"我们一直是全区第一"。据我观察，老师们每天不止一次地对学生说："其他人的目标对我们来说太低了，我们为你们制定了更合适、更高的标准。"这些"标准"包括规范的学生行为，如在操场上高效列队召开全校集会，在走廊保持安静，等等。很多时候，考试成绩的标准高得出奇，许多学科的老师在考试后对学生们说："你们的平均分应该是满分。"

不仅是老师，校长也会带头称赞学生们的出类拔萃。刚到北京时，我去拜访首都中学的校长，希望他允许我在校园里开展研究。听取我的研究计划后，他叫来两位老师介绍了学校的情况。然后，他宣布："首都中学办得很好，而且会越来越好。我们的学生才华横溢，绝对没有什么可隐瞒的。"老师们点头表示同意，一位男老师附和道："当然。"同样，我在另一所高中进行试点研究时，副校长指着路过的学生自豪地宣布："美国和澳大利亚的学校也都说我们的学生是天才！"校长们经常倾听学生们的心声。顶峰中学的学生表示总能看到校长在走廊上巡视，他们感到可以自由向校长表达自己的想法。首都中学每周举行一次学生-校长会谈，7到10位学生代表可以直接向校长表达诉求，并就学校或班级的政策和设施提出建议。从采访的结果来看，参加会议的学生全心全意地相信，校领导和行政人员会根据他们的建议做出改进。

　　首都中学、顶峰中学以及我访问过的其他中学的教师和校长，都一再告诉学生，他们是特殊的，比那些未能考入本校的非精英学生更优秀。这些对学生群体的日常宣讲，将学生们与非精英进行自我区分的需求凸显出来，并将其正当化。学生与校长直接交流的做法进一步让学生相信，自己的意见很重要，应该得到成年人的重视。总体来看，在重点中学师生互动的一般模式（简言之，是学生认为权威人士和有权力的成年人理应日常满足他们需求的模式）所创造的环境中，教师们有意或无意地培养了学生强烈的精英特权意识。

高分学生与教师的关系

在本研究中，师生关系的总体特点是相互尊重、并肩作战，为共同的目标（成功升入大学）而努力。虽说精英学生普遍有一种特权意识，但每个人的程度并不相同。仔细观察可以发现，学生的特权意识水平与考试成绩及在学校的地位一致，因为教师会按成绩好坏对学生进行系统性区分，并不断给予成绩好的学生更多便利。成绩优秀的学生——学神和学霸——也相应地经常表现出极高的特权意识，与学生普遍的尊重和合作态度不符。相关行为包括拒绝执行教师的要求、与教师讨价还价，以及认为教师理应随时提供帮助。

即使老师说了不行：茜珺想拍摄课堂

在这些学校里，师生之间的冲突几乎总是与成绩优秀的学生有关。身材纤瘦的长发女生茜珺就曾与班主任发生争执，她是地位体系顶端的学生，曾想以本班为素材拍摄作品，用以申请艺术院校。茜珺与班主任刘老师的关系并不好。用她的话说："我和他的关系不是很好……我和刘老师经常说对方的坏话，我说他的坏话，他也说我的坏话。"[12]

刘老师也证实，这种感觉是相互的。另一次访谈中，他说自己与茜珺的关系充满了冲突和紧张，对于茜珺为充实自己的作品集而记录班级日常互动的做法，他持严肃的保留意见。面对不愿意被镜头记录的老师，茜珺感到十分惊讶。刘老师回忆说："我提醒她，拍下来是好事，但拍之前最好和老师们沟通一下。也许她和一些老师谈过了。有的老师不希望她这么做，但她一旦想做什么，没人能阻止。即使老师禁止也不行。她一定会做的。就因为这个，我跟她（激烈争吵），我甚至对她大喊出声。真的。"说到这里，刘老师顿了顿，看着我的眼睛，确定我理解了事件的严重性。然后，他用淡淡的微笑结束了这个故事，靠在椅子上，叹了口气："但那也没用，没用。"

过了几天，一个炎热的夏日午后，我和茜珺在校园里散步，得以从学生的角度了解这个故事。她拿出相机，在没有征得任何人同意的情况下，开始给同学和校园拍照。我随口问她，是否也在老师面前这样做过。她回答："有的，大多数老师都没意见。但是叶老师（历史老师）！就是他！无缘无故，就是不允许！刘老师还为这事骂过我。有一回我开着摄像机，叶老师就站在那里不肯讲课。管他呢，反正我就是做了。他们反对没什么道理。"

很显然，刘老师没能让茜珺按其期望行事。刘老师本可以联系她的家长、公开批评或采取其他惩罚措施，却还是选择私下批评茜珺，即便只是徒劳。后来，他将茜珺的行为解释为意志坚定。茜珺可能确实意志坚定，但她本可以多做些解释，或是讲清楚这个项目对她磨炼艺术技能至关重要，有助于申请大学。但茜珺没有，她对刘老师的批评置若罔闻，认为与她意见相左的老师是无理取闹。尽管班级气氛紧张，课堂教学受到干扰（老师"站在那里不肯讲课"），但班里的其他学生并没有卷入这位明星学生与动怒的教师之间的冲突。在此事件中，本应尊敬老师的学生茜珺扰乱了班级活动，甚至迫使老师无声抗议。

诉诸谈判：托尼想要退出项目

虽然学神和学霸可以直接拒绝老师的要求，但一般而言，他们会与老师沟通。托尼是首都中学的学神，后来被康奈尔大学录取，他对学校组织的一个项目颇有怨言，该项目将成绩拔尖的学生与北京各地的高校教师配对，以培养学生对学术研究的兴趣。在老师的精心挑选下，托尼加入了一个生物实验室。但在项目中途，他想要退出，因为"这是在浪费时间"，对申请大学没有任何帮助。而由于生物老师"恳求我留下来"，他不情不愿地完成了项目。但后来他发现，学期末他还要准备项目答辩。托尼怒气冲冲，语气坚决地对我说："让项目答辩滚蛋吧。太浪费时间了。"我问他是否问过老师。他皱着眉头回答说："我打过电话，说我死也不去。为了不让方老师（他的老师）难堪，之前让我做什么我都做了。"

那天上午，托尼每个课间都去找方老师，告诉他自己决定退出项目。中午时分，方老师来自习室找他。方老师迅速在托尼对面坐下，轻声说："昨晚我和（项目的）老师们谈过了，他们操心极了。如果你愿意去的话，我会非常感谢。你什么都不用准备，之前汇报的时候不是已经做过一个简报了吗？"托尼点了点头，没有说话。"直接读就行，一讲完你就马上走，再让你花更多时间，我也不好意思，这是最后一次，我保证。"托尼还是沉默不语。方老师迅速离开了自习室，黑色风衣的衣角在身后摆动。

方老师刚离开，托尼就把头重重地靠在椅背上。他模仿着方老师轻柔的语气，抬高了声调："这是最后一次，我保证。"紧接着他大声说："这都第三个'最后一次'了！"我说方老师看起来很诚恳，托尼瞪了我一眼。"这些老师最会伪装（他们的感情）！根本就是装出来的！（老师们）只是想让学生照他们说的做罢了！"

这天余下的时间里，托尼都在为拒绝项目答辩打草稿，下午课程结束时，他与其他学生和另一位高级教师探讨了这个问题。最后得出的方案是"装死，无论如何都不去参加答辩"。托尼不断抱怨了八个小时之后，终于迎来了胜利时刻，在嘈杂的走廊里，他把方老师逼到了墙角。听完他的诉求，方老师生气地说："你坚决不去，我也没办法。"看他怒气冲冲地离开，托尼松了口气。"一切搞定。"他说，露出欣慰的笑容，满脸自豪。

尽管一开始不情不愿地接受了任务，但托尼通过与方老师多次谈话，构建起愈加详尽的反驳论点，并向他人寻求建议，从而与教师进行了协商。面对方老师的坚持，托尼的反应呈现为典型师生互动的逆转。不是老师给学生指令，而是托尼给老师下达了一系列心照不宣的指令，包括方老师将为托尼的决定承担后果，向大学教师、实验室伙伴、研究小组和学校高层道歉。此外，方老师还要完成与退出项目有关的额外文书工作。托尼以灿烂的笑容和自豪的神情宣告了此次事件的结局，他取得了个人的胜利：不顾老师的反对，将自己的意志强加给了老师。

予取予求：特蕾西需要帮助，立刻马上

学神和学霸还会认为，教师的帮助应该随叫随到。特蕾西是一名性格外向的学霸，毕业后进入约翰斯·霍普金斯大学，她表示自己与老师建立了良好的关系，尤其是顾问约翰。特蕾西在申请截止前几小时曾极度焦虑。她对此事件的描述是："我的 ED（具有约束力的提前录取）是约翰斯·霍普金斯，需要递交主要材料。截止提交的前一天晚上，我向关系好的老师求助，我把文书的60%都修改了一遍，基本是全改了。约翰气得要命，因为我之前跟他说打算用老版本。然后，到了晚上，大概是最后一个晚上的10点以后，我给我的好约翰打电话。约翰又帮我修改了文书，他特别生气。他用邮件发回来，说了类似'我认为这已经很完美了，你要是再改，我就杀了你'这样的话。"她笑着说："其实他是想说，别再改来改去了！"

约翰也是赛琳娜的顾问，每个年级他要负责二十几名学生。他有固定的工作时间表，特蕾西给他打电话的时间，他通常已经上床睡觉了。然而，约翰并未直接告诉特蕾西就用老版本，而是熬夜替她修改文书。在约翰的帮助下，特蕾西于当晚11点系统关闭前提交了材料。特蕾西寻求帮助（10点以后）与提交申请的时间表明，约翰在接到她的电话后立即投入修改工作中。大多数学生认为深夜给老师打电话寻求即时帮助是不礼貌的，特蕾西却很坦然。在特蕾西看来，约翰的时间和帮助皆是服务于她。其他几次谈话中，她表示经常与顾问约翰约见，估算下来"整个申请季，每个月见三到四次"。特蕾西与顾问的会面频率和时长远远高于那些成绩一般或较差的学生，后者往往难以获得顾问的关注。那些学生大多要提前几周预约。而且，面对顾问的怒意，特蕾西甚至完全不放在心上。她承认，申请截止前的最后一刻，约翰被要求对细节进行其认为毫无必要的修改，因此很不高兴（"气得要命""特别生气"），但她还是要求他帮忙，并不在意对方的愤怒。

在这类情形中，教师们扮演着宽容大度、支持学生的成年人的角色，对成绩优异者言听计从。学神和学霸可以自信地与老师互动，即使面对老师的反对，也能按自己的意愿行事。他们对老师提出要求，不顾其反对和抗拒。由于老师经常为高分学生提供便利，上课时系统性地做出退让，这些成绩优异的学生往往预期自己的愿望都能得到满足。他们成为同龄人中受仰慕的精英，面对老师时表现出强烈的特权意识。后文将指出，学生们已经认识到好成绩能换取权威的青睐，在进入劳动力市场之后，他们也采取相同的态度。

低分学生谨遵指令

地位较高的学生有话语权，而在地位谱系的另一端，学渣和学弱们在与老师的日常互动中是没有特权的。大鹏这样的学神可以在课堂上让老师难堪，学渣和学弱则常常成为老师羞辱的对象。学神和学霸认为老师理应随叫随到地提供帮助，其他学生要很努力才能预约到见面时间。学神还可以强势地按自身意志行事，学渣和学弱若是这样做，则要为其不当行为承担后果。

常见的公开羞辱事件

对于奋力应付考试题目的低分学生而言，"把老师挂黑板上"是不可想象的。上课回答问题出错会给他们带来严重后果，经常触发公开羞辱。李飞班上发生的一件事可作为典型案例。高考前一个月，我早早地来到顶峰中学，坐在教室的最后方。当时还没开始上课，生物高老师走进教室，鞋跟着地发出清脆的声响。七点五十五分，上课铃一响，她不动声色地扫视教室一周，学生们顿时安静下来。这是一节试题讲解课，高老师依次点名让学生回答问题。第一题，她叫教室右侧的亮来回答。亮站起身，低着头喃喃道："这题我错了，我选的A。"

高老师的目光变得严厉："为什么会错？你还记得我们是怎么讲人体细胞的吗？我们用了一个例子。例子里移动的是什么？"

"是蛋白质。"亮一脸羞愧，头垂得更低了。

"你这块知识点学得不好。"看到亮一直低着头没有反应，高老师继续问道，"如果你看到A就认为是对的，那你有没有看B、C、D呢？"亮回答的声音小到听不清。高老师看了看手里拿着的一张纸，叫起教室中间的一位女生。亮立刻坐回椅子上。那个女生也说选错了答案。

高老师皱着眉头告知全班："第一题只有三个人错了，我就不一一点名了。第二题和第三题没人错，我们跳过这两题。"高老师把注意力转移到其他同学身上，警告他们不要犯同样的错误，其间亮在座位上一动不动，既没有看向老师，也没有看向被叫到的同学，整整十五分钟，亮僵坐在那里，直到试题讲解部分快要结束。

被老师羞辱的学生远不止亮一个。无论旁听哪个班的课程，我都会观察到类似的互动。在高三年级的所有课堂活动中，试题讲解环节占到一半，老师们时不时会在全班面前对学生的答案进行评议。学神和学霸能够立即说出正确答案，回答不上来的学生则要面对全班同学的目光。在这类事件中，高老师等教师将试题讲解转化为羞辱事件，明知学生回答错了，还故意要求学生详细讲出做错的原因（"为什么？"和"例子是什么？"）。整理田野笔记时，我曾对此类事件进行归纳，计算下来课堂上大约每小时就会发生一次。在上文提到的例子以及许多其他案例中，答错问题的学生会被单独叫起来，经历公开羞辱。虽然时长只有一分钟左右，但考虑到日常对话的快节奏和全班同学的注视，一分钟也极为漫长。[13]

这种互动模式的频率显示了教师在维系和确认学生地位体系方面的重要性。教师以低分为由持续羞辱特定学生，告知其在班级中的预计排名，相当于每天向学生们提供成绩信息。亮和另一名答错题的同学被老师曝光说做错了"只有三个人"（全班约有三十名学生）答错的题，他们被划归至班级倒数10%。此外，教师还会对感到难堪的学生进行单独评价。在亮同学的案例中，高老师最后表示"你这块知识点学得不好"，意思是亮对此无知。这些互动似乎对感到难堪的学生造成了一定影响。在互动过程中，亮和其他同学都表现出明显的尴尬。其后，亮呆滞的反应和消沉的举动都证明，低分学生确实很看重这类事件，他们会感到自己被和其他同学区隔来开。

需要帮助：亚历克斯的大学申请

在首都中学，每个班的班主任大约负责30名学生，国际部顾问则一人指导大约25名申请者。顾问们能分配给每个学生的时间是有限的，成绩较差的学生和老师的相处时间更少，且需等待更长的时间才能引起老师的注意。[14]以亚历克斯为例，他是个SAT得分2150分的普通学生，经常找不到他的顾问汤姆。[15]在我与汤姆初次会面时，他叹息道，许多学生"只想申请排名高的学校"，而不考虑兴趣和大学专长之间的匹配。然而，亚历克斯的看法不同：汤姆曾经告诉他"不要申请常春藤盟校"，原因是"它们要求太严格"，

"你很难被录取"。尽管受到警告,亚历克斯还是决定申请三所常春藤盟校,因为它们也是他梦寐以求的高校。亚历克斯把决定告诉汤姆时,汤姆建议他去找另一个顾问寻求建议。

"(汤姆)大概是这么说的:'那我帮不了你。申这三所大学,你可以让安德鲁(另一个顾问)帮你看文书。'"亚历克斯回忆道。当时我们在一间学生休息室聊天,亚历克斯明显很生气。后来我得知,亚历克斯听他的建议找安德鲁帮忙申请那三所学校。汤姆仍然是亚历克斯的顾问,负责他的其他申请。他承认曾将亚历克斯的申请外包给同事:"我为他批改了一些(文书),其他工作人员也改了一些。"

一个月后,我和亚历克斯共进午餐,当时他已经递交了大约二十份大学申请。他大声抱怨汤姆不够重视自己。"主要问题是我联系不上汤姆,"他愠怒道,"有一次我和他约在下午四点,在他办公室等了半个小时,最后留了张字条走了。结果他给我发邮件问五点了我怎么还没到。我告诉他我们定的是四点,他让我检查历史邮件。"亚历克斯深吸了一口气:"结果一查,就是四点,只能重新约。不是我想抱怨,但汤姆太靠不住了。比如说让他帮我看看文章,他就总是说自己太忙。没人知道他在忙些什么,但我们见面的时间总是一拖再拖。你想想,这可是申请季,截止日期越来越近,还需要时间修改文书……(而且)我总是提前两三天就把文书发给汤姆,希望他在我们见面前有时间看看。"

学生们常常在咨询顾问如何修改和完善文书后重写一版,每次修改都需要很多天,通常是几个星期。像特蕾西这样的学生,一个申请季修改了五次,一直改到满意为止。随着截止日期的临近,亚历克斯自然感到焦虑。他说自己很尊敬顾问，但没能得到所需的帮助，甚至被建议不要尝试申请梦校。当他决定碰碰运气时，却被转交给一个他并不熟悉的顾问。由于没能及时得到申请文书的反馈，他认为自己的文书质量堪忧，可能会影响录取结果。后来，他去了波士顿学院，一个他原本毫无兴趣的学校，他甚至都忘了自己申请过那里。

汤姆拒绝帮助亚历克斯的做法有些不同寻常，因为据我观察，汤姆对许多其他学生都很关照。他的日程表排得满满的，我临时起意去顾问办公室时，经常看到他与学生面谈。我观察罗伯特的时候，罗伯特正读高二，为了 SAT 拿高分而提前学 GRE，他展现出巨大的潜力。汤姆曾为了与他确定申请列表安排了四次会面，并给他布置家庭作业，以推进他们的面谈事项。其他成绩优异的学生也表示，汤姆是一位细心的顾问，经常在他们需要时腾出时间来面谈。他与亚历克斯的关系可能是多方面原因导致的。一种可能是，亚历克斯承认自己的做法（学生仅凭排名申请大学）是汤姆不认可的。而另一种可能是，据传汤姆是所有顾问中收入最高的，他选择投资于更有机会进入顶尖大学的学生，而较少关注亚历克斯这样成绩一般的学生。考虑到教师的精力和时间都是有限的，其收入在很大程度上取决于学生的申请成绩，因此顾问们可能会选择更加关注那些更有机会进入名牌大学的学生，这也是可以理解的。[16]

失宠：皓佐的越界

并不是所有成绩差的学生都不敢面对老师，他们中的少数会试图通过拒绝听从指示来争取特权。这时，教师非但不会让步，还会公开羞辱这些破坏规则的学生。在顶峰中学一个温暖的夏日清晨，就发生了学渣或学弱拒绝执行指令以展现特权的事件。当时，高三学生被召集至操场做十五分钟的广播体操。他们排成一排，在音乐的伴奏下配合节拍做操。皓佐是一名戴黑框眼镜的瘦弱男孩，他没有做操，而是在队伍后方踱步。我走过去问他为什么站在最后面。他自信地笑着回答："因为我很特殊，想做什么就做什么。"

过了一会儿，一位老师走向他，问他为什么不和其他同学一起做操。皓佐说，他想做什么就做什么，老师则继续追问。最后，皓佐生气地喊道："因为我不舒服！""哪里不舒服？"老师问。皓佐摇摇头，没有回答。老师坚持要他回到队列中，和其他人一起做操。皓佐看上去很气愤，却还是走近同学们。没过多久，另一位老师走过来，命令皓佐加入做操队列。在两位老师的要求和注视下，皓佐不情愿地进入学生队列，心不在焉地做做样子。课间操结束后，我和顶峰中学的尖子生李飞一起回教室，提起了这件事。"哦，他啊。"李飞还淌着汗，拿起瓶子喝了口水，耸耸肩说，"别担心他。他是（从另一所高中）转学来的，可能还不太适应我们学校吧。"李飞将剩下的水一饮而尽，补充道："我们学校的学生比其他学校的整体成绩好。"李飞回到座位，结束了我们的谈话。

顶峰中学和其他重点高中会接收在其他学校成绩优异的转校生。这些转校生通常期望，若能获得顶尖高中的资源和教师指导，他们或许可以取得更好的成绩。作为回报，接收转校生的学校能提升高考和 SAT 平均分，获得更出色的大学申请结果。然而，在我遇到的五个转学案例中，有四个学生（包括皓佐）适应不良，成绩不佳。皓佐之所以随心所欲地行事，很可能是因为他在过去的学校里成绩优异。而转学后，他的成绩处于下游，再也享受不到过去习惯的特权。皓佐施展特权的企图失败了，老师驳斥了他的小要求（不做操），将他牢牢嵌入学校等级体系中的新位置。

值得注意的是，这件事在皓佐勉强归队后还没有结束，一周后，老师们公开批评皓佐的行为。那是午饭后不久，我跟着学生们到礼堂参加年级大会，高三的年级组长是一位薄嘴唇的丰满中年女教师，她点名批评了某几位学生的违纪行为，要全体学生注意纪律。她对着话筒大声喊道："上周三下午第三节课，有个四班的学生走出校门，我问她干什么去，她说回家。那节课是体育课，体育课也是主科，为什么不上？她居然一副理所当然的样子！"年级组长面有怒色地看着学生们："集体锻炼的时候，说了让蹲下，还有几个人站在那里左顾右盼！如果你们连这点小事都做不好，很难相信将来进入社会你们还能做什么！"面对她的怒火，满堂鸦雀无声。即使没有点名，大家也都知道她在批评皓佐。

显然，她说的是上周课间操时发生的事，皓佐是全年级唯一一名公然拒绝做操的学生。在这个案例中，皓佐最终回到队伍，表明他之前对自己这样的普通学生所能享有的特权估计过高。皓佐后来改口说"不舒服"，这可能是事实，但老师们认为这借口不可接受，拒绝网开一面。像李飞这样的尖子生承认皓佐对新学校适应不良，但不会同情他的特权主张（"别担心他"）。除此之外，老师还严厉批评皓佐的轻微违规行为，甚至质疑他未来的社会作用。成绩不佳的学生若试图争取他们无权享受的特权，要面对的后果就不仅包括教师的批评，还要加上公开羞辱。

简言之，低分与高分学生的待遇存在系统性差异。学渣和学弱不能随心所欲地行事，也不能从老师那里获得优待。当他们有需要时，很难得到相应的帮助。这些学生无法迫使老师满足他们的愿望，而是只能选择屈从，避免与老师发生冲突。不这样做，他们就会在课堂或年级大会上当众丢脸。在学校习得的处事方式日后也会在工作环境中重现，我将在后文提到，那些自我定位为"普通员工"的学生，会耐心等待领导注意到自己，并且从不违抗上司的命令。

理解师生互动

并非只有我观察到高分与低分学生在和老师互动时存在的系统性差异，学生们也是承认的。不过，每个学生因其在校成绩和地位的不同，对师生互动的理解也有区别。阿什利、特蕾西、李飞和明佳等备考中美大学的学神和学霸表示，老师对学生一视同仁，而且会"关注那些考得不好的学生，帮他们提高"。在成绩优秀的学生们看来，所谓公开羞辱事件是"出于好意"，尽管被羞辱的学生"有时并不领情"。学渣和学弱却并不同意，他们不仅看出了老师的区别对待，小心翼翼地避免违反规则，而且几乎对师生互动模式的差异化闭口不谈。低分学生鼓起勇气向老师表达自己的看法，这种情形十分罕见，我在 15 个月的高中田野调查中只目睹过一次。[17]

公然偏袒："如果是我，学校会怎么做？"

这次小概率事件发生在首都中学。那天，我从早到晚都在学校进行观察，中午时碰到了龙老师，他邀请我一起去学校食堂吃午饭。几百名学生正在食堂用餐，金属勺和筷子叮当作响，墙柱上悬挂的电视机播放着流行歌曲。我们在学渣家齐旁边找到几个空位，龙老师挨着家齐坐下，我在他们对面。看到我们，家齐赶紧咽下几口饭，朝桌子对面的我倾了倾身子，低声问："听说于朗的事了吗？"于朗是全年级第一，其他同学经常聊起她的出色表现。

"怎么了？"为了听清他的话，我和龙老师凑上前去。家齐说："于朗在历史课上和罗老师吵起来了。罗老师，你知道吧，他总是给我们灌输个人观点。但于朗不同意他对某些历史事件的看法，直接把书往桌子上一摔，冲出了教室！"

我大吃一惊："然后呢？"

"没有然后！"家齐翻了翻白眼，继续说，"第二天，学校给她转到另一个班上历史。什么也没发生。"

我转向龙老师求证："真的吗？这事您听说了吗？"

龙老师漠不关心地答道："好像听说过。不是什么大事。"

听到龙老师的话，家齐马上插进来："对她来说可能不算大事，但其他人，比如像我们这样的学生，就不可能这样做！"他继续气愤地说道："假设一下，如果是我，学校会怎么做？他们会想尽办法惩罚我，说我不尊重老师。我怎么可能随便转班？肯定要打电话找家长，请他们来聊聊我的（问题）行为。接下来谁知道会发生什么！但是发生在她身上，学校就什么都不做！甚至没有打电话找家长！她就这样转班了！"

龙老师一言不发，他望向半空，似乎想与家齐的控诉保持距离。我问龙老师："每个学生不是都有自己的观点吗？"

龙老师看着我，好像我说了什么傻话，几乎忍不住笑起来："但她不是有观点这么简单。于朗同学从来都是将个人意见捍卫到底的！"[18]家齐重重地点头表示同意。龙老师不想再讨论此事，便转移了话题。

一年后，我有机会和于朗在大学的咖啡厅里喝茶，听她讲述事情的经过。当时在清华学习数学的于朗对事件有不同的解释，根据她的说法，她坐在第一排，举手表达自己的观点，这是极正常的课堂行为。而且她一直留在教室里，下课后才迅速离开。后来，她因为课表冲突转到另一个班上历史课，再也没有和罗老师说过话。

虽然传言比真实事件夸张，但家齐的愤怒——尤其是把自己作为假设的反例——显示了学渣和学弱对老师的偏袒和尖子生所享特权的敏锐认识。根据传言，于朗的行为与寻常学生大不相同，显得极不尊重老师，即使是以学神的标准来看。然而，龙老师依然将所述行为归因于个人的固执己见（"将个人意见捍卫到底"）。此外，龙老师还证实了家齐所言，认为此事不值一提（"不是什么大事"）。他不冷不热的反应表明，老师们试图缓和低分学生的愤怒情绪，又拒绝从他们的愤怒源头做出改变。由此，他们默认了学生口中的不平等待遇。

意外恩惠：德宏的感恩之情

老师并不总是或光是偏爱成绩优秀的学生，有些老师也会特别关照成绩一般或低于平均水平的孩子。但这种情况极为罕见，得到偏爱的学生也从不认为这是理所当然。隆冬某日，高二学生德宏突然给我发短信，约我第二天在学校见。一见面，他就快步把我领到几乎空无一人的学生自习室。他开门见山地总结了自己的在校成绩。他说自己很用功,但成绩一直不理想,而后花了30分钟讲述自己打算如何在本学年提高考试成绩。我一边听着,一边猜测他找我谈话的目的。德宏说,是一位帮过他忙的老师激励他努力提高成绩的。

"我真的应该试试三好学生加分,"他说,"这可能是我唯一能得到的加分,我勉强拿到了申请资格,但我需要一位老师推荐我。我不知道谁愿意,我成绩不突出,很普通,(这次申请的)资格也是擦边拿到的。几天前我找吴老师谈过这件事,她说会查查看,比如相关规定之类的,但我没多少把握,不知道要不要抱有期待。"德宏低下头,上身撑在桌面上,这个体格健壮的大男孩眼中闪着泪光:"没想到三天后她告诉我,她会处理这件事,我只要申请就行了,她都能帮我解决。我真的太感谢她了,从来不敢想她会为我做这些。"说完这些,德宏松了一口气,倚靠在沙发上。

对德宏而言,这件事的意义如此重大,甚至让他卸下了青春期耍酷的伪装,全程情绪激动。他最终没能加分成功,却仍对老师的帮助心存感激,并决心在高中的最后一年努力学习。一年过去,德宏的考试成绩进步明显,考上了复旦大学,这在他高二时是无法想象的。

他将此次事件看作人生的重要一课,他表示,是吴老师的帮助让他学会认真对待学校里的每一件事,并尽可能地帮助他人。然而,德宏作为特例验证了整体的规律。在他看来,这次经历非同寻常,他的心中满是感恩。真正获得加分的高分学生仅仅把加分归功于自己的好成绩,抱着理所当然的态度。事实上,本研究中获得加分的学神和学霸都没有提到教师推荐这一要求。

教师对学生特权的反应

教师们并非有意将高分学生视为精英中的精英，他们也不认为自己在压制成绩差的学生。其实，老师并不喜欢高分学生的交流方式。但无论他们感受如何，都会以学业成就为由容忍和支持高分学生。而低分学生则没有这个待遇，当他们试图获得特权，只会如预期般失败。老师们无动于衷地看着他们失败，哪怕是一所大学都考不上。

对学神的怨言

更多时候，老师们对高分学生的特权意识感到不满，虽然允许这些学生展示自己的特权，却也表达出愤怒的情绪。学神诗颖与其班主任的关系便是典型一例。这位中年教师姓聂，我刚进班观察时，聂老师就向我明确表示，她非常喜欢诗颖，诗颖是她可以信赖、沟通的好学生。据我观察，诗颖与老师们关系融洽。然而，聂老师对诗颖的看法在高考后彻底逆转，因为诗颖从此与高中老师断绝了联系。诗颖被清华录取后的那个夏天，我采访过聂老师。她说："必须得说，我对诗颖太失望了，高考之后，她从来不回来看望老师，一句感谢的话都没说。有些我没想到的学生都回来了，但是诗颖没有，录取结果出来那么久都没有。我很失望。"

按惯例，高考生接到录取通知书后都会回高中看望老师。在这些仪式性的返校活动中，学生们会向老师汇报他们在高考中的表现，谈谈未来的发展方向。尤其重要的一点是，高考成绩优秀的学生要感谢老师三年来的辛勤付出。学神诗颖本该看望老师以示感恩，但她既没有拜访也没有感谢班主任老师，整个暑假毫无音信。后来我曾问诗颖是否打算在大学开学前回首都中学看望老师，她说没计划，但"如果有机会"可能会去。

聂老师在访谈时表示，学校为诗颖提供了充分支持，投入大量资源并创造机会培养她的领导力。然而作为学神，诗颖很可能认为自己的高分属于个人成就。她对高考成就那理所当然的态度不应被简单理解为不知感恩，而是更接近一种强烈的特权意识。

老师们不仅对学神的特权意识心生恼火与失望，还会将抱怨表达出来，尽管他们总是对学神极尽容忍。于朗的奥赛指导孙老师便是如此。我曾让于朗推荐一名最亲近的老师，邀请其接受我的采访。她发短信告诉我，孙老师有空，同意参与我的研究。而当我见到孙老师时，他立刻问我为何要采访自己。我表示感谢后说道："我请于朗找一位她最亲近的老师，她让我来找您。"孙老师马上否认："哈？我可不是她最亲近的老师。她和（另一位老师）关系更好。她让你找我，纯粹只是因为觉得可以随便麻烦我。"然后他说，自己是于朗的奥赛教练，所以于朗"知道"他会答应她的许多要求，包括（在收到她的短信通知后）接受一个素未谋面的研究人员的采访。接下来的采访中，孙老师列举了于朗许多展现特权的举动。不过，每次发表负面评论后，他总是马上强调于朗是一名优秀的学生，原本极有潜力赢得竞赛。

我意识到，他对于朗的宽容似乎建立在对其获奖的预期之上（但她未能成功），于是我问孙老师对于朗被提前淘汰有何感想。孙老师叹了口气："她听说奥赛获奖不再能保送清华，就没动力了。她完全把奥赛当工具，这是我非常反对的。她把竞赛看作达成目的的一种手段，所以竞赛如果不能为她带来预期的收益，她就失去了动力。她不再付出努力，所以被淘汰了。"虽然孙老师对于朗很失望，但还是帮她报名了北大和清华举办的冬令营，为她争取到了加分。于朗这样的学生为我们揭示：教师会有意容忍学神和学霸构建于优异成绩之上的特权意识。尽管老师们有自己的感受，却还是压抑怒火，帮助这些学生进入理想的学校。

任其坠落

当学渣和学弱表现出特权意识时，老师们也会感到不满。但他们给出的反应截然不同：对于成绩不佳的学生，他们会任其坠落。顶峰中学的建民符合学弱的定义，他刻苦用功，积极进取，但成绩一直不理想，高考成绩也不及预期。在大学录取结果公布的第二天，我见到了建民，他很难过地告诉我自己没能被任何大学录取，不知道下一步该怎么做。我震惊不已，这在顶尖高中是闻所未闻的。建民将这一结果归咎于高考考砸了，他的实际分数比猜分低了40分。但他的班主任胡老师却不这样看，他基本已经预料到了这样的结果。见过建民几天后，我与胡老师相约。当我提到建民高考考砸了，没有被学校录取时，胡老师迅速纠正我的说法。

"不是的，不是你说的这样，"他说，"建民总是高估自己的水平。他一直以为自己做得比实际要好。对一般考生而言，上下浮动二十分都是可能的，但四十分就差太多了。建民有次模考发挥得不错，可能比以前多得了二三十分。但模考那么高分，也只是一次而已，他不去综合考虑其他那些模考，全当成是意外，一直只想着超常发挥的那一次。"

我追问道，建民怎么会一直到高三下学期都对自己的能力有误解呢？胡老师摇着头耸了耸肩，依旧重复刚才的话："就像我说的，他一直高估了自己的成绩。"

在我拜访的几所高中里，学生填报大学志愿前都要向班主任老师咨询，首都中学的老师掌握每个学生的账户密码，可以查看学生的志愿。顶峰中学的老师会收集学生的志愿填报单，个别同学若填报得太过冒险，老师会与之谈话。例如，另一位班主任吴老师曾根据每所大学对北京考生的录取名额进行计算，要求班上几位学生改选其他大学。建民的同学告诉我，胡老师曾与某些同学谈过填报志愿的问题，他非常关心学生们，说自己曾经做过一个梦，梦见某大学降低了录取分数线，于是有几位只比分数线低两分的学生被录取了，无须划拨到第二志愿。说着说着，胡老师捶起了胸口："醒来之后我特别难过，原来只是个梦。"

考虑到上述师生互动，胡老师没有与建民探讨志愿就显得不同寻常了。顶峰中学升学率可以说是100%，胡老师班上的学生也都是经过层层选拔的尖子生。在这样一个半数学生都能考上清北的班级里，无法想象有任何一名学生考不上大学。发现建民的志愿填报不切实际后，胡老师本可以帮建民纠正猜分，或是给予其他填报建议。然而，他却选择不闻不问，将建民考学失败视为学生个人的责任。一种可能的解释是，这对师生合不来，但建民又是我刚到顶峰中学时胡老师介绍给我的六名学生之一，他们当时的关系一定比较好。另一种可能的解释是，胡老师曾就建民高估分数的问题与他沟通，但建民拒绝听从他的建议（"一直只想着超常发挥的那一次"）。那么也就是说，建民的特权展示招致了严重后果。胡老师放任建民提交了一份不够慎重的志愿填报单，最后没有任何一所大学录取他。老师的身体语言（摇头、耸肩）进一步表现出对建民缺乏同情，暗示这名低分学生只能怪他自己。简而言之，在建民表现出一定程度的特权意识后，老师便任其坠落。

毕业之后：以工作成绩替代考试分数

对于本研究中初入劳动力市场的精英学生而言，高中似乎已是过去式。他们脱下校服，换上了商务套装，见到权威人物不再鞠躬，而是与之握手致意，露出自信的微笑。高考和 SAT 已成为遥远的回忆，有几位甚至记不得自己当初的考试成绩。到 2019 年，大多数学神都已踏入职业生涯的轨道，跻身全球精英之列，其中大部分都拿到了位居美英等国前 5% 至 20% 的薪酬。然而，许多成绩较差的学生却有着截然不同的经历——有些人选择延期毕业，有些花了很长时间才找到工作（学生们截至 2019 年的去向可见本书第 286—287 页的表 A1）。并非所有学神的工作收入都比低分学生高。高地中学的学神凯风从事研究工作，他的收入与首都中学的学渣亚历克斯相当，亚历克斯如今是一名工程师。顶峰中学的优秀学生华婷曾因高考发挥失常而险些跌落为学弱，但后来成功转学到牛津，如今的收入已跻身英国前 5%。不过，学生们的就业转型过程还存在其他差异。本研究中的学神往往顺利地过渡到劳动力市场，毕业前就能找到工作，学渣和学弱则不然。他们中有许多决定推迟求职，先找一所排名靠前的大学攻读硕士学位。

学生们大学毕业两年后，我去拜访他们，很好奇那些已经参加工作的学生对校外生活适应得如何。当然，最显著的变化之一就是他们不再比较考试成绩了。但尽管关注点发生了变化，这些曾经的学生仍凭记忆中与高中老师的互动方式来看待与上司的关系。如今作为年轻的专业工作者，他们认为个人业绩与权威人士是否青睐自己有着必然的联系。虽然绩效衡量标准因工作类型而异，但成功者会在权威人士面前表现出相当高的特权意识，而自我感觉不佳的员工则不敢违抗上司的命令。换句话说，昔日的学生如今已是全球各地的高收入者，他们认同的是一种从高中延续下来的社会地位模型——"特权与成绩"（entitlement-and-performance）。

让我们回想一下，大鹏当初是怎样通过公开批评老师和接管课堂来"把老师挂黑板上"的。[19] 我与向祖会面时也了解到类似的情况，他是一名工程学博士生，同时也在美国某汽车和能源公司担任兼职咨询师。2018年，在北京一家繁忙的点心店用餐时，向祖对我严词批评他的美国雇主。用他的话说，这家公司"完全不负责任"，在销售产品时对客户隐瞒了关键信息。这家公司还"十分邪恶"，因为它在发展中国家生产有害环境的产品，从而助长了全球社会不平等。我目瞪口呆，聚精会神地听他讲了十五分钟自己向公司高层反映的情况，包括他的建议。向祖得出以下结论：他可以比雇主做得更好，而且他有一个可行的计划。具体而言，他希望利用在学校和工作中获得的技能和知识创办自己的企业，并最终占据国际市场。当然，向祖的老板是否会同意他的建议，他是否真的能成功"把公司搞定"，这些都有待观察。向祖的计划尚未实现，但可以看到，高三学生大鹏和本科毕业后不久的向祖表现出相似的行为：公开批评对自己有支配权的权威人士，并认为自己有足够的特权"把高位者挂黑板上"。

在工作中绩效不佳的员工则不会也不敢表现出强烈的特权意识。曾对顾问不屑一顾的优等生赛琳娜高中毕业后成绩不再突出，她在宾夕法尼亚大学的日子过得很辛苦。后来，她进入纽约的金融行业，认为自己在工作中"表现平平"。赛琳娜对上司的指示也有不满，但还是选择遵守。我与赛琳娜在一个星期六的下午见面，这已经是拖了一整天的结果——再不见，我就要离开纽约了。她提出陪我走去车站，顺便喝杯咖啡。捧着咖啡走在街上，赛琳娜告诉我，她的同事大多毕业于"顶尖大学"，与他们一起工作压力很大。我表示她也上的是顶尖大学，她摇了摇头，说那些同事实习经历丰富，也曾修过相关课程，自己和他们比不了。由于深感经验不足，赛琳娜经常取消周末与朋友的聚会——只要稍稍怀疑老板"可能会检查（她的）工作"，她就会整日抱着笔记本电脑。人来人往的街道上，我们挤进人群向前走，她叹了口气，勉强微笑着说："可能会有事情，比方说对我工作的跟进，还有需要我做的。"赛琳娜感到压力很大，工作成绩也不如旁人，她觉得自己要随时待命，听从上司的安排。对她以及其他业绩平平的专业人员而言，顺从上司已成为一种习惯。

特蕾西的例子最能体现上司下属关系和师生关系之间的相似之处。上高中时，特蕾西曾毫无负担地随时向顾问索求帮助，她从约翰斯·霍普金斯大学毕业后，我在一个阳光明媚的下午与她碰面。当时，她刚结束了在香港一家知名投资银行的实习，即将作为交易员正式入职。我约她在一个繁华的商业区见面，这里的胡同历史悠久，原本是居民区，现在街边开满了商店，售卖北京小吃、手工布鞋和其他本地商品。特蕾西戴着一副时髦的太阳镜，身穿黑色紧身上衣和灰色短裤，短裤前面装饰着巨大的蝴蝶结，她的名牌斜挎包和灰色铆钉平底鞋都是直接从最新潮的美国时尚博主那里淘来的。在中国传统风格的胡同里，特蕾西的一身装扮与周围的人群截然不同。逛街时，特蕾西走进一家茶叶店，决定为她的上司们购买礼物。最后，她花了大约100美元买下各种口味的花草茶。

店员把这些礼物分装进三个大纸袋，等待过程中，特蕾西用她一贯的超快语速向我解释说，送礼物是与上司建立良好关系的重要一环。回家休假前，她给每位上司留了感谢卡。"我知道，我不在的时候上司们都会说我的好话。他们觉得我很讨人喜欢，也有礼貌。"她平静地说，"你知道，让上司喜欢你是很重要的。他们看好你，就会给你更好的项目。所以必须让他们偏爱你。"我问她"更好的项目"是哪种项目，她迅速回答："钱多的项目！如果老板喜欢你，他们就会把能赚钱的项目交给你。"走出商店，回到夏日的酷暑中，她看着我自信地笑了："我的每一个上司都很喜欢我。其实，他们也没理由不喜欢我啊，我工作做得很好！"

与本研究中许多其他初入职场的精英学生一样，特蕾西也认识到，攀登职业生涯的阶梯需要与上级打交道。这些年轻人继续将送礼作为一种建立人际关系的方式，与高中时如出一辙。特蕾西在2018年精心挑选贴心小礼物，就好像2013年诗颖为老师送圣诞苹果。高三时，托尼等同学认为顾问能为他们带来更好的大学申请结果；如今的特蕾西也承认，与上司建立良好关系会带来更好的机会和更高的收入。考虑到起薪与未来收入高度相关，我们可以推断出，重视与上司建立良好关系的精英学生将在职业发展中长期受益。[20]

这些在职场表现突出的学生一方面寻求与上司建立友好关系，另一方面也表现出一定的特权意识，期望得到上司的青睐。这一点同样值得关注。他们自称工作能力强（"工作做得很好"），理所当然地认为上司"喜欢"自己，希望得到更优质的项目（"更好的项目"）。特蕾西对她与上司关系的描述让我想起了她高中时的师生关系。就像特蕾西认为自己有权得到上司的青睐（"我的每一个上司都很喜欢我。其实，他们也没理由不喜欢我啊，我工作做得很好！"），她过去也曾表示老师喜欢自己。实际上，她那时说的话简直与此时一模一样。五年前，高三的特蕾西坐在黑色办公椅上转了一圈，心情愉快地对我说："老师们都喜欢我。这是当然的，我是个好学生啊！"

在我曾观察的学生群体中，许多人都如向祖、赛琳娜和特蕾西这般，在职场与上司互动时遵循高中时学到的交往原则。年轻的精英职员将业绩视为获得职业晋升和涨薪机会的关键，愿意将精力投入在业绩上，并据此与上司互动。这种做法使个人的工作表现与考试成绩粗略地形成类比，让他们或多或少从师生关系的角度来理解上司与员工的关系。于是，教师与精英学生的互动就成了这些学生未来在世界各地与上司互动的参考模型。

小结

　　这些出身富裕家庭的学生，高中经历并不相同。大家都尊敬老师，但学神和学霸有时会表现出强烈的特权意识，学渣和学弱则不会如此。教师们维系并强化了高分与低分学生之间的界限，带来这样一个后果：学生们认识到，学习成绩很大程度上决定了自身与权威——教师——之间的关系。成绩优秀的学生可以把自己的意愿强加给老师，而成绩不佳的学生必须听从老师的指令。老师们并不喜欢无礼与违逆之举，但如果学生成绩优异，老师通常会网开一面。如此一来，老师们便在尖子生中助长了一种尤为强烈的特权意识，（无意间）强化了成绩普通的学生的低地位。然而，这种模式并不排除教师为低分学生提供意外优待的可能性。很多时候，这些超出预期的帮助会为低分学生带来莫大的鼓舞，激励他们追寻自己的教育目标。

　　本章聚焦于高中的师生互动，也涉及雇主与员工之间的互动。从许多方面来看，中国的精英学生与雇主和上司的相处模式都类似于高中时期与教师的互动模式。对于这些崭露头角的全球精英而言，考试分数在师生互动中的作用或许也指明了业绩表现在工作环境中的意义。在他们看来，在工作中与上司建立良好关系往往需要在保持尊敬与显示特权之间维系平衡。掌握这些技能需要时间，但他们并非毫无准备。其实，高中时他们就在与权威人士的互动中掌握并不断练习这些技能。由此看来，高中教师在未来全球精英的培养中扮演着重要角色。

第五章

培养新精英

宽敞的办公室里，吴先生坐在舒适的棕色皮椅上，一项项梳理着高考当天他和妻子要为女儿茜珺做的事情。"我们要确定日期，什么时间考什么科目，考试时可能会发生什么，在哪里吃午饭，所有这些事情。"吴先生停顿了一下，确保我能跟上他的话。"北京很大，你知道的。我们还得在附近给她找个宾馆房间，让她在上午和下午考试之间的三个小时里休息一下。这些都是我们力所能及的，必须尽快处理好，要不然就没我们什么事了。"看到我惊讶的样子，吴先生向后靠着椅背笑道："中国的父母都是这样的。我们都和保姆差不多。"

四月的一个晚上，朱莉发短信约我见面，说是越快越好。朱莉是中央中学的尖子生，出身精英家庭。她的父亲是某商学院教授，母亲则为了更好地照顾朱莉，在她上高三那年离开了职场。朱莉每月的伙食费和手机话费相当于一个普通工人的月薪（当时约为300美元），足以说明家境优渥。学生们很少如此急切地约我见面。怀着好奇心，我答应第二天晚上和她吃饭。我们约在她家与中央中学之间的麦当劳，点了汉堡和薯条，面对面坐着。朱莉匆匆向我讲述家里发生的一件事——她想买某款杯子到学校用，父母却不同意。中央中学和中国许多学校一样，都有供水设施，鼓励学生自带水瓶或水杯，不提供一次性水杯。当时离毕业还有两个月，朱莉不小心弄坏了杯子。"我需要换个新的，"她说，"所以我挑了一个喜欢的。"朱莉强调自己花了整整一下午在网上搜新水杯，终于在亚马逊上找到了一个完美的杯子。描述那款水杯时，朱莉的眼睛闪闪发亮："是个橙色的杯子，不是那种丑丑的，特别漂亮。我是说，我一看就觉得是我的杯子！简直就是印着我的名字！"

我点了点头，问她杯子多少钱。她说在35~45元人民币之间（6~9美元）。就在同一周的前几日，我花了一两美元在沃尔玛买了一个水杯。她耸耸肩："没有多贵，一个杯子能有多少钱啊？我需要一个杯子，那个杯子又很适合我。我跟父母说帮我买那个杯子，问我妈要信用卡。但她居然不给！他们不让我买！"朱莉双肘撑在桌上，探过身子，高声说："他们让我从家里带个杯子去上学！"

"那你为什么不从家带呢？"我问道。

朱莉夸张地深吸一口气，愤怒地瞪着我。她似乎不相信我无法对她的怒火感同身受，几乎吼着说："你没听见我刚才说的话吗？"她用拳头捶打着桌面："我说了！那个杯子非常好！跟家里的杯子不一样！家里的都不行，都是那种老旧的白杯子，你懂吗？我要他们给我买，结果他们不买！我妈不同意，我就忍耐着跟她说，可她还是不同意，她让我去问我爸。我问了，但他拒绝了！"

"你为什么不自己买呢？"我建议道。

朱莉皱起眉头，生气地说："我的零花钱是用来买吃的、交电话费的，我和我爸说好的，这是原则问题！"

朱莉又靠回椅子上。她仍然很难过，说这件事发生在半夜，最后她在父母面前流着泪愤怒地摔上卧室的门。她是在卧室里给我发的短信。

几个月后，我在采访朱莉母亲金太太时提起此事。"哎呦，我都不知道她还到你这儿哭来了。"金太太笑着说。她对那晚的描述与朱莉所言吻合，但母亲的视角与女儿有些不同。

"我们觉得那杯子有点贵，"金太太解释说，"我说家里有很多新杯子，从来没用过，她可以用那些杯子。结果她说：'你怎么敢让我用那些杯子！'但实际上，那些杯子挺好的。你想想，我和她爸爸都在用，她怎么就不能用呢？……朱莉觉得我们对她不好，非常生气。她马上就转身回自己屋去了。"金太太叹了口气："说实话，我不知道朱莉是不是还在怪我，我还挺怕她的。"这个小插曲以朱莉买到她想要的杯子告终——那天晚上，她的母亲从门缝塞进了信用卡。

在中国，独生子女通常被视为"小皇帝"，是被大人们宠坏了的孩子，家长会心甘情愿地满足他们的愿望。[1]但是，并非所有独生子女都在家享有如此特权。有些孩子成了小皇帝，而有些在临近高考时并没有享受到这样的待遇，反而因为肩负着家庭的期望而承受更大的压力。[2]因此，精英学生小皇帝般的待遇并不仅仅源于独生子女身份或家庭财富，更关键的是他们在学校的优异表现。朱莉不是一名普通学生，而是中央中学的学神，而中央中学每年有90%的国际部学生被美国排名前五十的高校录取。[3]朱莉凭借自己的尖子生地位，自如地对为她提供各种资源的父母行使特权。当父母拒绝她追求与众不同（通过她使用的杯子表现）的要求时，她愤怒的反应（摔门）表明了她的特权意识。在她看来，自己应该享受更好的待遇。朱莉坚持与众不同，要求父母满足她的愿望，即使是在买杯子这样的小事上——她的行为完全符合人们对"小皇帝"的刻板印象。

打造聚焦升学的环境

本研究中的精英家长有许多共同点。首先，他们都颇具影响力，掌握丰富的资源。他们关心爱护自己的孩子，并以悉心培养孩子为荣，无论孩子在学校的地位或成绩如何。他们都对子女寄予厚望，将帮助孩子专心升大学视为头等大事。家长们将独生子女的升学准备工作视为一个家庭项目，决心让孩子尽其所能做到最好。学生们见证父母利用财富和人脉为其谋利，他们举例说，父母在大学录取中起到的作用可包括"获得少数民族身份"（在高考中增加5分）、"向校长索取推荐信"（即使校长并不认识孩子），以及"将孩子的文章出版成书并让校长写序"。当然，家长的影响力也是有限的。有一次，我和几位家长在一家高档餐厅共进晚餐，一位在高地中学有些关系的家长坐在我的左边。不过，他的孩子不在本研究范围之内。他告诉我："九十年代那会儿，我都能买到清华大学的入学资格。但政府这几年严打，已经不可能了。"他对这一变化表示遗憾，抱怨说："现在连我自己的孩子都搞不进去了。"

精英家长对孩子大学竞争的掌控能力不及所期，却还是打造出让孩子能够专注升学的环境，尽可能帮助他们。然而，打造聚焦升学的环境所涉及的不仅仅是关心照顾，往往还需要家长做出相当大的牺牲。[4]许多家长改变了在家中的行为，尽量减少对备考学生的干扰。为了照顾孩子的需要，他们会变更工作时间和居住地点，[5]还为孩子提供平日里没有的情感支持。[6]这些做法看似极端，对中国的精英家长而言却是必须履行的责任。对父母而言，让独生子女尽可能升入最好的大学是毋庸置疑的首要关切。然而，父母以各种方式给予的高度支持无意中造成了一种后果——培养了精英子女的普遍特权意识。

迁就行为：静音的父母

许多父母努力为家中考生营造理想的家庭环境。孩子上了高三，父母便不让他们做家务，其实大多数精英学生本就不做家务，但也有少数学生在高一、高二时会洗洗碗或收拾餐桌——为了拿到更多零花钱。但即使是后者，升入高三后也不会继续做家务。家长们不仅鼓励孩子改变在家里的状态，专注于升学，还会改变自己的行为，帮助孩子提高成绩。在我的家庭观察中，孩子在家学习时，父母会有意将全家调整至静音状态。

我曾经三次于周日到顶峰中学高分学生李飞的家里拜访。整个下午，李飞都在餐厅改建的书房里度过。他通常坐在窗边的木桌前，背对着门，我则坐在门右边的餐桌旁。这几个下午，李飞基本都在专心准备即将到来的考试，我在场的三五个小时里，李飞几乎一动不动，也没有发出任何声音，甚至没什么可供记录的。偶尔，他的父亲会悄悄看一眼儿子（甚至是我）在做什么。典型的例子发生在我到访的第二个星期天，大约五点钟，我和李飞在各自的位置上安静工作，门吱呀一声开了条缝。我朝左肩的方向望去，发现李先生正小心翼翼地向房间里张望。他看着我笑了笑，竖起食指表示安静。而后，他慢慢将门彻底打开，没再发出任何声响。他轻声慢步地走进房间，从抽屉里拿了点东西。出门经过我时，他偷看了一眼我的电脑屏幕，见到打开的 Word 文档和统计软件，他轻轻地点了点头，似乎在表示认可。然后，他又安静地溜出门去。李飞一直没有回头，似乎没注意到父亲来过。

在我拜访过的所有家庭中，父母走近或进入孩子房间时，都会压低声音，放轻脚步。在李飞家，临近傍晚有时能听到锅碗瓢盆的碰撞声，直到李飞的母亲有次打了个电话，我才意识到是她在书房旁的厨房里做饭。她就连打电话的声音也很小，我几乎听不见。某日傍晚，家庭观察结束后，我问李飞他父母在公寓里做些什么。他告诉我，父母"一般在房间里看电视"。我说我还以为他们在午睡，因为一点动静都没有。他耸耸肩，解释说："他们静音了。"通过有意识地减少干扰，父母们希望孩子们能专心学习，无视自己的存在，而孩子们也确实如此。父亲走进房间时，李飞并没有表现出任何发现父亲的迹象。他并未转身或偷看，而是专注于解题。就算他父亲和其他父母因我的存在而强化了家中的备考氛围，这些行为至少也能代表本研究中精英家庭认知里的理想环境。

调整工作安排：淡出或退出职场

除了静音，父母们还经常改变职场参与程度或工作安排，以照顾高三考生。精英学生可能会对他们的父母表示感恩，却很少明确承认这些改变是父母努力的结果，只将其视为日常生活中的琐事。我到首都中学后不久，注意到许多高二学生会留在学校吃晚饭并参加晚自习，但也有少数学生放学就走。受到这种差异的启发，我找到关键受访者德宏，在一天的观察结束后问他打算去哪里。

五点半，下课铃响，放学时间到了。学生们收好书包，有的迅速离开教室，有的留下来聊天。德宏迅速收拾自己的东西，没有要留下的迹象。我赶紧上前询问他放学后的打算。

"哦，还不知道呢。"他一边向黑色背包里装东西一边回答。德宏没有看我，只是解释说："我在家吃饭，因为我爸会给我做，他工作的地方很近，可以每天晚上回家做饭。"

"真不错啊！"我问，"一直是你爸给全家做饭吗？"

德宏摇摇头："不，今年才开始。他说在家吃饭更健康。"

德宏的父亲从高二开始就早早回家为他做饭，至少一直坚持到高考结束。高考那天早上，我陪德宏的母亲在考场外等他，中午和他们一起回家。一到家，德宏的母亲就准备好房间，让他能睡二十五分钟的午觉，父亲则在半小时内迅速做好三道菜。德宏认为父亲每天做晚饭的决定与自己备考无关，在他看来，父亲首先是考虑到公司离家近，其次是为了全家健康着想。然而，我在高考结束几周后采访德宏时，他透露父亲不再做晚饭了。事实上，他父亲甚至不再回家吃晚饭，而是在办公室待到深夜。

显然，家长曾为子女的大学备考有意调整自己的工作安排，因为上述变化与子女的大学申报、备考节点相符。高考生的家长们会减少工作量，直到子女高中毕业，高考结束。同样，国际部学生的家长一直到高三春季高校录取结果公布前，也都会减少对工作的投入。我在赛琳娜刚升高三时认识的她，她当时正忙于准备申请材料。赛琳娜说，她从上学期开始就每天和父母共进晚餐。不过，在她取得 SAT 2200 分的优异成绩后，父亲就开始有"许多工作要做"。那年春天，我在她收到宾夕法尼亚大学录取通知书几周后邀约采访，她表示父亲已经不与自己一起吃晚饭了。

　　精英父亲会在孩子上学的关键时期减少工作量，精英母亲甚至会暂时退出职场，全心全意照顾家里的高三学生。朱莉的母亲就是一例。早前的一次沟通中，我向朱莉询问父母的职业。她介绍说父亲是一所顶尖大学的教授，而后平静地说道："我妈妈是家庭主妇。以前有工作，但今年为了照顾我辞职了。她想这样。"朱莉跷着二郎腿望向我，等待下一个问题。

　　朱莉承认了母亲的想法，即退出职场主要是为了照顾她上学。然而，她还是将母亲这一决定归于其个人偏好（"她想这样"）。朱莉的母亲在孩子高中毕业后的第二年回到了职场，朱莉也认为这是个人决定，与她的申请时间节点无关。这些青少年对父母的工作安排和就业时机的解释可能是对的，但从事实来看，他们的父母在孩子上高三（或者他们认为孩子需要照顾的时候）以外的任何时期都不曾做出这类决定。这表明，他们的意图是支持子女。

改变生活安排：与父亲分开，与祖父母同住

　　为配合子女的大学备考计划，本研究中的中国父母会对两边大家庭的生活安排进行调整。许多家庭租下离学校较近的公寓，尽量减少高三生花在路上的时间。这种情况非常普遍，老师们也常帮有

意如此的家长找房子，在家长会上告知家长可以搬进的日期。父母不仅要决定住在哪里，还要决定孩子和谁住在一起。丽丽的父亲便是一例。五月一个炎热的下午，我和丽丽从教室走去食堂。当时她奶奶在家做饭，爷爷每天骑车到学校给她送饭。在校门口见到丽丽的爷爷时，我开玩笑地问，有爷爷奶奶每天给她做饭、送饭，那爸爸妈妈还需要做什么呢？

她调皮地笑着说，爷爷奶奶搬来是因为妈妈有时加班，家里人"觉得我应该吃好一点，这样才能身体好"。她的父亲先搬出去，为爷爷奶奶腾出屋子。她明确表示这只是暂时的安排，等她毕业了，父亲还会搬回家，爷爷奶奶也会回到原先的住处。我问她父亲为什么要搬走。"我爷爷奶奶更会照顾人，"丽丽解释道，"而我爸啥也不会，帮不上忙。爷爷奶奶搬进来，他搬出去，这样也不打扰我学习。"

丽丽的父亲可能对丽丽的大学备考没有帮助，但没有迹象表明他妨碍了孩子的学业。然而，仅仅扮演一个无功无过的角色是不行的。当父亲无法做出贡献时，他的主要贡献就是搬出家门，让可以提供帮助的祖父母搬进来。三世同堂的生活状态的确只是一时的，丽丽考入北大后，我对她进行后续采访，那时她父亲已经搬回了家，爷爷奶奶也回到了外省的老家。

即使没有请其他成年人来照顾孩子，有些家庭还是决定让"帮不上忙"的父亲离开家，以免影响孩子学习。比方说诗颖一家，她父亲也曾暂时换个地方住。在对诗颖进行集中观察的第一天，我随她在晚上十点钟放学后走路回家。天色很暗，我们路过几辆亮着灯的私家车和几位等孩子的家长，看到有人牵着两条狗走来。刚注意到他们的存在，其中一条狗就朝我们猛冲而来。

我整个人吓僵在原地，却看到它在诗颖面前停了下来。"哦，那是我妈妈！"诗颖说着拾起狗绳——那似乎是一只有些超重的约克夏。我向诗颖的母亲刘太太问好，她似乎也回以微笑（我看不清她的脸）。而后她语气欢快地告诉我，自己的丈夫目前搬到了另一个公寓。她说："在大陆，很多男人都要工作到很晚，所以不如在那里住几天。这样也方便些。"刘太太问我累不累，诗颖在旁边牵着狗跑来跑去，先是在路口等我们，过了几秒又走回来。刘太太突然提高音量对诗颖说："你爸爸今天不回家！""哦。"诗颖应了一声，语气中没有丝毫惊讶，只是简单回应。然后她走回我们身边，把一个白色的饭盒袋递给妈妈，让她帮忙提着。

尽管我怀疑诗颖的父亲可能是为了方便我住进家里才搬出去的，但刘太太的解释和诗颖的反应都表明，父亲晚上不回家的情况并不少见。回到诗颖家宽敞的三居室后，诗颖拿起手机打给她爸爸。通话持续了短短20秒，其间不见她有特别的情绪表达，只是简单地说："喂，爸爸……对，我回家了……还好，没什么事。"我与诗颖和她母亲共住了四日，父亲不曾出现，诗颖晚回家也不会接到他的电话。那一学年接近尾声时，我在学校家长会上遇到诗颖的母亲——父亲不曾一起出席这些活动。诗颖的亲戚倒是与她们在一起，陪伴支持诗颖备战高考。高考首日，我与这对母女和她们的亲戚共进晚餐，放松心情，而父亲依然不在场。然而，诗颖和丽丽父亲的缺席并不意味着他们长期不着家，而是体现了父母为支持孩子备考大学而改变居住方式的常态。丽丽的父亲在她高考结束后搬回了家，诗颖的父亲也是一样。诗颖上大学后，父母二人搬到了北京的另一套公寓，退休后又搬到外省的公寓中居住。

有意放纵：倾尽资源，无条件支持

本研究中的家长们掌握着大量资源。许多家长让孩子拥有各种各样的物品，自由购买他们喜欢的东西，不论学习成绩如何。成绩优异的赛琳娜和学渣博伟都收集了大量名牌球鞋，每双售价都在 100 美元以上。学神诗颖可以随便使用母亲的信用卡在网上购物，父母也不监督。[7] 克莱尔说，国际部的低分学生经常请同学到高档餐厅吃饭，他们的父母自会买单。这些学生都不需要事先征得父母的许可。可以说，他们甚至很难理解为何要问父母同不同意，毕竟对这些家庭来说，孩子使用现金或父母的信用卡购物根本是件小事。

但除此之外，家长们还会精心购买能为孩子提供情绪支持的商品与服务，比如说，向祖的父母为了帮助他备考，曾给他办理私人健身房的会员卡。要知道此事发生在向祖升高三时，而非上高中后不久。再比如，于朗的母亲之前不同意她养狗，但在于朗意外奥赛失利后，母亲没过几天就给她买了一只马尔济斯幼犬作为安慰。父母们还向孩子承诺，解决升学问题后定会隆重庆祝。亚历克斯在大学录取结束后的两个月内滑了三次雪，罗伯特被乔治·华盛顿大学录取后，与亲戚朋友到泰国和中国台湾旅游，朱莉在新加坡参加完 SAT 考试后，曾纵情购物庆祝，甚至要发短信叮嘱父母别理会那些关于信用卡有异常海外使用情况的警示。

不可忽视的是，本研究中的父母会有意为家中的高三学生提供情感支持。克莱尔的母亲自称其主要职责是在克莱尔申请大学的过程中提供情感支持。这位母亲在采访中表示："我听说（孩子们）在申请季压力很大，所以我会仔细观察（克莱尔）。"我请她提供更多解释。于是她举例："如果（克莱尔）心情不好，我会让她放松一下，做一些让她感到放松的事情，或者和她聊聊天。时机特别差的时候，（比如）学习学到很晚，我就会默默地坐在孩子身后，陪着她。有时她会抱怨点什么，我一定是耐心倾听。"

克莱尔的母亲表示，她通过倾听、舒缓焦虑和安慰的方式支持女儿申请大学。母亲的叙述表明，这些决定都是为了协助克莱尔申请大学（"我一定""耐心"）。当克莱尔的母亲表示女儿有时会在"时机特别差"的情况下出现情绪波动，她是在暗示，如果不是克莱尔在上高三，自己也许不会这样做。这些例子表明，虽然父母一直关心孩子，为孩子提供帮助，但在孩子准备升学时，他们会加大情感支持的力度。

诗颖的母亲与克莱尔父母的做法相似。高三下学期，诗颖意外地没能通过清华自主招生考试（简称"自招"）。看着闷闷不乐的女儿，母亲决心将这场失败的影响降到最低。自招成绩公布几天后的下午，我陪刘太太去开家长会，路上向她问起诗颖的状态。刘太太耸了耸肩，微笑着用异常欢快的语气回答："我跟她讲，没事，我们还有别的加分，反正我们也不一定要这个。真的，不是大事。"

诗颖很快从挫折中恢复过来，但自主招生成了她忌讳的话题。她从不谈起此事，在我后来的探访中，她的家人也绝口不提这段经历。虽然刘太太为安抚诗颖声称这场失败不算什么，但正如我将在下一章提到的，此次考试失利后，她对女儿生活的参与程度急剧加深，可见她并非不在意。上述示例表明，对子女的情感支持是父母在家中有意做出的努力。

除了倾听和言语鼓励外，家长还会避免与高三学生争吵，哪怕是当孩子的行为引起家长明显不满时。我曾在欧米伽中学的校门口看到过一个典型案例,发生在平同学身上。为了帮助孩子专心备考,每天放学后,家长们都会来学校接孩子,回家的路上帮孩子背书包。他们通常站在违章停放的汽车旁,堵住道路,焦急地等待自己的孩子。平的父母是一对中年夫妇,和其他家长一样把车停在路边。父亲站在驾驶座紧闭的车门处,一只手搭在闪亮的黑色奥迪车上。身材娇小的母亲从副驾驶座开门迈出来,又将后座的车门打开。她等在车前方几步远的地方,面朝校门,探头望着走出校门的学生们。没过多久她就看到了高个子的平,于是向他匆匆走去。看到母亲,平二话不说地将书包、饭盒袋和两个装满试卷和书本的纸袋塞给她,母亲吃力地一一接过。平目不斜视地走在母亲前方,径直来到轿车前,面无表情地坐进车里,砰一声关上车门,没有一刻停顿。看到这一幕,平的父亲似乎有些生气,向后座走去,想打开车门对儿子说几句话。但这时,平的母亲打了一个手势阻止他。她让丈夫打开后备箱,把四个看起来沉甸甸的包和袋子塞了进去。而后这对夫妇回到车上,驶离学校。

父母并不总是赞同子女的行为。平的行为显示出他的特权感:对父母没有礼貌,把母亲当成私人搬运工。注意到这一点,父亲本打算进行训诫(似乎有些生气,向他走去),然而母亲却接受了儿子指派的工作,阻止丈夫为她说话(做出阻止的手势)。父母虽然可以动用家长之威纠正子女的行为,但大多不会这样做,反而选择忍气吞声,任由孩子在公共场合对他们无礼以待。

简言之,中国的精英父母往往要承担孩子的诸多日常琐事,投入大量精力帮助孩子升学。为供养一名高三生,这些家长要充分满足其物质消费愿望，退出职场，甚至改变家庭的居住地。本研究中的父母有充分的理由纵容家中的考生，在他们看来，高三这一年非常特殊，孩子们的压力骤增，前途面临太多风险。虽然这两个问题确实存在，但父母对孩子的一贯纵容带来了超出预料的后果。经过这段时间的亲子互动，精英学生们开始认为父母的牺牲理所当然，他们学会以功用审视父母的支持，将父母评判为"有用"或者"无用"。他们可以粗鲁无礼地对待父母，期望父母对他们有求必应。家长的这些做法旨在打造聚焦升学的环境，却让孩子养成了面对父母时的强烈精英特权感。

高分学生与父母的相处模式

我所认识的精英学生通常都成长在充满爱与支持的温暖家庭中。父母会尽其所能抚育孩子，孩子则要努力学习，满足全家的期待。尽管如此，由于每个孩子成绩水平不同，亲子间的互动也呈现出系统性差异。父母会给予成绩好的孩子（学神和学霸）诸多奖励，允许他们做出极不尊重的行为，甚至超出一般精英的特权展示程度。这些行为包括同父母讲话不耐烦，对父母的批评不屑一顾，以及要求父母满足自己的愿望。

承受孩子的怒火：华婷将错误归咎于母亲

由于全家人都将升学视为重中之重，孩子便会认为自己所得之优待是理所当然的。在学生们看来，父母就应该包办一切。在本研究中，许多成绩优秀的学生对父母有一种极强的特权感。顶峰中学的华婷是一名精力十足的尖子生，她曾与我分享高中毕业时和父母的争吵。华婷查到高考分数几天后，我在顶峰中学附近一家生意很好的冰激凌店见到了她。她说自己的高考成绩为676分，比她梦校的分数线低了3分（只差一道选择题）。华婷告诉我，过去几天她一直在为大学录取问题焦虑苦恼，认为第二志愿（华中地区的一所科技大学）完全配不上自己，于是全家决定立即申请香港的大学。

总结自己的决定后，华婷话锋一转，说她这几天和母亲的关系非常紧张。她喝了一口饮料，抱怨道："（我）妈妈就是个白痴。之前我觉得，高三要调整好心情……但我在家里心情更差，每天面对这么个白痴妈妈。"她叹了口气，又补了一句："（她）真是个白痴。"

我问她为何这样说。华婷把勺子插进冰激凌里，坐直了身子，显然准备多说几句。"除了当会计，我妈什么都干不好。"华婷皱着眉，"我本来打算自己申请香港（的大学）。她问都没问就给我申了商学院，只是跟我说商学院的分数线会低一些，能确保录取。我说：'你疯了吧？'"华婷提高音量，继续气愤地说："我在外面待了一天回到家，六点钟睡了一觉。等我八点醒来，我妈进来告诉我，'我帮你申请完了'。"华婷靠在椅背上，疲惫地说："我太累了，跟一个白痴没什么可说的。她，她就这样给我申请完了。"

华婷指责母亲搞砸了自己的大学申请，毁掉了她进入香港梦校的机会，却从未告诉母亲自己的分数够不到香港梦校的商学院。华婷也没有告诉母亲，她打算申请分数线较低的工程学院，然后修双学位。尽管对母亲隐瞒了关键信息，华婷仍认为母亲应负全部责任。

"（我的申请）被绑架了。"华婷疲惫地说，"我昨天哭了，哭得特别伤心，我妈当时就站在一边发抖。我俩都在哭。我姐说她傻，[8]她就走开了。每回发生这种事……我就觉得我父母除了会赚钱，什么用也没有。"

在后来的一次谈话中，华婷说她高中犯下的"最严重的错误"就是让母亲为她申请香港的大学。华婷对母亲的看法并非秘密，连母亲自己也同意女儿的看法。我和华婷吃冰激凌后过了十天，我采访了华婷的母亲薛太太。薛太太在办公室门口迎接我，一开始就向我预警：这次采访可能起不到作用，因为她"没有尽到做家长的责任"。在采访中，我请薛太太谈谈接手华婷香港学校申请单时发生的事。薛太太为自己的行为辩解，却也承认应该怪她。

"（华婷）一直想学商科，"薛太太回答，然后紧张地解释道，"她总是对我说，'我不知道大学学什么，但我对商科感兴趣。别的不重要，（我）对别的都没什么兴趣'。我们就是照着她的说法申请的，围绕她喜欢的领域。"这位母亲解释说，她曾试图补救，给大学打了电话，却被告知无法撤回或更改申请。

我问她为什么要接手华婷的申请。薛太太说起此事有些磕磕绊绊。"每次一谈到申请，她就说：'能说点别的吗，别烦我了。'……所以她责、责怪我的时候，我就告诉她，这就是父母，这就是父母应该做的，父母应该做的。作为父母，我、我一见面就跟你说了，我没有尽到做父母的责任。为什么呢？因为我把她申请搞砸了。"薛太太叹了口气，"她确实应该怪我，我很蠢，就像她跟你说的，我蠢极了。"

学神：走向全球竞争的中国年青精英

在这个事例中，华婷的母亲试图帮助女儿，不料女儿却因母亲的介入而崩溃。华婷是一位富家独生女，但更重要的是，她是顶峰中学成绩最好的班级里的尖子生。华婷感到有权从父母，尤其是母亲那里得到更好的协助。父母满足了她的要求，没有"烦"她或"分散"她的注意力。重点在于，华婷的母亲面对女儿的暴怒，表现出害怕的迹象（颤抖、站在一旁、哭泣、走开）。华婷后来被香港中文大学录取，但她对学校的排名并不满意，第二年转到了牛津大学。在我们的文字交流中，华婷表示父母为她的成就喜出望外。当我问及转学增加的开支（估计每年 5.6 万美元）时，她回答说，英国高等教育的费用"并不高"。她声称自己的父母从未对这笔费用表示担忧，学校的声望才是最重要的，而后将这个话题丢在一边。

训斥无效：李飞继续上网

本研究中的精英父母都试图向孩子灌输纪律观念，尤其是在学校的课业上，管制孩子上网便是其中一个方面。许多家长认为，上网会分散学习注意力。然而，这些管教的效果取决于孩子的考试成绩。李飞是顶峰中学的一名尖子生，在奥林匹克物理竞赛中取得了第一名，保送清华大学。我在他家进行第三次也是最后一次家庭观察时，曾目睹李飞在下午四点三十六分打着哈欠伸了个懒腰，表示他需要帮邻居解答一道试题。李飞打开台式机，戴上黄色耳机，将数学卷子拿到窗边的阳光下。几秒钟后，他的朋友也上线了，一边讨论问题，李飞一边打开网页读新闻，查看社交平台，并用手机发短信。

过了几分钟，李飞的父亲（李先生）不声不响地走进了房间，笔直地站在李飞身后，看了看孩子在做什么，然后悄声走了出去。接下来的一个半小时里，父亲又去看了李飞六次。李飞用余光看到了父亲，但没有关闭电脑窗口。六点半，他还在和朋友聊天、发短信和浏览网页。这次李先生进屋时显然很恼火。他走近李飞，怒气冲冲地吼道："够了没有！还没聊够呢？还没完没了了！我看你就是在闲聊！"李飞立刻转头望向父亲，脸色非常难看，从眉头到鼻子皱作一团，龇着牙。李先生站在那里瞪着李飞，李飞却背过身去继续聊天。几秒钟后，李先生走开了。

在这个例子中，李飞的父亲对儿子很生气，认为他上网是在偷懒，要求他专心学习。尽管父亲很生气，李飞还是自顾自地聊天，直到晚饭时间。当我与他们一起享用李太太做的家常菜时，父亲试图训斥李飞上网浪费时间的行为。但当父亲说到"你上网去了……"时，李飞翻了个白眼，然后埋头吃饭。看到儿子的反应，父亲低头望着桌上的碗筷，没有把话说完。这个小插曲以父母向孩子妥协并走开为结局。父母的训斥成了一句抱怨，成绩优秀的孩子可以随意忽视。

满足孩子的要求：特蕾西晚餐想吃烤鸭

面对父母的拒绝，高地位学生会毫无负担地坚持他们的要求。学霸特蕾西曾要求父母立即满足她的餐饮需求。那是个炎炎夏日，我、特蕾西和她的同学托尼一起去吃午饭。我们决定到校外用餐，但选择餐馆时犯了难。站在校门口，托尼列了大约五家价格适中的餐馆，有中餐、韩餐，也有快餐（餐馆的档次相当于美国的奇波雷墨西哥烧烤、赛百味、熊猫快餐）。他喃喃道："让我想想，吃哪一家呢？"但在托尼下定决心之前，特蕾西突然拍了拍我们的胳膊，问道："嘿！我们能去大董吃烤鸭吗？"闻言，我和托尼面面相觑。她说的这家餐厅离我们不远，但时间可能不够。此外，学生们通常不会去大董吃饭，因为那是一家高档餐厅，比托尼推荐的那几家贵十倍左右。托尼眨了眨眼睛，示意我拒绝特蕾西的提议。

我迟疑道："呃，我觉得不太好吧。"托尼立刻点了点头。

"为什么不好？"特蕾西皱起眉头，大声道，"我想吃北京烤鸭！"

"你确定吗？"托尼嗫嚅着。

"对啊！"特蕾西毫不迟疑，然后她第三次说："我真的想吃北京烤鸭！我们去吃吧！"

"呃，那……"托尼看了看特蕾西，又转头看了看我。

我感觉他想让我也说点什么。我知道，钱对于他们两个都不是问题，于是慌忙找了个别的借口，说我们三个吃不完。特蕾西却对我的托词皱起眉头。"怎么会呢？"她喊道，"我们有三个人，正好吃一只鸭子。"她的眼神好像在暗示我说了什么蠢话。

"那……"托尼避开特蕾西的目光，又尴尬地问了一遍："你确定？"

见我们都不愿意去大董，特蕾西噘着嘴冲我们翻了个白眼。她二话没说，拿出手机给她妈妈打了个电话。她言简意赅地提出要求："喂，妈，我想吃北京烤鸭。今晚吃行吗？……为什么不行？！（提高音量）……行了，赶紧安排一下。就这样，嗯。"挂断电话后，特蕾西对我们露出了灿烂的笑容，宣布当晚她将和父母

第五章　培养新精英

一起吃烤鸭。然后，她同意去托尼推荐的一家餐馆。

特蕾西与正在上班的母亲简短通话，坚持要对方立即满足她的愿望。尽管母亲一开始表示拒绝（"为什么不行？！"），特蕾西还是要求母亲安排好，并在最后加了一个"嗯"，这通常是命令结束时的语气助词。在此事例中，特蕾西行使的特权体现在两个方面。其一，她把一家昂贵的餐厅视为午餐的合理选项，这表明她有享受奢侈消费的自由。其二，她不管父母晚上有什么安排，执意要去自己选择的餐厅吃饭。不出特蕾西所料，她的父母让步了，答应带她去吃饭。

综上所述，精英父母对学神与学霸往往百般纵容，这些孩子要父母满足他们各种突发奇想的需求，期望父母能完全顺从自己的意愿，不顾其愤怒与反对。精英父母们经常妥协，因此精英青少年学会了在与父母打交道时不做任何妥协。尖子生的父母把孩子奉为精英中的精英，允许他们在家里表现出强烈的特权意识。我将在本章后文指出，学神和学霸们既已明白高分可以将本不被允许的行为合理化，他们在高中毕业多年后，还会以类似的方式对待父母。

低分学生谨遵父母之命

精英青少年对父母的粗鲁程度以及向父母提出要求的自由程度皆因考试成绩而异。高分者可迫使父母屈从，而低分者只能屈从于父母的压力。像朱莉和华婷这样的学神、学霸可以发火恐吓父母（尤其是母亲），而学渣和学弱并不能对父母动怒。学神和学霸可以迫使父母改变计划，比如吃什么菜；而学渣和学弱甚至难以获得学业上的帮助。最后，学神和学霸可以对父母的训斥毫不在意，继续按自己的意愿行事，学渣和学弱则会避免惹恼父母，并遵从他们的决定。

被父母当众羞辱：婉茹受到身材羞辱

成绩好的学生可以骂父母蠢笨还得到认同，而成绩差的学生只有挨骂的份。婉茹就是一个例子，她是首都中学一名地位较低的女生，我在高中阶段的最后一个月里认识她，她每天都和丽丽在一起。婉茹的身材略显丰满，她扎着短短的马尾，性格开朗幽默。丽丽告诉我，婉茹曾是一名身材匀称的运动员，努力通过体操比赛获得体育加分。婉茹自己从未谈起，但据她的朋友说，高二那年，她的髋部受了重伤。婉茹的学习成绩一直不好，因为她曾把大部分时间花在训练上。训练终止后，体育加分也不可能获得了，她在学校的低地位更是板上钉钉。

毕业典礼那天，婉茹的母亲邓太太来到校园，在操场热情地为婉茹与她的朋友们拍照。典礼结束后，我四处走动，向认识的学生表示祝贺，与他们合影留念。和婉茹视线相合的一刻，她惊呼出声，跑过来抓住我的胳膊，把我拉到她母亲那边。邓太太是一位身穿黑银色裙装，精心烫过头发的中年女性。婉茹请她为我们照相。我们站在一起，婉茹在我右侧露出灿烂的笑容。摆好姿势后，她母亲却放下相机，大声说："往后点儿，婉茹！你脸太大了！"听了妈妈的话，婉茹微低下头，向后退了一小步，表情僵硬起来。我拍了拍婉茹的肩膀，说她这样很好看。婉茹摇摇头，小声回答："不，我的脸确实太大了。"当她面无表情地再次退后时，邓太太大声表示认可，一手举着相机，一手做着推搡的动作："哎，这就对了，你太胖了！"又有几位女生走过来站在邓太太身边，等待与婉茹合影。听到这样的评价，女生们尴尬地看了看邓太太和婉茹，而后面面相觑。婉茹的母亲还在不停地指挥女儿："往后退，这样看着脸小。"婉茹又向后退了退，但她母亲始终没有满意。最后婉茹放弃了，移到我左边，用我的身体挡住了半个身子，同时看着镜头假笑。等我们拍好照片，其他女生已经离开了。婉茹迅速向操场另一侧走去，和母亲一起消失在人群中。

与美国相比，在中国评论别人的身材或许没有那么不可接受，但本研究中的中国精英父母一般只是私下说说，比如诗颖的母亲也对女儿的身材发表过类似的评论。不过，这位母亲是在家里说的，而且她试图把孩子的注意力从不完美的身材上引开——她对身为学神的诗颖说："胖点没关系，只要保证脑力充足就好。"与诗颖的母亲相比，婉茹母亲的行为并不寻常。在整个田野调查过程中，我从未观察到其他精英父母在公共场合对自己的孩子进行身材羞辱，更不会用那惹人注意的大嗓门和手势。其他学生的反应也表明，她们对婉茹母亲的话感到不适（尴尬，面面相觑）。

低分学生婉茹与母亲之间的亲子互动，明显有别于高分学生与父母的互动。与华婷的母亲不同，婉茹的母亲对女儿毫无惧意，她会在公共场合随意羞辱女儿的身材，拍毕业照时多次要求女儿向后站。这些行为显然让婉茹很不自在（表情僵硬、假笑），母亲却毫不在意。学神和学霸（如李飞）可以打断和拒绝父母的斥责，婉茹的反应则与之相反。她没有对这些羞辱言论提出任何异议，而是赞同母亲的观点（"我的脸确实太大了"，多次后退）。后来，婉茹就读于东北的一所省重点大学，符合父母对她的期望。

要求服从：家齐的手机被没收

面对自己的父母，学习成绩差的学生并不像成绩优异的学生那样享有特权。学渣家齐对个人物品相当在意，尤其是自己的手机。学生们在学校里不能使用手机，首都中学的教师可以没收学生的手机72小时。家齐的班主任龙老师会把所有没收的手机锁进办公室抽屉里。有一天，龙老师拉开抽屉，让我看里面的半打手机。他略带调侃地说，每学期他都会面对一堆无人认领的手机，因为学生们过了三天就把手机忘了，当然也就没有人会因为手机跟他起争执。但家齐除外。我曾见证家齐上课用手机被发现后，费尽口舌争取不让手机被龙老师没收。

但他还是失败了。事情大概发生在高三下学期，离考试还有几个月，家齐的母亲收走了他的智能手机，认为手机会分散他的注意力，让他无法专心备考。一天下午，我在走廊里遇到家齐，当时我正跟随另一名学生。看到我，家齐笑着走过来打招呼。我开玩笑地问他是不是学习太忙了，没时间回我微信。家齐瞬间垮下脸。

"回不了，因为我没看到！"他绝望到几乎在走廊里大喊起来，"我妈把我手机拿走了，给了我一破烂！"他愤怒地在口袋里掏着什么，可能是想拿出他现在的手机。但他说到一半就停下动作，还是决定用语言描述："你知道那种摔不烂的破手机吗，只能打电话发短信，其他什么也干不了的那种？"

"你妈妈为什么把它收走呀？"我问道。

"她觉得影响学习！"家齐皱起眉，"在她看来，我分不高是因为天天拿手机（上网）。"他不以为然地笑了："如果上网真的影响我学习，她拿走手机有什么用？我们教室有电脑。"他耷拉着头，一脸苦恼："可她就是不听，把手机拿走了，也不还给我。"

家齐一直到 6 月 8 日（他高考的最后一天）都没能上网，我那天与家齐一家乘车前往一间俄罗斯餐厅庆祝高考结束，家齐在路上和其他亲戚通话，用的还是一部与他本人年龄相仿、外观粗糙的银色诺基亚手机。这部手机是黑白屏的，无法上网，没有摄像头，正如家齐所说，只能用它打电话和发短信。我们到达餐厅后，等待的三十分钟里，家齐向母亲要智能手机，母亲马上从包里拿出手机递给他。家齐立刻和许多朋友热聊起来，面带微笑地安排了暑期计划。

尽管家齐极力反抗，但他还是把心爱的手机交给了父母。不是只有家齐的母亲认为上网会影响备考，许多精英家长都对孩子上网感到不满，但成绩差的学生的家长对孩子的控制程度是尖子生家长无法想象的。家齐和李飞（上一个例子中的高分学生）都长时间上网，两个人的家长都试图训斥孩子。但是，成绩优异的李飞立刻将父亲的批评驳回，甚至让父亲没能在饭桌上把话说完。相比之下，低分学生家齐的母亲不仅在斥责儿子时成功展现了父母的控制力（"可她就是不听"），还通过没收手机来管教儿子。李飞这样的高分学生完全不担心父亲没收电脑或手机，而像家齐这样的低分学生则小心翼翼，唯恐父母认为自己的宝贝分散注意力，只能勉强用父母允许的东西。

执行父母的决定：布兰登独立提交大学申请

　　成绩好的学生希望父母满足他们的要求，成绩差的学生则深知父母不会满足他们的一切要求。布兰登被加州大学洛杉矶分校录取几周后，我邀请他参加一次后续访谈。我们约在他家附近的一个公园，当时公园里开满了樱花。我跟着熙熙攘攘的游客在一百多公顷的公园里转了两个小时后，找了个没人的石凳坐下来休息。这时布兰登也到了，这个身材健壮的男孩看上去精力十足。我们坐在长椅上，交谈时间不长。布兰登似乎已把申请的事抛诸脑后，期待着在美国开启下一篇章。他说话简练，惜字如金，直到我问父母是否在申请过程中帮助过他。

　　布兰登沉默片刻，深吸一口气。他慢慢讲到父母"帮了很大的忙"，给予他情感上的支持，"一直给我鼓劲儿"。但他还是认为，父母的支持并不够。布兰登将自己的申请过程描述为"你自己做了所有的事情，但你仍然需要别人的帮助。有很多事情，不靠留学中介，你是没法知道的。必须找人问"。

　　在中国，找留学中介辅助申请是相当常见的做法。[9] 我问布兰登为什么不找，他垂下头，双手握在一起，压抑着愤怒说："因为我爸认为不该找。我父母觉得，申请大学是个锻炼的机会。"

　　五天后，布兰登的父亲吴先生证实了儿子的说法，那是一位脾气温和的中年男子，毕业于清华大学。我们在一家顾客稀少的咖啡馆里交谈，他不经意地提到了留学中介的问题。吴先生强烈反对其他精英家庭花钱找中介的做法，说这些中介"收一千块钱就能帮申请人写文书"。他认为独立是一种美德，因此坚持要求布兰登独自完成所有申请，不靠外援。布兰登提出抗议，并对父亲大发雷霆，

(多次)喊道，"我（和同学们）一样都很忙！"，"为什么我不能找个中介来处理琐事？我也有好多事呢！"即使父子二人为此产生矛盾，吴先生也没有改变他的决定，还透露布兰登因为没经验犯了错误，把名字和姓氏的顺序写反了。首都中学上传的证明文件是按照正确的姓名顺序写的，这导致没有一所大学收到他的完整材料。布兰登在临近申请截止日期时发现了错误，顿时极度恐慌。吴先生回忆说，布兰登当时"非常担心"，"不知所措"。随后的几天里，布兰登的焦虑痛苦不断升级，还是父亲给出了解决方案——让布兰登发邮件向有关高校说明情况、表达歉意。谈话即将结束时，我问吴先生对布兰登的大学申请过程是否有遗憾。他眨了眨眼，不确定地说："可能确实该找个中介吧。"他解释说，自己的做法给家里带来了太多争吵和焦虑。不过，看到布兰登"适应得很好"（学会了正确填写表格），这位父亲还是得出结论，他对自己最初的决定感到满意。

与特蕾西和其他当场挑战父母决定的高分学生相比，布兰登的经历显然极为不同。吃饭与聘请中介都是学生们感知到的需求，且后者与大学申请直接相关。然而，成绩优异者的父母会满足子女的愿望，无论是买杯子，还是改变个人安排带孩子去高档餐厅吃饭；相比之下，成绩较差的孩子没有这个待遇，往往屈从于父母的决定（"适应得很好"）。他们得不到自己认为必要的资源和帮助，即使事关学业，即使与父母长期对抗、激烈争吵。考虑到布兰登再也没有犯过同样的错误，吴先生要求儿子学会独立的做法确实是一片好心，[10] 后来的日子里，布兰登自己申请研究生和实习，没有再犯同样的错误。[11] 但布兰登还是认为，自己与同龄人相比处于严重劣势，因为其他人的家长都找了中介。面对儿子的抗议和愤怒，父亲坚持了自己的决定。

综合视之，上述案例表明，考试成绩在很大程度上决定着青少年子女与父母之间的互动模式。学渣和学弱们不会说父母的不是，且往往受父母管教。他们无法强迫父母满足自己的愿望，而是服从并执行父母的要求。当他们向父母提出要求时，也常常得不到自认为需要的资源或帮助。这些青春期养成的习惯也会在成年后展现出来。随着年龄的增长，父母对孩子的影响力会逐渐减弱，但学习成绩好的孩子买东西依然较少受到父母管束（或根本不受管束），他们也会继续表现出特权意识。[12] 成绩较差的孩子则会小心翼翼地权衡父母的意见，服从他们的决定。

家长对家庭互动的看法

在我的观察和访谈中，尽管家长和子女的互动方式因考试分数而异，但家长和孩子们都不承认这些差异。家长们在学校里与其他家长建立联系，交流有关考试分数和大学的信息，[13] 却不会对彼此的家庭生活多说什么。[14] 被问及对家庭中父母与子女互动的看法时，大多数家长都表示，希望能为孩子多做些事。这些家长否认其为子女申请大学或备考带来重要影响，将大学录取结果看作纯粹个人奋斗的结果。不过，也有少数家长表示自己是无形的手，引导孩子沿特定的方向和路径前进。他们表示，如果孩子一直走在"正确的轨道"上，就可以获得相当大的自由，而一旦偏离预期轨道，就另当别论了。

学生们也不承认与父母互动的差异性。身为独生子女，他们没有兄弟姐妹作为比较，同学之间也不会谈起自己与父母相处的方式。这些青少年会接受父母的说法，将大学录取视为一种纯粹的个人成就。许多学生会踏上父母认可的道路，却意识不到父母在背后的指导。因此，当本研究中的精英青少年肩负起家庭的高度期望时，他们同时也习惯于接受父母的遮风挡雨。

父母感到做得不够：克莱尔的母亲"什么都没做"

精英家长会竭尽全力为家中的高三考生减轻学习压力。然而，他们只是观众，不能替孩子站上争夺顶尖大学录取的角斗场，因此大多数家长都会产生无力感。[15]克莱尔的母亲陈太太便是如此。陈太太是部队医院的医生，我曾在克莱尔毕业后到她办公室进行采访。她示意我在柔软的真皮沙发上坐下，快步走出办公室向助理团队吩咐了几句，然后和我一起坐在沙发上稍作休息。采访中，我问她过去一年为克莱尔做了哪些事。陈太太歉疚地回答，她其实什么也没做，在女儿的大学申请过程中，她起到的作用微不足道，因此感到沮丧。

"我真的没（为克莱尔）做什么，她全靠自己。"这位母亲直视我的眼睛以表真诚，"说到这个我就很沮丧，申请的最后阶段真的很艰难，要是我能多帮点忙，早一点进入角色，早一点帮上忙，而不是像个局外人一样就好了……因为大多数时候我只是问问进度，什么也没为她做。事实就是如此。"

然而，在陈太太声称没有为克莱尔做任何事之后，她又列举了自己为帮女儿申请大学而完成的所有工作。"克莱尔跟学校的顾问讨论完大学申请名单后，会讲给我听，我自己上网做一些研究，她会同我分析这些选项。我要是同意了，申请名单就确定下来，这就是我的角色。"

如此来看，陈太太似乎扮演着监督者的角色，但她却将自己发挥的作用判定为不重要。陈太太对其角色的解释是："我什么都没做，真的。克莱尔有需要，一定有我在。包括带她去香港参加 SAT 考试、找家教、出远门，我做的都是这些外在的事情，那些她没时间做的事，包括搜集信息，或者在她写申请文书时，我们会一起讨论，我给她点建议。我能做的也就这些了，她全靠自己。"

略显讽刺的是，陈太太虽然声称自己"什么都没做"，事实上却为克莱尔提供了很多支持。她搜集大学信息，向女儿提供建议，同女儿讨论文书，送女儿参加 SAT 考试，寻找辅导老师。即使做了这么多，这位母亲还是认为自己所做的并不重要，暗示自己本应做得更多（很沮丧，"早一点进入角色"）。与克莱尔的母亲一样，许多家长都为孩子的大学申请焦虑不已。由于无法分担孩子的压力，他们自责未能全力帮助孩子。他们往往认为自己"做得很差"或"没做什么"，而孩子"全靠自己"。但这些说法与事实相去甚远，因为他们同时又声称"满足了（孩子）全部所需"，例如"每天早上帮孩子把课本放到自行车上"、"搜集大学信息"或"在家分析试卷"。

家长否认自己的贡献至少有三个原因。一个是父母做的实在太多，记不住。比如华婷的母亲说她"每天要为孩子做很多事情"，但又"记不起过去一年具体做过什么"。于是，这位母亲得出结论：

她"没有（为华婷）做什么"。第二个原因在于孩子会拒绝父母的帮助。朱莉的母亲曾为她找了个申请中介，但朱莉在第二次与中介会面时将其辞退，声称中介不称职，"英语很差"，可能"只会彻底毁了我的申请"。第三个原因，正如陈太太的叙述所示，家长会认为任何与大学录取没有直接关系的事情都是"外在的"，因此自己做的这些事起不到帮助作用。无论出于何种原因，家长们在看待亲子互动时，往往展现出自认贡献不足且无能为力的共性。

绝大多数学生也否认父母在大学申请中的作用。[16] 在采访陈太太前的几个月，我曾询问克莱尔在申请大学的过程中是否得到父母的帮助。克莱尔当时刚刚接受耶鲁大学的录取。她回答说，除了"给高中付了一大笔学费"之外，父母几乎没有出力。我请她再多说说，她露出了体谅的微笑："父母肯定想帮我，我爸想尽办法给我提供更多信息，比如向同事打听谁把孩子送出国了，如果这也算的话。但没什么用，他们基本帮不上忙。"克莱尔将长发捋到一边，解释道："申请本来也是一个人的事情，爸妈帮不上什么忙，主要靠自己。"

克莱尔并非不知感恩，恰恰相反，她是少数几个提到父母帮助（如学费和情感支持）的学生之一。但克莱尔依然认为父母的作用微乎其微。她表示父亲通过家庭网络搜集信息的努力不值一提（"如果这也算的话"，"但没什么用"）。她用一句轻飘飘的"爸妈帮不上什么忙"带过母亲做过的一切，将母亲承担的大量工作称为琐事。克莱尔对父母帮助的理解与她母亲是一致的，因此她对父母是否付出努力、付出了多少努力并不在意，将光荣的申请成绩全部归功于自己。

不明说的引导：罗伯特"完全按父亲的意愿"行事

并非所有精英家长都认为自己贡献不大，亦有家长声称会确保子女遵循其心中的"正确方向"，策略性地将每个决定塑造为子女的个人选择，由此获得子女的遵从。罗伯特的父亲郭先生毫不避讳地向我解释如何在实践中对儿子进行引导，他当时四十多岁，温文尔雅，老师说他"脾气太好，被罗伯特拿捏了"。和许多家长一样，郭先生也是20世纪80年代的高材生——他曾在有40多万考生的人口大省取得了前50名的好成绩。郭先生曾将全省近99.99%的考生甩在身后，但作为学渣罗伯特的父亲，郭先生承认儿子想复制自己的考试成就"有相当大的困难"。

郭先生很早就决定，要把孩子培养成一个有创造力的学习者和世界公民，因此出国接受教育是必然之途。在他表达了对高考的质疑和接受国外教育的重要性后，我问他："家里是什么时候决定送罗伯特出国的？"郭先生注意到了我的用词"家里"，立刻纠正了我。他温和而不容置疑地说："罗伯特是自己选择去美国上大学的，我没有强迫他，也没有要求他这么做。"

如此说来，出国显然是罗伯特独立做出的决定，但这与郭先生潜移默化的引导有必然联系。郭先生接着解释说："不过，我们也会指导他。对于他出不出国，一开始我们没有给任何建议。完全没有。初二的时候，他参加去美国的访学，（那次旅行）把孩子们从东海岸带到了西海岸，参观了一些大学，一共15天。他对美国印象很好，就开始想去美国上大学。"这位父亲最后自豪地说："虽然表面上不是这样，但这正是我想要的。"

"如果罗伯特访学回来决定参加高考，您会怎么做？"我问道。

郭先生毫不犹豫地回答道："如果他选择参加高考，我可能会再给他一些指导。"他一边说，一边微微点头，坚定而自信。

在这个案例中，郭先生提前计划并有意引导罗伯特做出与自己相同的教育决策。他希望罗伯特出国，因此初二那年就安排罗伯特参加暑期访学，以此了解美国的大学校园。谈话中，郭先生还透露，他希望罗伯特将这些预先确定的选择视为自身的独立决策，因此在罗伯特第一次提出申请美国大学的可能性时，他故意提出不同意见（"表面上不是这样"）。如果罗伯特没有遵从他不明说的引导，这位父亲愿采取更多策略来实现自己的目标（"可能会再给他一些指导"）。郭先生的策略成功了，他很高兴罗伯特从初二夏天以后"开始想去美国上大学"，且从未偏离这条道路。

重要的是，郭先生的回应也解释了为什么家长与孩子的互动因成绩而异。只要孩子们遵循父母为他们决定的发展轨迹，就可以获得极大的自由。本研究中的精英父母都上过大学，教育水平高于全国98%至99%的同龄人，甚至许多人在其省份曾超过近99.99%的考生。这些父母希望自己的孩子在高等教育中取得更好的成绩，或至少与他们自己一样出色。这些期望反过来又促成了上述局面：学神和学霸们通过考高分满足了父母的期许，从而在家中享有相当大的自由，父母也容忍他们享有特权。学渣和学弱则未能达到父母的期待，因此父母会给予他们更多的"指导"，将他们引导到提高成绩的方向上去。

罗伯特一步步走在父亲规划的路线上，他说出国是"自己的选择"，父母也认可他的决定。他决定去美国读大学，通过父亲找的中介完成申请，也报了父亲满意的大学。直到高中毕业，罗伯特仍未意识到父母的影响——一种由父亲巧妙营造的氛围。罗伯特从未意识到，父亲向他灌输了出国留学、成为世界公民的想法，也从没想过自己有可能受到父母的强烈影响。

毕业之后：成长为独立自主的青年

2019年，当初的这些青少年已经成年。高中毕业后，他们就离开了家。不再与父母同住，也不再与父母每天共进晚餐，他们只会在周末或寒暑假回家。过去，他们总是与父母面对面交谈，如今大多主要靠网络沟通。家里的日常安排不再以他们的日程为中心，有的孩子发现自己的卧室被改成了储藏室，还有一些孩子因父母将公寓出租或搬家而失去了房间。本研究中的28名学生中，有25人一度出国求学或工作。少数英语流利的精英家长会出国探望子女，但大多数家长不会说英语，他们待在国内等子女回国探亲。本研究中的家长是洞悉国内就业市场行情的专家，却对在异国他乡求学工作认识有限。对于中国的大型企业和国有单位，他们也许一通电话就能安排个工作，但若子女想在美国、英国、新加坡、法国、日本等国找工作，他们就没有太多门路，也缺少有效人脉。

父母影响力的局限性意味着，他们将进一步淡出子女的生活，在与子女的互动中真正放手。这也表明，来自中国的精英在追求全球精英地位时更加独立自主。这些年轻人确实将地位竞争视为基于个人能力的竞争，并以独立于父母而自豪。赛琳娜是首都中学的高分学生，她说自己从大学开始就"努力远离父母的影响"，拒绝接受父母提供的职位。在美国，她通过求职在纽约市找了一份工作。与她相似，华婷到英国后也拒绝接受父母的帮助，毕业后留在伦敦，入职了美国一家技术与社交媒体企业的分公司。本研究中的大部分学生都与赛琳娜和华婷一样，认为自己不需要父母的帮助。

但尽管独立性不断增强，这些精英青年与父母的互动模式却与高中时相近。学神和学霸仍向父母寻求帮助，将其当作坚实的后盾，在互动时可以自由地表现自己。学渣和学弱则不认为提出请求后能立刻得到父母的资源支持。换句话说，成绩好的学生仍认为自己能随时获得父母的支持，而成绩差的学生则担心父母不予支持。

2013年时，学神朱莉对母亲粗鲁无礼，理所当然地接受父母的牺牲，随后的6年里她依然如此。2014年暑假，朱莉从布林莫尔学院放假回家，我去看望她。我们在附近百货大楼的美食广场见面，她说母亲在她去美国后不久就回去工作了。第二年，朱莉生了重病，请了一个学期的病假。[17] 她回到家中，母亲则再次退出了职场。在我们的文字交流中，朱莉说她母亲这样做部分是为了照顾她，但主要是因为"她不喜欢自己的工作"。2019年，朱莉大学毕业一年后，我去北京看她。我们相约在一家星巴克，那天风很大。到店时，我看到朱莉化着略带哥特风格的妆容，正在吧台前用笔记本电脑阅读神经科学相关的期刊。我在那里梳理纠缠在一起的发丝，朱莉告诉我，她仍然自认为学神，但在申请研究生时会付出更多努力。她打了个哆嗦："最近我都快成学霸了！"朱莉曾想过攻读神经科学博士学位，但又不想做学术："做学术太容易了，一点挑战性都没有。"她更渴望创办自己的公司，畅想道："我想用自己的双手创造一些东西。"作为一名学术工作者，我立刻反击："要不试试编织？"朱莉笑得前仰后合。她一边强忍着笑，一边伸手拍着我的肩膀："你有毒吧！"

而当我问起她的父母时，轻松的谈话顿时变得严肃。"四月初我和我妈打了一架，"她简短总结道，"我没法跟你说清楚原因，太复杂了。我就是受不了。受不了。"我点点头，注意到这场争吵已经持续了一个半月。

"我爱我妈。我说真的。"朱莉真诚地看着我的眼睛说，"但我无法接受她的所作所为。直到现在还在生气。我妈跟我道歉了，但我还没准备好原谅她。"她用手在我俩之间画着圈："我跟她讲，从现在起不要为我做任何事，也不要做饭，什么都别做。"朱莉顿了顿，深吸一口气："我甚至在用自己攒的钱（养活自己）！"她直视我的眼睛，强调此事的严重性。她有些自豪地微笑着，微微眯起眼睛："从那以后，我再也没有向她要过钱。我一直在用她以前给的。"

我提醒她："但那些钱还是你妈妈给的。"

"不，那不一样，这是原则问题！"朱莉坚定地说，"我再没吃过她做的任何东西，一直到昨天。"不过，她马上又加了一句："但我今天也不回家吃饭，她必须知道我真的生气了。在她想明白之前，我不会跟她说话，也不跟她一起吃饭，不会从她手里拿钱，即使住在一套房子里，我也会无视她的存在。她得吸取教训。"

朱莉与母亲的关系并没有改变。她仍然认为母亲退出职场是个人选择（"她不喜欢自己的工作"）。然而，母亲只是在朱莉需要特殊照顾时（先是大学申请那一年，再是病假期间）才成为全职家庭主妇，可见母亲实际上是为了照顾女儿而辞职的。朱莉依然主导着母女互动。六年前母亲表示害怕朱莉并屈从于她的意愿，六年后母亲再次向女儿道歉。比起父母教导孩子如何做事，这更像是女儿在教导母亲（"她得吸取教训"），通过剥夺其作为母亲的责任（做饭、一起吃饭、给零花钱或为孩子做任何事情）来惩罚母亲。

成绩较差的学生与父母的交流则是完全不同的。想想看，罗伯特的父亲是如何巧妙地引导儿子选择他心目中的正途的？家齐也有类似的经历，父母对他的引导更为明显。2014年，就在高考前两个月，家齐的父母决定把他送到法国，因为他的成绩太差，无法进入中国的顶尖大学。家齐母亲回忆，儿子"当时被吓出了眼泪，但很快就接受了"父母的决定。

上大学后，家齐对父母依然言听计从。和布兰登一样，家齐在大学里也被迫独立。2015年，他已入学贡比涅技术大学一年，我在首都中学的一间空自习室里见到了他。为了避免在校门口被保安拦下，家齐换上了高中校服外套。他蓄起了短短的胡须，长高了一些，脸颊还是圆乎乎的。他在桌子对面坐下，立刻告诉我，由于在校表现不佳，他收到了一封退学函。他的故事让我震惊不已——家齐说，他收到信函后立即给父母打了电话，请他们和自己的学业顾问谈谈，但父母拒绝了。

"他们可以说是把电话挂了。"家齐弓着身子，低声说，"他们说他们也没辙，我妈说她已经尽力把我送到法国了，说我现在人都在法国了，得靠自己，发生什么事我都得自己处理。"家齐双手放在我们之间的课桌上。他吸了口气："我当时想，天啊，我该怎么办？我吓蒙了，这是来真的啊！如果我真被开除了怎么办？那我连学士学位都拿不到，没有学士学位要怎么活？我的人生就完了！""后来怎么办的？你还在学校吧？"我急忙问道。

"我给学业顾问打了个电话，"家齐平静地回答，"一开始他说无能为力。我就一直求他，几乎要哭了，求他再给我一次机会。苦苦哀求了两个小时（之后），他说，'好吧，好吧，我会跟（上级）说说的。你敢再挂科试试！'我当然发誓不会再挂科，所以还留在学校。"

家齐的父母在与子女的互动中始终拥有较大的权威，可以主导孩子的成长轨迹，也可以根据意愿放手不管。高三时，家齐和母亲都承认，决定送他去法国的家庭会议不能算是讨论，只是宣布决定而已。家齐最终也接受了这个安排。到了大学，家齐又接受了父母拒绝帮助的决定。他没有与父母争辩，也没有长时间沟通（"他们可以说是把电话挂了"），不曾要求母亲按照自己的要求去做（与他的顾问沟通），而是顺从地独自沟通。家齐的母亲可能在不告诉家齐的情况下介入了此事，也可能是为了培养家齐的个人责任感，冒着他被大学退学的风险坚决不参与此事。然而，无论母亲做了什么或没做什么，家齐在大学里都听从了父母的命令，就像高中时一样。

总而言之，在拥有丰富家庭资源的情况下，朱莉和家齐这样的精英青年一般都有办法追求自己的梦想，中国的精英父母确实心甘情愿地供养子女。高中时代表现出来的亲子关系差异，在子女成年后基本延续下来。那些在地位竞争中成功率较高的优秀学生似乎享有无限的家庭资源与支持，而那些在全球竞争中成功率较低的学生，往往接受了父母拒绝提供必要帮助的做法，也接受了父母关于培养其独立性的主张。在某些案例中，低分学生家长的努力似乎让孩子经历了积极的转变。家齐虽然走了一段弯路，但终于重新回到精英地位再生产的竞赛之中。2019 年，我最近一次去北京看望他时，他已成为一名为学业焦虑的勤奋学生。他在北京请我吃饭，自豪地宣布自己将成为从所在项目毕业的第一个中国学生。此外，他意识到自己的资历算不上顶尖，无法得到最耀眼的高薪工作，于是将竞争目标从收入转向声望。家齐专注于在其领域获得最有声望的职位，有意成为世界两大赛车生产商之一梅赛德斯的工程师。"梅赛德斯！"人来人往的餐厅里，他兴奋地喊道，"全世界最好的赛车！没什么比在那里工作更有面子了！"

小结

　　坐拥无限资源与富裕家长的坚定支持，精英学生们在追求目标和实现理想方面享有明显的优势。然而，父母一方面心甘情愿地牺牲自己支持子女上大学，一方面又以考试成绩为基准对待自己的孩子。若有望进入世界一流大学，父母通常会顺着孩子。相比之下，低分学生的父母则会实行密切监督，不允许他们在家里表现出特权感。高分学生的父母对孩子百依百顺，培养出所谓的"小皇帝"。在学者和媒体口中，这些学生娇生惯养，经常不尊重父母，而成绩差的孩子并无类似表现。

　　作为影响学生日常生活的重要成年人，家长们向孩子展现了考试分数在校外日常生活中的价值。在青少年社会中，考试分数和校园地位是不可分割的，因而基于考试分数的亲子互动与基于地位的待遇也密不可分。实际上，家长将校园的差别待遇系统性地延续到家中，从而在多个方面维持了精英青年对地位竞争的参与——强调了地位的重要性，证实了学生的地位体系，还传达了成年人世界对学校中地位竞争规则的认可。考虑到家长和子女的关系通常与学生的地位成果有关，家长的重要性便不仅在于提供资源和参与学校事务，更是对维系学生地位体系起到关键作用。这些角逐全球精英地位的年轻人认为父母的奉献是理所当然的，父母让他们可以心无旁骛地与世界各地的年轻人竞争。全球精英地位的竞争不仅牵涉到有全球意识的一代年轻人，还关系到他们的精英父母。

第六章

挽救危局

到达首都中学的第一天,高二年级组长龙老师在一间会议室迎接我。他是一位四十五岁左右的数学教师,待人亲切得体。他表示会为我介绍四名学生,作为我研究的起点。我问龙老师是否还能介绍几位家长,他十分吃惊:"父母对学生的成绩能有什么影响?"一年半后,我来向龙老师道别,我们在初次见面的会议室外找了一间自习室交谈。龙老师提到我之前的要求,表示:"你是对的,父母确实有他们的作用,与父母沟通更好的学生高考发挥得也更好。"

精英家庭的孩子们将精英地位再生产视为一场竞争,他们则是预期中的赢家。这些孩子就读于重点高中,享受最高质量的师资,有丰富的家庭资源可以利用。重要的是,他们深谙玩法。他们对游戏规则相当熟悉,懂得根据自己的位置调整期望,得到关键成年人的支持——要么是教育专家,要么自身是赢家。集齐一手好牌,似乎想输都难。对于这一点,本研究中的精英父母也心知肚明。在他们看来，没有必要用尽全家的财富与各种形式的资本，他们将精力倾注于增强孩子在家中的幸福感。与父母相关的活动总是发生在校园之外，不论是营造聚焦升学的环境，还是为压力过大的孩子提供情感支持。他们将校园内的所有升学准备工作视为教师的责任，所有与高校录取有关的任务，包括备考和准备完美的申请材料，均由学校老师和顾问来关照。

大多数教师也倾向于秉持不沟通准则，但有些美籍顾问非常希望与家长见面。据克里斯、汤姆和首都中学的其他顾问估计，"只有不到三分之一的学生能独自决定申请哪些学校和专业"。鉴于家长强烈影响着学生的大学申请决定，顾问们认为与家长会面是重要且必要的。然而，很少有家长答应见面，即使有家长与顾问交谈，效果也往往不尽如人意。克里斯长叹一声，总结他与家长的互动："我们只见过很少一部分家长，见了面，家长们也不会说太多。大多数时候，我们还是在和学生对话。"首都中学另一名美籍顾问汤姆也表示遇到了语言和文化障碍，与家长沟通存在较大困难。更糟糕的是，他发现学生有时"故意把我们对家长说的话译错"，"让家长站在他们一边"。

在精英家长看来，正常情况下没必要介入学校事务。然而，地位再生产并不总能按计划进行。即使是技艺高超的玩家有时也会面临失败，精英父母的孩子也有下坠的可能。在备考和申请过程中，并非每一步都能让全家朝着最终目标前进，事情不总是一帆风顺。正是在这种危机时刻，本研究中的家长们亮出了底牌。他们力挽狂澜，踏入了教师负责的领域。具体而言，他们启动备选计划，即早已制定好的应急方案。

在 15 个月的田野调查中，我曾观察到两次学生父母在家长会之外到校的情况，其中一次发生在首都中学，当时我正对家齐进行跟随观察。那是最后一节课结束后，走廊里人声嘈杂，学生们三三两两地聚在一起，气氛轻松融洽。突然，两位焦急的家长匆匆走过走廊，学生们的交谈声戛然而止。大家神色紧张地注视着他们，所有人的头都转向其前行方向。直到两名家长进了电梯，才有人开口。

"出什么事了？"我问家齐。

他似乎不愿多说，压低声音回答我："家长，估计不是什么好事。"

"你怎么知道？"我追问道。

家齐翻了个白眼，好像我的问题很蠢。"你想啊，"他耐心地解释道，"为什么会来学校？肯定是出了什么事，可能很严重。现在只要弄清楚是谁的家长。"家齐试图听听其他同学的议论，但很快就被别的事情分了心。

这次事件中，学生们的反应（静下来注视家长）表明家长很少到学校来。学生的解读进一步显示，家长只有在绝对必要的情况下才会出现在校园，比如当事态"很严重"的时候。事先未通知而家长自行入校的情况相当罕见，这意味着，重点高中很少有学生惹出事端。此外，精英父母很可能可以及早识别风险，并在问题恶化至叫家长之前改变事情的发展方向。龙老师对亲子沟通作用的新认识支持了第二种可能。[1] 对精英家长而言，高中升大学是极为重要的一步，很大程度上决定了孩子的未来地位。他们不愿让孩子在精英地位的竞争中落败，因此会在问题出现时迅速做出反应。既然这些父母很少联系老师，那么他们对潜在失败可能性的感知在很大程度上依赖于亲子沟通。

在事情变糟之前扭转局面，无疑是精英所具备的优势。只有掌握内情，有办法将孩子拉回正轨的家长才能采取这类行动。[2] 下文将指出，家长们的行动虽不能百分之百成功，却在多数情况下发挥了作用，使其子女在竞争顶尖大学时占得先机。看起来就要失败的孩子得以留在赛道上，而取得了辉煌成就的孩子能在每一轮竞争中取得更加出色的成绩。拥有家长在关键时刻的及时支援，青少年们走上了赢得人生大奖的坦途——未来全球精英之路。

父母的应急计划

精英父母都明白这样一个道理：接受高等教育是地位再生产的关键一步。本研究中的家庭也不例外。在父母眼里，上大学的观念是根深蒂固的，问他们是否能接受孩子不上大学，就像在问大象是否能飞一样荒谬。许多人一想到自己唯一的孩子可能考不上大学，就会吓出一身冷汗。对这些家长来说，最主要的问题是孩子到底要上哪所大学，迈向国内外顶尖大学的激烈竞争充满不确定性。高考生的家长们明白，只要在某次关键考试中没有达到某个分数，孩子进入中国顶尖大学的梦想就可能破灭，随之葬送的还有他们未来的地位。国际部学生的家长也认为，在申请美国大学的过程中，一旦处理失误，就可能扰乱孩子的原计划，带来灾难性后果。因此，无论孩子考试成绩如何，精英家长都为其准备了应急方案。

高考失利？立即出国或准备再战

大多数中国顶尖高中的学生从未想过考不上大学的可能性，每当我问出"如果没有考上大学该怎么办"或"会有什么感受"的假设，高三学生们似乎都相当震惊。顶峰中学的学神李飞是其中尤为自信的，当我问他如果考不上中国的大学怎么办，李飞立刻回答："那只能复读了，在中国没有别的选择。"李飞将问题修改成为更可能的情景："可能出现的问题是我没考上清北，如果没考上，我会去第二志愿，有两三所好大学能接受第二志愿的学生，我也愿意去。"李飞又说回我的问题本身："但你的意思是如果我什么大学都没考上。那我会停下来思考人生，首先我得跟自己说这不是世界末日，然后想清楚问题所在，以及我有哪些选择。实话实说，我以前压根儿没想过。"然后，他说了一句语法混乱的话："这个脑残知道这是什么问题。不是，这个。"

考不上大学的假设过于骇人，导致李飞都说不出一句正常话。作为学神的李飞认为考不上大学是不可能的（"我以前压根儿没想过"），这一点可以理解。然而，就连学渣和学弱也认为自己不太可能落到这般境地。对于就读于顶尖高中的北京精英学生而言，真正的问题是上哪所大学，而不是能不能上大学。

尽管顶尖高中内部学生认为面前只有高考一条路，但家长们还是在没有告知孩子的情况下准备了退路。第五章曾讲过，家齐因为考试成绩太差，突然被父母通知留学法国。还有没考上清华的华婷，她在父母的指导下寻求转学。若是李飞考砸了，也会如此。高考结束几天后，我在李飞家的公寓里采访了他的母亲李太太。我问她，如果李飞奥林匹克竞赛失利，高考成绩也不理想，她会怎么做或怎么想。李太太的回答就好像她早已做好准备："如果他奥赛失利，那就要看他的高考成绩了。如果能考上一所好大学，那就先上着，然后再争取出国读。复读的压力太大，我们不太考虑。如果说他出了什么问题，完全考砸了，我们才会考虑再考一次。"我问她考虑过哪些大学。李太太回答说："我们首先考虑的是香港大学，但如果他能上清华北大，那我们就不考虑了。"李太太还明确表示，这些计划从未真正实施，他们家"并未找过国外大学或其他什么，因为（李飞）很早就在奥林匹克竞赛中取得了好成绩"，并被他们家的首选清华录取。

相比于李飞的艰难回答，李太太没有对我的提问表现出惊讶。她似乎对高考的意外情况有所准备。这位母亲承认她的儿子有可能在高考中失利，表示这种情况发生的概率很低，但并非不可能（如果"出了什么问题"）。她至少考虑过三个应急计划，并准备在必要时加以实施。首先，如果李飞的成绩略低于他平时的水平，母亲会送他去香港大学。这并不是唯一选项，李太太在之后的谈话中透露，李飞的叔叔有在国外工作的经历，他可以提供更多关于国外大学和专业的信息。或者，如果李飞考得极差，她会让儿子休整一年再考。李太太提到了第三种选择，即复读，但是果断否定了（"压力太大"）。值得注意的是，李飞却认为只有复读一条路可走，这意味着他要重读一遍高三，每天在教室里学习15个小时，包括周末在内。李太太可能有策略地让李飞把最坏的情况视为高考失败的唯一结局，又或者母亲只是隐瞒了这些信息，以便让李飞全身心地投入高考。不管理由是什么，李太太显然在儿子不知情的情况下为他制订了多个后备计划。

最终，母亲的设想也只是一串想法而已，家里一切顺利，李太太的应急方案也用不上了。李飞通过竞赛获得了保送资格，又参加高考提高了顶峰中学的平均分，而后进入清华大学学习电子工程。然而母亲深知，无论可能性有多小，天有不测风云。她在李飞签约清华之前已做好准备，随时为儿子提供其他出路。

申请失败？顺着美国最佳大学排名向下申请

与高考生相比，国际部学生有时倒会担心自己一所学校都申请不上。后来入学耶鲁的克莱尔曾长期被这个念头困扰，因为她只申请排名靠前的大学。学生们对来年重新申请的可能性感到焦虑，这种情况并不常见，却真实存在。五月，我在首都中学咨询中心外遇到了克里斯。克里斯是一位身材高大的中年美国顾问，学生们称他为"英国绅士"。[3] 他告诉我，自己被安排与一名尚未收到任何录取通知的学生见面。

"哦，还没有吗？是挺晚了。"我说。

"是的，"克里斯叹了口气，"她担心没有大学录取她，非常焦虑，这我能理解。"

"我以为每个人都能有学上！"我惊讶地问。

"最终都会有的。"克里斯带着一贯的微笑解释道，"但每年都有几个人要等到很晚，还有两三个女生没有收到所有学校的回复。我是不担心的，但她想见见我，一起看看还有什么能做的。"而后他走进咨询中心。

在克里斯看来，学生们没什么好担心的，至少都会得到一所大学的录取通知（"最终都会有的"）。但尽管顾问如此确信，可能失败的念头仍在学生们的脑海中挥之不去。少数学生到学期末还未收到录取通知，这足以引起申请者们的集体焦虑，他们会一直担心，直到大家都收到的那一刻为止。

与心态放松的顾问们不同，家长也与学生一同焦虑。国内部的家长们为学生规划了切实可行的退路，以防高考出现意外，而国际部的家长们没有别的办法。他们普遍反对孩子转去参加高考，理由是与那些高中阶段长时间备战高考的同龄人相比，他们的孩子明显处于劣势。在没有退路的情况下，家长们会指导孩子在申请大学时广撒网，以防意外。

我接触过的大多数顾问都建议学生最多申请十所学校。部分家庭听从建议，但大多数家庭却把十所当作最低数量。亚历克斯一家便是后者，他申请的学校太多，都记不清具体是哪些。[4] 我曾两次请亚历克斯与我分享他的申请列表，却得到了两份部分重叠但不同的单子。当我指出两份清单的不同时，亚历克斯笑着说："真的吗？我记不清了。我申请的学校太多了，有二十来个！"亚历克斯建议我把两个版本合并起来，从而获得他的完整申请清单。然而，即使是合并后的名单也有遗漏——不包括亚历克斯后来就读的波士顿学院。

我向亚历克斯的母亲咨询了他的申请情况。她承认孩子的申请数量远远超出了学校顾问汤姆的建议，并笑着形容申请了"巨多"学校。她解释说，这个决定源自父母的焦虑。"你看，"她紧抓着手提包道，"我们有点紧张，亚历克斯（提前申请）报了三所学校，[5] 但没有一所录取他。我们有点紧张，于是到最后，亚历克斯觉得多申请几所可能机会更多。作为家长，我们对这些毫无经验，只能焦虑。我们会想'如果他一所学校都进不了怎么办？'这类问题。所以他才申请了这么多。"而后，她双臂交叉抱在胸前："其实事后想想，这种焦虑完全没有必要，对吧？那些排名在四五十名的大学？那些都没问题的（肯定会录取亚历克斯）。完全不必如此焦虑。"

与国际部的许多家长一样，亚历克斯的父母对美国申请体系毫无经验。为了抵抗这种不确定感，家长们往往鼓励或要求孩子申请许多学校以防意外。亚历克斯的母亲直接将其归因于父母的焦虑（"只能焦虑"），担心儿子无学可上（"如果他一所学校都进不了怎么办？"）。这家人在申请季中不必要地广撒网，让亚历克斯投了不止十所学校——实际上是二十余所。与其他家庭一样，多出来的申请针对的是那些排名低于目标层级的高校（"那些排名在四五十名的大学？那些都没问题的"）。在此案例中，亚历克斯不愿错失进入梦校的机会，因此在建议申请的数量之外，他多申请了几所顾问认定超出他能力的高校。亚历克斯的母亲最终得出结论，她申请"巨多"大学的策略是"没有必要"的。尽管如此，她的计划确实达成了目的：为亚历克斯在大学申请过程中可能遭遇的失败提供缓冲。

总之，精英父母承担了为子女提供最终安全网的责任，决心在他们摔倒时及时接住。大学录取带来的焦虑让父母们费心准备应急方案，国内部的家长们从自身高考经验出发，优先考虑某些替代选项，排除另一些。而在缺乏经验的情况下，家长们也能为子女提前做好规划——不了解美国申请流程并不妨碍国际部家长们为孩子选好保底校。在顾问建议的基础上，他们通过理性衡量创造出广撒网的申请策略，即使可能会挤掉以这些院校为目标的其他申请者。并非所有父母都采取上述策略，尤其是学神及其他优秀学生的父母。但这些学神的父母也有所准备，表明了父母帮助子女成功进行精英地位再生产的决心。

高分学生家长的制胜之道

　　学术研究通常将精英学生的大学升学描述为无缝衔接的过程。[6]在本研究中，约半数学生确实顺利升入了中国、美国或英国的顶尖大学。然而，精英学生也可能遇到一些意外，使前途轨迹骤然改变。正如连胜的球员也可能突然失利，即使是学神和学霸，也会因重要考试失利而突然跌入低谷。在这困难时刻，精英家长们往往迅速行动，力挽狂澜。本研究中的父母们深谙地位争夺的特性，他们自己曾在这激烈的竞争中胜出。带着对地位体系的深刻领悟，他们有能力推动孩子在现行阶层结构和规则内取得成功。于是，精英家庭的背景带来的不仅有资源优势，还包括父母保护孩子免受挫折的知识和能力。

安心旁观：托尼的妈妈很省心

　　当孩子的成绩长期名列前茅，父母们往往将其升学准备工作完全交给学校。这类学生包括李飞、明佳、阿什利和托尼，他们顺利升入了清华大学、剑桥大学和康奈尔大学。接受采访时，李飞的母亲不认为自己在升学这件事上帮到了儿子："没，我没做什么，也就交了个学费。"明佳的母亲表示自己起到了微小的作用。被问及她为明佳升学所做的最值得骄傲的一件事，这位母亲思考片刻，回答说："最值得骄傲的事啊，让我想想，最骄傲的事。嗯……我觉得最值得骄傲的事情是，我帮（明佳）整理过笔记，把它们订在一起。"然而，用订书机装订笔记是较低水平的帮助，在我与明佳的谈话中，明佳表示不记得母亲做过此事。阿什利的母亲亦表示很少管她学习，甚至不怎么出席家长会："如果有空，我时不时会参加一下。但基本上不去。"

学神和学霸的家长们往往预期孩子能顺利升入名牌大学，没必要搬出后备计划。托尼的母亲曹太太便是这样一位家长，她既从事教育工作，也是个商人，说起话来语速极快，思路清晰。我在曹太太任教的学校附近的一家咖啡厅里与她见面，一见面，她便为采访定下信心满满的基调。用曹太太的话说，托尼是"一个让大人省心的孩子"。我问她有没有给托尼的申请帮上什么忙，她明确表示没有。她解释说："（申请）取决于（托尼），他可以找中介，首都中学也有人能指导他，这些都交给他就可以了。如果遇到语言问题，我大概能帮上一点，但他也靠自己解决了，毕竟，孩子有自己的想法，和成年人不同。"

在曹太太看来，自己在托尼的申请过程中没什么可做的。托尼还小的时候，曹太太就为他前往西方接受高等教育做好了准备。她自己在英国读研究生时曾把托尼一同带去，后来为他培养起学习习惯。曹太太自豪地与我分享，她曾将自己的座右铭灌输给托尼："终身学习，终身进步。"托尼步入正轨后，她认为高中阶段没必要为意外情况做准备。托尼在首都中学稳居学神之位，学业成绩突出，母亲虽然有能力帮助他（"如果遇到语言问题，我大概能帮上一点"),却还是决定不插手,因为托尼能够对自己的学习负责("但他也靠自己解决了")。

曹太太确信儿子会进入美国顶尖大学,我好奇她是否制定了备选方案,于是询问如果托尼没能被梦校录取,她会做些什么或说些什么。曹太太露出自信的笑容,毫不在意地挥了挥手:"我觉得无所谓,美国排名前 30 的大学都差不多,我觉得他不会出前 30。以他的水平,那种问题不会发生。前 20 和前 30 的学校可能有点差异,但没有很明显,您知道吧。"

儿子在校成绩名列前茅,SAT 分数也相当高,综合评判下,曹太太相信托尼会有出色的表现,复制她的优势地位。在她看来,托尼必然会上一所顶尖大学("以他的水平","那种问题不会发生"),因此她既没有实施应急计划,也未曾认真考虑制订应急计划。与国际部其他学生的家长一样,曹太太唯一的应急方案就是让托尼在申请时广撒网。不过,托尼与其他学生在增加申请的学校方面的目标并不相同。亚历克斯的保底校排名远低于目标校,托尼则不然。曹太太表示,排名较低的学校(美国最佳大学排名第 21 至 30 名的学校)与托尼的目标学校(排名前 20 的学校)"可能有点差异,但没有很明显"。这些话表明托尼母亲的安全感极强,其安全网的用途亦与通常情况不同,不再作为孩子摔倒时的保护措施,因为孩子不可能摔倒。这些额外申请反倒成了新增的目标。

母亲的信心如此之强,甚至在托尼可能需要父母指导时拒绝出手帮助。正如第四章所述,托尼曾经想要放弃某个项目,专心准备 SAT 考试。他与老师发生了冲突,而这位老师本可以为他写推荐信。整个事件过程中,托尼的母亲并未予以关注。我问起这件事时，她笑着说："仔细想想，这事真不重要，我确实可以跟老师聊聊，为他省去这些事情，托尼挺焦虑的，但这种焦虑完全没必要啊。"还有一次，托尼找不到社会科学社团的下一任负责人，一旦他卸任，学校就会将社团解散。如此一来，他会被记录为缺乏领导力，申请也会受到负面影响。但母亲依然没有担心。我追问曹太太为何不插手干预这些潜在有害的事件，她似乎厌倦了我的追问，轻描淡写地叹了口气，回答道："我想说的是，肯定会有个解决机制的。事情会自己调整的，没必要担心，知道吧。"而后，她对一系列问题进行了总回应："我没有过问细节，托尼会自己处理好。"

曹太太本可以帮助儿子，却没有这样做。她承认托尼在申请过程中可能会遇到问题，他对申请过程疑问重重，惹恼了一位可以给他写推荐信的老师，甚至曾走到受学校正式处罚的边缘。然而，在整个交谈过程中，托尼的母亲显然不认为这些问题足以构成父母参与的理由。对她来说，它们对托尼的大学申请和未来并不构成威胁。她放心地认定托尼已经步入了上名校的正轨，这将为精英地位的竞争打下坚实基础。正因为如此确信，曹太太才声称上述风险不会让托尼偏离正轨，甚至托尼本人也不应该感到丝毫困扰（"但这种焦虑完全没必要啊"）。

托尼顺利完成升学。正如母亲所料，托尼也在下一年级的学生中成功找到了社会科学社团的下一任负责人。他如释重负，轻松愉快地退出了所有社团活动。高三那年，他 SAT 考了 2320 分[7]，被排在美国高校前二十的康奈尔大学录取，家里人对此很满意。母亲对托尼信心十足，延续此前放手不管的做法，相信他能处理好任何事情，不仅在高中，到大学和进入成人社会后也是如此。

突然出手相助：诗颖母亲指导女儿

有些家长轻松看待子女的升学，而有些家长则认为有必要帮助孩子。一旦学神和学霸的父母感觉到子女进入名牌大学的道路受阻，因而未来精英地位岌岌可危时，他们偶尔也会突然提供帮助。首都中学的高分学生诗颖便是一例。诗颖的母亲刘太太毕业于清华大学，是中文系教授。诗颖升入高三那年的秋天，刘太太表示她对诗颖的学习介入不多，我在她家公寓里共观察四日，没有听到任何有关高考或大学的对话。她们之间的交流主要为刘太太的简短提醒，如"明天下雨"、"该睡觉了"或"记得带饭盒"。那时，首都中学的老师、诗颖的父母与她本人都认为，她注定升入清华大学的理想专业。此时，刘太太的行为与托尼的母亲相似，不去插手诗颖的高考事务。

这一切的转折点在于诗颖意外地没能通过清华自主招生考试。自从得知女儿考试成绩不理想，诗颖母亲的指导方式就与此前大为不同。自招考试那天早上，我和刘太太在考点外等待诗颖。在附近散步时，她再次表示自己没有指导过诗颖，尽管她作为教授有这个能力。三小时后，我们与其他家长一起来到考场边等候，当时大概是中午。身穿粉色羽绒服的诗颖脚步轻快地向我们走来，马尾辫在身后摇摆着。

"考得怎么样？"刘太太赶忙问道。

"哦，考试嘛。"诗颖带着少女的轻快叹了口气。她看向母亲，换上了更严肃的语气："数学没做完，语文比较简单，但有几道也挺难的。"

刘太太似乎很担心。刚刚在外面等待时，她还说从不与女儿探讨考试细节，这时却一边向车子走去，一边与诗颖聊起那几道有难度的语文题。其中一道题是给"北京雾锁车迷路"写对子。开车返程时，母女二人还在谈论这个话题。

"你写的什么？"刘太太问。

"我写，"诗颖犹豫片刻，回答道，"纽约冰封人失所。"

刘太太思索了一会儿，眼睛盯着路面，语气坚定地说："嗯，我想我会写'南昌水淹人失所'。我肯定会用洪水来进行对仗，这样答才对，因为都是发生在中国的天气和灾害事件。"

"北京对南昌，确实好。"诗颖表示同意，但随后又为自己的答案辩护："我会用纽约对北京，纽约前几年不是暴雪吗？"

"你用北京和纽约相对，但我会用北京和一个省会相对。"刘太太指出，"还有，纽约是翻译过来的，北京不是，南昌更好一些，而且正好南北相对。"

诗颖似乎不想再讨论这个问题，试图转移话题："在这个问题上不能花太多时间，我还有其他题要答呢。"但刘太太没有结束讨论，她们围绕这个对子题谈了半个多小时，直到走进餐厅吃午饭才停止。

诗颖母亲的努力不止于此，两周后，诗颖给我发来短信，说自主招生考试落榜了。她本想获得清华大学的30分加分，却一分未得。虽然诗颖作为三好学生已有20分加分，但刘太太认为，与获得更多加分的学生相比，诗颖处于劣势。自此，刘太太开始深入参与诗颖的备考，她开始与学校老师建立联系，这是一个重要转变。

自招考试结束约一个月后，我在校园里遇到刘太太，当时我刚结束一天的观察工作准备回家。我与她打招呼，询问她来学校有什么事。她说刚刚开完家长会，因为想帮诗颖提高成绩，就在会后找班主任聂老师聊了聊。

"这是我第一次找她！"刘太太说着，似乎也把自己逗笑了，"我跟老师刚一开口，'诗颖的语文作文……'，聂老师马上说，'我没教好，对不起'。"刘太太笑着说："我没有要怪她的意思，只是还没想好怎么说！"

出乎我的意料，就在同一个月，我又在校园里遇到了刘太太。那天不开家长会，只是个寻常日子。我再次询问她为何来学校。

"有个大学招生咨询会，我想顺便来听听建议。说实话，我也不知道该问什么。"她笑道，"但我觉得应该来一趟，我和清华招生负责人谈了谈，对方建议诗颖报清华大学（某）专业。"刘太太耸耸肩："估计我们现在要考虑一下这个提议。"

在诗颖的事例中，这位母亲根据事态的发展调整了对孩子的培养方式。[8] 以刘太太在汉语言学术界的地位来看，她很可能成为阅卷人，本可以定期与女儿讨论考试的注意事项。她知道学生该做什么，如何准备考试，以及应该向谁了解诗颖的表现。但直到诗颖在自招考试中意外落榜，她都未给予女儿任何辅导，不曾接触老师或前往学校了解情况。作为中国高考的亲历者，刘太太深知加分的重要性，也明白失去加分可能带来的后果。这位母亲意识到问题后，立即亲自接手，启动所有可以挽回局面的计划。

需注意，她在尽力挽救的同时，也遵守了一定规则。她没有试图转移赛道，比如放弃高考或直接出国，也没有做出违反规定的举动，比如动用人脉关系获取考题。相反，刘太太开始将她认为会得到更高分数的答案教给诗颖，即使诗颖试图转移话题，她还是紧扣话题，确保女儿能够在未来的考试中给出更好的答案。刘太太还去找了诗颖在学校的老师，可能是诗颖上学十二年来第一次（"这是我第一次找她"）。最后，她咨询了招生人员，愿意考虑一个此前并未设想过的专业报考选项。

诗颖后来如愿在高考中取得佳绩，而母亲的角色在备考过程中并非一成不变，她能够利用身份地位带来的知识帮助女儿。[9]诗颖的高考成绩进入北京市前十六名，她被清华录取，就读于招生老师推荐的第一志愿专业。简言之，母亲及时为女儿提供了帮助，而女儿也很好地走上了精英地位再生产之路。

利用特殊规则：于朗母亲对教练软磨硬泡

挽救危局的方法还包括利用鲜为人知的特殊规则。于朗是首都中学一名成绩优异的学生，热爱数学，希望在全国奥赛中进入第一梯队，保送清华大学。她的母亲毕业于清华大学，就职于官方媒体，在得知首都中学奥赛培训质量较高后，为于朗办理了转学。在首都中学，于朗将全部精力投入奥赛，甚至放弃了自招考试和其他获取加分的渠道。然而，令学校和于朗大失所望的是，她的竞赛结果并不理想。经历这场意外的失败后，她向学校请了一个月假。于朗的母亲买来一只小狗安慰女儿，更重要的是，她开始给于朗的奥赛教练孙老师打电话。对于突然开始的频繁沟通，孙老师并不高兴，我们在学校谈起此事时，他表示这对他造成了困扰。起初他不愿帮忙，因为觉得这个家庭很功利。孙老师蹙额道："于朗（或她母亲）太功利，只想为了考清华参加奥赛。一旦政策有变不能直接保送，于朗就失去动力了。她竞赛失败也是这个原因。"

但孙老师还是顶不住压力，为于朗的母亲提供了一个少有人知的消息——北京大学会为奥赛落选者举办冬令营，可能会给高考加分。于朗的母亲当即表示愿意放弃清华而选择北大。于是，她请求孙老师推荐于朗参加冬令营。但于朗没能通过冬令营的结业考试，所以还是没有加分。看到女儿依然没有加分，处于严重劣势，母亲再次联系了孙老师。这次孙老师告诉刘太太，清华在两周后也将为奥赛落选者举办冬令营。不出所料，刘太太也请孙老师为于朗报名。这次令双方欣慰的是，于朗通过了结业考试，获得了60分加分。女儿拿到加分后，母亲就不再联系孙老师了。

在地位再生产的竞争中，于朗的母亲提供了不止一次帮助。认识到进入顶尖大学是未来成功的第一步，这位母亲先是将于朗转学到首都中学，最大限度地提升她在竞赛中获奖的机会。虽然女儿说在新学校遭受了整整一年的社交孤立，但母亲认为一切都很顺利，拒绝做出改变。而当于朗面临考不上顶尖大学的危机时，母亲又以拯救者的姿态出现。与其他精英家长一样，于朗的母亲知道哪条标准最关键：考试成绩才是重中之重。她铆足了劲要为于朗争取到加分，比诗颖的母亲和大多数家长都更进一步。诗颖的母亲与大部分精英家长的做法相似，而于朗的母亲则在教练的帮助下得到了一张万能牌。更准确地说，她的母亲利用了其他玩家不知道的特殊规则。在我进行的无数访谈中，从未听其他人提到过这些冬令营，我的主要信息提供者，顶峰中学的奥赛教练胡老师等教师也不曾提起此类信息。其他学生，比如同样奥赛失利的向祖，本也能从这类消息中获益；其他家长，比如凯风和李飞的母亲，本也能依靠这些备选项减轻焦虑。鉴于冬令营的存在相对保密，这种加分方式无异于游戏的特殊规则。

于朗母亲的例子不仅显示出精英家长能够在关键时刻提供帮助，还说明他们的能力往往远超旁人想象。于朗的母亲正确地认识到，首都中学奥赛的金牌教练可能掌握着旁人不知道的内幕消息。她毫无负担地对教练软磨硬泡，即便对方并不情愿。通过这些行动，于朗的母亲帮助女儿克服了备考顶尖大学过程中意想不到的挫折。事实证明，母亲的支持至关重要。于朗的高考分数略低于清华大学的分数线，但她在原有分数的基础上有加分，最终被清华大学录取。保住了顶尖大学的文凭，于朗得以继续作为精英选手进行精英地位再生产。

低分学生家长奋力应战

学渣与学弱的父母也会制定备选方案，但他们遇到的问题与高分学生家长不同。他们也希望帮孩子找到万全之策，但孩子缺乏最关键的筹码：考试成绩。这些家长往往集中精力提升孩子的考试成绩，但努力不一定能得到回报。有些情况下，家长已经调动了所有可用资源，仍然无力改变孩子的学业结果。也有一些情况，家长自身虽在地位竞争中取得了成功，却对孩子的教育消极旁观。前一种情况再次证明游戏规则的决定性作用，它有力影响着个体的结果，不论家长付出多少努力，家里掌握何种资源。而在后一种情况中，家长们认为孩子成绩不好，自己也爱莫能助。低分学生家长不像高分学生家长那样试图扭转局势，而是为孩子不理想的成绩承担责任，默默消化失望情绪。

监督者角色：罗伯特父亲的应对之策

家长们明白，考试成绩决定大学录取结果，而大学录取结果又与孩子的未来地位息息相关。有了这样的认识，低分学生家长通常会把重心放在尽可能提高孩子的高考或 SAT 考试成绩上面。罗伯特的父亲为了帮孩子提分，调整了自己的指导程度。我第一次采访罗伯特是在他上高二时，当时他的 SAT 成绩是 1800 多分。当我问到他的父母是否以及如何帮助他准备大学申请时，罗伯特直白地答道："他们可能更多地起监督作用。"而后他举了几个例子："他们不让我出去玩，还总和（国际部的）其他家长聊，谈论可能会发生什么，或者（在辅导机构）上什么课之类。"

但在高三结束时，罗伯特的 SAT 成绩提高了 200 分，他对父母的作用有了截然不同的看法。我问了同一个问题，他顺畅答道："学习方面，我就靠自己。我父母看我前几次 SAT 考得不好，但什么也没做，他们让我自己看着来，也许有时会检查我单词。没再做别的。"我很惊讶，于是追问下去。罗伯特耐心地解释道："我爸负责我的学习，我妈没有必要监督我，她有时会提醒我写作文高效一点，但报什么学校我主要跟我爸聊，嗯对，比方说申请什么专业。他们做不了什么，对。"而后他对这个问题一锤定音："他们根本帮不上什么忙。"

两次访谈显示，他父母的参与程度有所变化。罗伯特上高二那年，家长对罗伯特的学业参与度很高（扮演着"监督者"的角色），但到了高三，他们就变成了帮不上忙的成年人（"做不了什么""根本帮不上什么忙"）。罗伯特没有对这种差异做出任何解释，但可能有许多促成因素。譬如，或许是罗伯特的父母感到无能为力，改变了自己的做法。在我们的谈话中，罗伯特甚至把他高二时的 SAT 低分视为缺乏父母指导的证据，声称他们"什么都没做"。罗伯特解释了他的观点，却忽略了一个关键差异点：两次谈话之间，他的 SAT 成绩有显著提高。罗伯特的老师华老师透露，是父母帮助他改善了成绩。

我和华老师在首都中学的一间空教室里进行了一次访谈，她表示罗伯特的父母曾在高二下学期给她打过一次电话。罗伯特第二次参加 SAT 考试时，成绩只有 1800 多分，在学校里垫底。家长也很清楚，以这样的低分不可能申请到美国的顶尖大学，而是更可能进入国内少有人听说的公立大学。罗伯特的父亲将儿子的 SAT 低分视为严重挫败，与华老师取得联系，用华老师的话说，罗伯特的父亲表示他们"非常担心"，并决心"应对这个局面"。而后，他希望老师保证罗伯特在校心态积极向上。根据华老师的理解，这就表明家长宣告自己将会处理子女的问题。

罗伯特的父母给予儿子较大自由，这个例子证明父亲为提高子女成绩而策略性地调整了家长参与度。这位父亲自己曾在高考中取得优异成绩，他认为考试是进入大学的关键。毕竟，他能成为北京人靠的就是高考成绩。因此，罗伯特成绩很差的时候，父亲会加强对他的管教（阻止他外出，与其他家长建立联系，检查罗伯特是否记住了单词）。按相同的逻辑，在罗伯特的考试成绩有所提高后，父亲会给予他更多自由，选择放手。后来，罗伯特将 SAT 考到了 2050 分，被乔治·华盛顿大学录取，郭先生较为满意。在我与罗伯特父亲的谈话即将结束时，他对我说："总的来说，罗伯特做得很好。虽然有一段时间吃了不少苦，但总的来说，过程还是很顺利的。"

替代策略：罗浩的父亲将体制吃透

并不是所有家长都努力提高孩子的成绩。事实上，有些家长认为孩子的考试成绩已无法改变，分数低是注定的。他们不再想办法提分，而是诉诸其他方法。在北京的政策下，他们决定为大学择校过程中的另一种不确定性做准备，那就是"猜分制"（"猜分填报志愿"）。[10] 罗浩的父亲就是其中之一。罗浩成绩不好，我们也不算认识。我是通过其他家长接触到他的父亲邓先生的。邓先生是一位发色灰白的中年数学家，戴着一副学者风范的金边眼镜。我听他和其他家长谈起填报志愿的事情，这位父亲大声抱怨道："我给我儿子做了三个月的数据统计，整整三个月，每天熬到一两点，我找出（儿子）高中每次考试的成绩，放在桌子上，就为了算他高考可能考多少分。他波动很大，我得知道标准差，推测他的高考分和排名。"其他家长看着他频频点头，对他的辛勤工作表示肯定。

后来我找到他，就他刚刚的分享进一步询问。邓先生眉头紧锁，神情严肃，沉声讲述了高考的重要性，以及制定一份具有优势的志愿填报单何等复杂。他首先承认儿子考不上顶尖大学，因为"我儿子没这个分"。然后他双手分开放在桌面上，仿佛按住两沓文件。他右手向下压了压："如果他考了这么多分，就能上这所大学。"然后又压了压左手："如果他考了那么多分，也许能上那所大学，但不太保险，所以他最好填另一所。但如果他差一点没到线，就会被降到第二志愿。不是所有学校都接受第二志愿，我需要知道哪些学校可以（被列为第二志愿），哪些学校不行。然后，如果他的第二志愿分数线与第一志愿分数线过于接近，就有可能被挤到第三志愿，但第三志愿一般不是什么好学校。但你也不想第二志愿填个分太低的学校,这样就会错过其他本来可以进的更好学校。"

邓先生利用自己的专业技能为罗浩的备考做好了应急准备。在其他家长专注于提高孩子的考试分数时,邓先生却把注意力放在了志愿填报的不确定性上。他这样做并不意味着无视考试成绩的重要性,正相反,邓先生对此心知肚明。这位父亲表示自己曾在高考中取得优异成绩,上了一所顶尖大学。他知道考试成绩对大学录取的决定性影响。被问到孩子的升学问题时,他的直接反应也表明,其首要关注仍是成绩("我儿子没这个分")。实际上,邓先生不仅是北京某大学数学系的教师,还是北京高中数学课程设计委员会的成员。鉴于这些经历和职位,他很可能正因对这一体制有深入了解,才认识到儿子的预估成绩不足以考入顶尖大学。换句话说,正是出于对地位竞争的熟悉,这位父亲才把精力放在了他认为可以挽救的事情上。他并没有在儿子考试成绩差的问题上下功夫,而是选择绕开,充分运用自己的职业技能,未雨绸缪,为罗浩争取最好的录取结果。

后来我得知,罗浩的高考分数很低,没能考上第一志愿的大学。从某种意义上说,邓先生的策略奏效了。他深思熟虑的志愿填报方案帮助罗浩进入了第二志愿——一所外省大学。但事实依然是:尽管父亲付出了努力,但罗浩还是没能进入顶尖大学。罗浩的父亲穷尽策略,甚至为此废寝忘食,但在高考成绩不理想的情况下,罗浩依然无法被最好的大学录取。父母的帮助无法拯救低分,这表明父母的参与和支持所创造的益处可能会受地位体系特征的限制。特别要指出,哪怕对意外事件做了最周全的准备,也不足以弥补子女的考试成绩不足。

遵守规则：建民的母亲不予协助

大多数精英父母会在孩子考试成绩不佳时制定某种应急方案，或至少仔细为其谋划大学志愿，但也有少数例外。建民的家长就是一个罕见的案例，直到一切无法挽回，二人始终没有发现问题。建民父母的婚姻跨越了阶层：父亲是高中学历的工人，母亲是大学中途退学的文学杂志编辑。[11] 我是在建民上高三那年认识的他，当时他是顶峰中学实验班一名成绩中等偏上的学生，相信自己能考上北大。建民表示，他的学习由自己做主，他母亲吴太太也认可了这一点："确实，我对建民很放心。我从来不用叮嘱他上课认真听讲，按时写作业，或者别再玩了之类的，他能管好自己。"

和诗颖类似，建民也意外地未能通过北京大学的自主招生考试。但与诗颖的母亲不同，建民的母亲并没有意识到失败的风险。她没有去找老师沟通，没有给予建民辅导，也不曾为建民的大学志愿前往学校咨询。但建民高考失利了，分数不够北大，第二志愿的大学那年将分数线提高了20分，也将建民拒之门外。而第三志愿的学校不接受第三志愿录取，最后两个志愿学校的分数线也飙升太多。建民成绩不理想，志愿也没有报好，即使总分高过北京93%的考生，却没有一所大学录取他。家里人仓促让他申请香港的大学，但母亲仍然不出手帮助，而是让建民自己申请。建民没有被想去的学校录取，最终进入了一所他之前没有考虑过的大学。谈到建民的升学之路时，吴太太对自己的参与不足感到后悔。她痛心地表示："我觉得，如果（我）多做些功课，如果我再上点心，本该知道哪些学校能接收非第一志愿的学生。他第三志愿填的那个学校，完全有可能不要第三志愿的考生，（但）我当时并没有太在意。现在都过去了，但我该做的没做好。"

在本研究涉及的观察对象中，她是唯一一位受过大学教育却不为孩子意外受挫做准备的家长。她也曾经历升学过程，也上过大学。她认为自己能够通过阅读报考指南、制定志愿填报策略或与老师交流来帮助建民。这位母亲出身精英家庭，其父母都是大学毕业，显然知道如何通过教育上的成功参与地位再生产的竞争。然而，她却没有利用自身对教育体制的熟悉和了解。建民的母亲为何会忽视其他家长没有忽略的信号，为何没有在孩子需要时提供帮助，答案并不明晰。有一种可能是，她本人已经在向下流动，因此对中国的高等教育和精英地位的竞争持矛盾态度。[12] 这位母亲确实曾表示，她与接受过大学教育的父母之间存在代际冲突。然而，这位母亲又非常关心儿子的大学录取结果，反思自身参与不足时几欲落泪。

另一种更有可能的解释是，这位母亲认为地位体系的结构相当清晰，该体系指导了她的每一步行动。分析其回答可知，她明白地位竞争的机制。她之所以对建民"放心"，正是因为知道考试成绩是大学录取的首要条件。她觉得不必担心，是因为建民完成了学校布置的作业，表现得很努力（他上课认真听讲，按时写作业，不贪玩）。由于建民估计自己的分数能上北大线，母亲便认为没必要再争取加分。同样是由于建民有望进入第一志愿的高校，后面的志愿就显得多余甚至没必要。

这位母亲的自信可能源于家庭的受教育史。其他不少很好的学生的祖父母都没受过教育，建民却是家里第三代高考生。对地位再生产（高考成功）规则的熟知、家族的考试成功史加上儿子较好的高中成绩,很可能导致母亲过度自信。反过来,这种多代人成功的熟练性又让她低估了应急方案的重要性。

母亲的不参与似乎不仅影响着建民的学业,也伤害了他的感情。大学开学两个月后,我去拜访建民。他几乎和所有的高中同学都不再联系,同学中几乎有一半都在北大、清华读书。在汽车站道别时,建民伤感地说:"离开家,邻居和亲戚朋友就没法对我指指点点了,但我父母可能还要跟他们解释,为什么儿子上了顶峰中学却考不上好大学。"

毕业之后:父母的后续参与

精英子女进入顶尖大学后,精英地位的再生产并没有结束,下一步是找工作或读研读博,必须同样谨慎。本研究中的精英父母在子女被大学录取后,能够对子女的过渡阶段提供助益。同时,家长们既已成功获得精英身份,便能预知子女在规划的人生轨迹中可能遇到的障碍和挫折。他们比子女更早发现风险,以行动帮助孩子持续参与精英竞争。当然,并非所有家长都对孩子的人生挫折做出反应,与高中时代一样,有些家长会认为没必要干预太多,只是在一旁静观孩子成长。也有一些家长发现自己的努力遭到孩子拒绝,被迫不再介入。

若子女顺利进入职场,父母便会放手,不再认真准备应急方案,即使准备了也无实施的必要。李飞在清华大学主修电子工程,四年后毕业,顺利前往加州大学伯克利分校攻读博士学位,该专业排名世界前三。与之相似，托尼从康奈尔大学毕业后，在纽约找到了现在这份工作。为谋求理想工作，托尼曾在暑假与高中同学合住纽约，为的是同"正确的人"打交道，写求职申请时也能写上纽约的地址。[13]在此过程中，托尼完全靠自己找到了满意的工作。无论在高中还是大学阶段，他的母亲都认为自己无须插手。

也有一些家长对孩子过渡时期的风险做出了反应，能够提供真知灼见，助其走上成功之路。大学毕业后，诗颖面前有两条路：直接读研，或者进入非政府组织工作一年，与少数民族一同保护动物。她获得机会进入中国西部一个动物保护组织，同时也收到了来自欧洲和美国顶尖高校的录取通知书。看到女儿对两个机会都有兴趣，又不知该选哪一个，刘太太告诉诗颖立即尝试申请延期。当诗颖发现没有一个项目允许她延期入学一年时，心中十分失落，母亲却毫不担心。刘太太相信诗颖之后也能申请到同样的（甚至更好的）研究生项目，于是鼓励她积累实践经验，几年后再申请。母亲的信心感染了诗颖，促使她拒绝了录取通知书，前往青海省的山区。事实证明，刘太太的预言是正确的。第二年，诗颖再次申请研究生，被剑桥大学的同一个硕士项目录取，这一次她还获得了英国政府授予的全额奖学金，每年仅有八名国际学生能够获得。在母亲的监督与及时指导下，诗颖坚定地追求从事野生动物保护工作的梦想，计划在毕业后去瑞士工作。

有时候，在子女失败受挫的关键时刻，父母的帮助能够起到缓冲作用，让他们重新站起来。2019年夏天，我来到北京南城的一家星巴克，与家住附近的温斌见面。温斌是一名高高瘦瘦的学神，从顶峰中学考到清华大学，如今已经毕业。我们喝着咖啡聊起他过去五年的情况，他的第一句话就是"我一直想读博"。为了实现这个目标，他大学期间每个暑假都在准备 GRE 和托福。他的 GRE 接近满分，还到本市最大的补习学校担任兼职 GRE 讲师。在加州大学圣巴巴拉分校访学期间，他还到该校实验室工作，积累科研经验。温斌兴致勃勃地与我聊起科研经历，他能记起实验室每位成员的职责，热情十足地描述科研成果的诞生过程。但是，尽管他已如此努力，也对这一领域怀有真正的兴趣，博士申请却没能成功。温斌下定决心继续追求自己的目标，到他的教授那里做研究助理，并于第二年重新申请。出乎意料的是，这一次父亲突然手把手指导他的申请过程。

"我本想只申请博士项目，但我爸让我也申请一些硕士的。他甚至说，如果我这次还不成功，明年应该主要申请硕士。一开始，我还挺不高兴的。"这时，温斌突然抬起头看着我的眼睛。他睁大眼睛高声说："但我申请的三个硕士项目有两个都录了，而且也只有硕士项目录取我！"

"哈，现在觉得你爸爸的建议怎么样？"我笑着说。

温斌不好意思地笑了："建议太好了，他完全正确，救了我的命。"

喝完咖啡后，温斌带我在附近转了转。我们遇到了他的母亲，她热情邀请我去家里做客。那是一个两居室，我们三人坐在客厅的红木沙发上，她向我展示了温斌小时候的照片。母亲表示，她和温斌的父亲以及其他亲戚都为孩子来年秋季赴美而激动不已，这个过程并不顺利，他们做父母的一直很担心温斌的申请结果。"我们很担心，毕竟他上次就一个都没申请到。实话说，他的申请材料也没多大改进，我们都担心死了，生怕他今年又申请不到。"温斌尴尬地低头看着鞋尖，沉默不语。母亲解释说："所以他爸爸才让他申请硕士做备选。温斌自己以为不需要，但他爸爸一直跟他谈，一直到把他说服为止。"母亲瞥了他一眼："幸亏说动了！"

温斌的父亲是一家国营报社的管理层成员，没有出国经历，却能为儿子制定应急方案。在他看来，温斌的申请缺少保底选项，这个问题被忽视了。于是，在温斌本人从未考虑过的情况下，父亲还是确保儿子补充了这些申请，甚至还设想了范围更大的第三轮申请计划，包括那些温斌认为配不上自己的项目。通过这些行动，父亲不仅为温斌保证了有学可上，还让温斌明白了应急方案的重要性（"救了我的命"）。温斌就读的硕士项目在世界排名前十五，他父母承担了两年硕士项目的开销，预计12万美元。家里人坚信，温斌硕士毕业后一定能申请到一流的博士项目。[14]

最后，也有些有意提供帮助的父母被孩子拒绝，建民的母亲就是其中一位，她的应急方案被扔在一边。我最近一次见到建民是在2016年，他和大学同学一起来到台湾。他本就柔和的声音更加轻缓，肩膀有些塌，仿佛承受着世界的重压。午餐时他拿出手机，下载了自己的成绩单，骄傲地炫耀3.85的GPA，自称是"全班最高"。之后几年，我们一直通过微信保持联系。大三那年，建民表示毕业后没有任何打算。为了给自己争取时间，他报名去日本交换，决定留在那里工作。在东京开创一番事业并不容易，作为一个没有人脉的外国人，更是难上加难。拿着中国一所省级大学的学位证书，建民大四毕业时既没有找到工作，也没有被研究生院录取。与其他申请者相比，他的高绩点并不占优势。然而建民一心想在东京找一份工作，因为他认为自己的专业在东京最有价值。为了延长签证，他推迟了毕业时间，靠打工维持生计。

吴太太看到儿子的失败风险极大，这次准备采取行动，为他准备好备选方案。短信交流中，建民表示："我妈说她在北京给我找了个工作。"但他立即拒绝了母亲的提议，因为他对这份工作毫无兴趣，也可能是觉得配不上自己。[15] 事实证明，职场过渡比建民想象中要困难得多。

他又进行了两轮求职，都没有成功，直到2019年的一天，他兴奋地给我发来短信："我在日本一家公司找到了全职工作！"虽然找工作时间比预计要长，但建民感到自己似乎又回到了与同龄人一起追求全球精英地位的轨道上。

在此案例中，吴太太不打算重蹈覆辙，决定亲力亲为地为建民的职业生涯出谋划策。她为建民找好了一个职位，因为他正在费力争取精英地位——建民刚刚毕业，正处于应聘竞争力最强的时期，却没有收到任何研究生院或工作岗位的录取通知。然而，建民想要创造的未来与他母亲能提供的并不相同。吴太太的方案能为建民提供经济保障，但建民认为在东京工作光彩得多，甚至愿意多年忍受收入微薄的兼职工作，以实现自己的梦想。[16] 建民拒绝按母亲的计划行事，母亲只得不情愿地放手。

小结

在中国精英青年准备参与全球竞争的过程中，父母始终是他们最坚定的盟友。在我观察的北京家庭中，这种情况尤为明显。家长们几乎不去学校，很少与老师交谈，看起来对孩子的高中教育不闻不问。但放手不代表什么都不做，正相反，家长们时刻提防可能使孩子处于劣势的事件，一旦发现苗头立即做出反应，做好应急方案。自一开始，家长们就能辨别某个事件是否具有威胁性。譬如说，惹老师生气会被判定为不严重事件，而考砸了却是需要立刻修正的。家长们也知道如何纠正这些问题，他们可以巧妙地向老师施压，使其为巩固学神成绩倾注更多精力。他们还明白，要想让学渣的成绩大幅度提升，不只是给老师打电话这么简单。就像教练在球场上对球员发号施令一样，家长们知道什么时候该让孩子独自处理问题，什么时候该坚持让孩子采用他们制订的应急计划。在家长的及时帮助下，对中国新一代精英来说，失败并不是挫折，而是进步的机会。换句话说，这些孩子有机会从失败中振作起来。

　　显然，并非所有家长都有能力像本研究中的精英家长那样帮助孩子，精英家长的干预能力反映了他们对地位竞争的深刻认识。他们专注于提高考试分数，因为深知在高中阶段，考试分数最重要。他们能够预测英美高校教职工和招生办公室在研究生申请者身上寻找的品质，并据此向孩子提出建议。这些家长知道，应当为全球精英地位而奋斗，若能在竞争中取胜，数十年的孜孜以求便是值得的。作为父母，他们随时准备与孩子并肩作战，不仅为其提供最优质的培训和资源，还在必要时力挽狂澜。

结论

中国的精英学生如何为全球地位竞争做准备？如前所述，他们从高中就开始学习地位体系的种种规定，接受着应对地位体系的策略性训练。青少年时期的地位体系强势地影响着学生的日常生活。地位较高的学生享有他人没有的特权，而地位较低者若犯下与高地位者类似的错误，就会受到更严厉的惩罚。在高中阶段，这样的信息已深深植入精英学生们的心中。在我访问过的学校和家庭中，学神始终是众人瞩目的焦点。他们有权得到同学的崇拜、老师的宠爱和父母的溺爱。他们在学校和家里都能随心所欲，认为别人一定会顺从自己的意愿。学霸次一等，但也属于高地位群体，同样享有诸多特权。学神们能做的，他们许多都能做，但会更注意维护自己在学校地位体系中来之不易的地位。相比之下，学渣和学弱的自我定位处于校内地位谱系的另一端。他们钦佩成绩优秀的学生，从不违反纪律，听从老师和家长的安排。这些系统性的差异让精英学生明白，地位带来了行为评价方式的差异。在日常互动中，精英学生对地位带来的结果有了切身体会，懂得自己应始终争取较高的地位。

这些在高中时期灌输给他们的观点、期望和行为模式，后来又在大学校园里得到证实，并在毕业后的工作场所中被践行。

对本研究中的学生来说，人际交往是一种自然本能。少数学生对教师按成绩区别对待学生的做法感到不满，但大多数学生并不在意，也不会去质疑基于分数和校内地位的互动模式。丽丽和她的朋友们并不觉得自己对康维的态度不佳（康维是校内公认的地位垫底的学生），特蕾西也没有意识到自己对凯文的看法本质上是基于成绩得出的。请学生们假设一名平时成绩差的学生考得满分时，多数人的第一反应是拒绝假设。教师和家长也不承认学生地位体系的存在，这些成年人从不使用地位术语，也不认为其行为与学生的成绩有任何关系。德宏的考试成绩提高了，因此他在一年内晋升为学霸。虽然德宏的母亲在儿子考试成绩提高后对其选择的娱乐活动更加宽容，但她自己并不觉得有何区别。简言之，成年人几乎没有注意到他们的行为与学校中的地位体系吻合，也没有认识到自身如何引导青少年做出特定行为。

尽管没有明确承认，但精英学生与其家人共同进行着优势地位的再生产。学生们承担着地位所带来的利害，在看似自然无害的学校环境中学到了宝贵的经验。他们为彼此强调理解地位体系的重要性，在这个体系中，考试分数是一张王牌，比任何竞争者可能拥有的其他资源或成就都更有价值。他们练习和验证基于地位的策略，对彼此是否能做出某些举动提供即时反馈。学神和学霸可以打破常规，只需亮出自己的高分即可，但学渣和学弱必须保持低调，否则就有可能遭到拒绝和排斥。通过日常互动，本研究中的学生建构、维持着他们的地位体系，并将其合理化。学生们将地位再生产视为一种纸牌游戏,学习规则并据此进行游戏,承认游戏结果的正当性。

然而,参与精英地位再生产的不是只有青少年。成年人,尤其是家长,在引导学生并确保各项指标达到基准方面发挥了重要的作用。有些学者认为青少年的世界是独特的,与成人的"真实"世界是分离的。[1] 在他们看来,青少年的地位竞争是以学生群体为基础的,所学到的策略和技能在校园之外没有任何价值。然而,本研究中的家长和教师都是积极的参与者,他们优待属于高地位群体的学生,对属于低地位群体的学生就不会给予同样的便利。每一天,教师们都反复将学生的考试成绩与其未来的社会地位联系起来。家长们不断强调,大学录取结果决定着子女的人生。通过这种方式,他们向学生发出了明确的信号:青少年社会与成人世界密不可分。此外,成人还会监督学生的竞争过程,在认为必要时介入打断,并最大限度地提高孩子们实现精英地位再生产的可能性。他们与青少年们坚持维系相同的规则,肯定在竞争中取胜的重要性。通过这些行为,成人在竞争中扮演了特定角色,成为精英地位再生产过程中的积极参与者。

全球精英的形成

中国精英学子的到来,给接收这些留学生的西方国家带来了不小的变化。这些年轻人以其人数、购买力和学习习惯影响着他们所在之地。为了更好地了解中国留学生,公众和媒体塑造了各种形象。有人说这些学生展现了正在崛起的中国力量，也有少数人指责他们是中国政府的间谍。学者们也对这些中国学生的身份很感兴趣，有些社会科学家为此前往中国，追踪这些学生的成长过程。学者们认为，他们是中国政府为增强其世界影响力而创造的一代年轻人。学者们还将其描绘成"小皇帝"，甚至称他们为"被宠坏的孩子"，强调家庭在为其未来投资时毫无预算限制。[2] 另有学者强调这些青少年因肩负着整个大家庭的教育期望而备受压力，这种描述方式与前者不同，却也有所联系。竞争日趋激烈，学生有焦虑情绪与心理压力也是自然的。[3] 总体而言，尽管关注点不同（如炫富行为与青少年幸福感），但学者和公众都认为，中国学生，尤其是精英学生，是一个独特的群体，他们既不同于此前的中国留学生，也不同于成长于西方社会的学生。

这些研究虽揭示了当代中国青少年的多面形象，但它们交织在一起，显得模糊不清。在本书中，我指出关于炫富的刻板印象并不适用于所有的精英学生，在家庭对教育的超高要求面前，学生们感受到的压力也不尽相同。我并没有将他们视为一个同质群体，而是强调了个人地位在塑造学生校园经历和向成人社会过渡方面的重要意义。根据对美国精英青少年的研究，我认为中学教育是培养未来社会经济精英的关键过程。但与此同时，我反对只关注校内事件的分析方法。我将这些青少年视为学校和家庭中的行动者，在这些环境中，人际交往通过传递关于"恰当行为"的一致信号来维系学生的地位体系。我的研究表明，这些日常互动有助于理解中国精英学生如何学会认同并应对地位体系，无论是在国内学习的青少年时期，还是走出国门的成年时期。

愈来愈多的学术研究聚焦于精英阶层的经历,以及精英青年得以在未来担当领导性职务的过程。这类洞察传达了大多数人都认同的两种观点。其一,精英地位的再生产被认为是一个顺利的过程。父母的财富代代相传,子女通过教育或职业成就等证明机制继承父母的地位。其二,精英地位的再生产从根本上说是一个国内过程。换句话说,这些学生在某个国家出生并接受教育,将来也会在这个国家获得重要职位。如果他们出国,那也是为了家庭度假或短期经历,比如参加交换生项目或读几年研究生,之后他们注定要回到原居住国。[4] 根据这种观点,一个国家的精英可以自由旅行,但很少或从不会跨越国界。

本书对这两种观点提出疑问。不同社会的地位再生产总水平各不相同,不可否认的是,代与代之间的阶层存在相关性。但是,大部分孩子也不是长大后自然而然就能继承父母的地位。[5] 精英也不例外,精英地位再生产远非必然。本研究中的每个学生都能回忆起在学校和工作中遇到的巨大困难。有些人曾在重要考试中失利,有些人已经尽了最大努力,考试成绩还是一降再降。他们犯过大大小小的错误,从志愿填报出错到在申请时填错名字。在这些潜在的灾难时刻,精英地位带来了重要优势。有些学生的父母利用职业知识和资源,防止子女沿地位阶梯下滑。家庭资源成了保护孩子免于失败的缓冲器,在许多情况下给了孩子通往成功的第二次机会。当然,并不是所有的精英父母都会伸出援手;有时,即使是最娴熟的协助也无法帮孩子站稳脚跟。

对于精英产生于一国范围内的观点,我也提出了疑问。事实上,中国的精英青年远不受地域限制。他们具有国际视野,面向全球，绝大多数选择居住于国外。他们就读于世界各地的顶尖大学，拥有全球认可的学历，起薪在西方发达国家也跻身上游。这些年轻人在国际舞台上崭露头角，成为强有力的竞争者，可见精英地位可以在全球范围内实现再生产。[6]即使是2018年的《世界不平等报告》(*World Inequality Report*)，对社会经济精英影响力的广泛讨论也仅限于各国内部。然而，精英地位的再生产是在国际范围内进行的。新精英完全有可能在一个国家出生，在另一个国家接受教育，在第三个国家工作，在第四个国家退休。精英被认为是造成本国社会不平等的强大力量，[7]他们也共同造成了全球范围的不平等。重要的是，地位较高者往往认为不平等是自然的，因此不可改变。这种观念反过来又影响到高地位群体是否以及在多大程度上支持解决社会不平等问题的政策。[8]这些年轻人将自己视为国内外高地位的合法拥有者，这一发现有助于我们理解全球社会的不平等以及精英阶层的国际化。

因此我强调，精英青年在日常互动中为竞争世界各地的精英地位做好了准备。这些青少年通过从同学、老师和父母等关键人那里得到的回应来构建对社会秩序的理解。虽然并不是所有学生都赞成同学们受到的系统性差别待遇，但学生们还是会遵从群体行为，追随高地位同学。[9]我将这一系列互动描述为学生用来应对地位体系的一种习得性认知。当他们离开学校，进入成人世界，这些认知会得到同事、权威及家人的认可。有证据表明，精英学生在学校教育过程中从这种训练中受益，他们和家人却并未察觉。接下来我将指出，有些限制性因素阻碍了这些中国青少年对全球精英地位的追求。我将强调教育体系之于精英地位再生产的关键作用，并指出中美在大学生选拔方面的差异。最后，鉴于中国新一代精英的态度和行为是在青少年时期养成的，我将对其未来进行大致预测。[10]

新冠肺炎疫情下的个人发展

本研究中精英青年的生活基本上按照他们自己与家人的预期展开。大多数人都在中国以外的国家定居，只有少数人计划回国。他们或是从事高薪工作，或是就读于一流的研究生项目；一半人居住在美国，另一半人则分布在欧洲和东亚。在他们看来，美国收紧工作签证配额从来不是问题，不会构成威胁。有些人会为能从事梦想中的工作而感到幸运。例如，托尼就很庆幸自己是在签证政策修订版实施前的那个夏天进入就业市场的。其他没有受到影响的人则认为，该政策所针对的是与他们无关的特定群体，比如"印度人"或他们很少感兴趣的"某些领域"的工作者。高中毕业七年后，这些年轻人开始跻身全球精英行列，他们都感到可以自由追求梦想，不受国界限制。

2020年，新冠肺炎疫情带来的经济挑战冲击美国的劳动力市场。许多美国人被迫无薪休假，数百万人失去了工作，还有更多的人无力抵御风险。[11]留在美国的精英青年也受到了影响。他们的旅行计划被打乱，忍受着各城市的封锁和宵禁，为歧视中国公民的言论感到恼火。不过，他们的经济状况依然良好。没有人失去工作，研究生们保住了经费，大多数人的工作和学业仍照常。克莱尔、凯风和托尼所在的公司解雇了部分初级员工，但他们三人保住了职位。

博士生们在经济上没有受到疫情的影响。乔、布兰登、李飞、浩辰和于朗继续不间断地进行暑期实习和研究工作。本研究中的部分青年在新冠肺炎疫情期间似乎过上了更好的生活。华婷离开伦敦，去到给她开出更好条件的美国公司。亚历克斯和赛琳娜都申请到了研究生项目。他们节省了学费，因为他们在普林斯顿大学的研究生课程转到线上，学费也降低了。总之，这些学生似乎对未来的就业前景并不担心。尤其是亚历克斯，他在我们的短信交流中写道："科技公司很早以前就鼓励居家办公。我们的情况（比其他领域）要好得多。"如果未来能够如愿以偿，那么亚历克斯、赛琳娜和其他人毕业后将会走上类似岗位，薪酬与发生新冠肺炎疫情前的时期相当。

2020届和2021届毕业生的就业结果略有不同。2020年春季，纽约大学取消了面授课程，明佳和丽丽回国了。两名女孩原本想留在美国，但由于没有其他选择，只得在那年夏天毕业后到北京工作。在我们的短信交流中，明佳说她"找不到合适的工作"，不得不接受两年前大学毕业时拒绝的那家公司提供的机会。丽丽在北京的暑期实习争取到了留用。但鉴于她之前说过实习是后备选择，这份工作对她而言并不理想。两个女孩都决心追求自己的目标，其中包括地域流动，因此她们都制订了可行的后备计划。在我撰写本书时，明佳对自己的选择持开放态度，正在寻找其他工作机会。丽丽计划通过教育回到美国，她表示，"可能会在工作两三年后通过攻读经济学博士学位回到美国"。2021年，温斌成功申请到布朗大学的博士项目，搬到了普罗维登斯。同年，诗颖和斯泰西分别从剑桥大学和哈佛大学毕业。两个女孩都曾希望留在美国或欧洲开始自己梦想的职业生涯，但后来分别接受了在上海和香港的工作机会。

并非所有学生都不愿回国。同为2020届毕业生的罗伯特原本打算留在美国,但疫情暴发后,他对美国的看法发生了翻天覆地的变化。在我们的文字通信中,罗伯特形容美国是个"鬼地方",并宣称中国人应该"逃离那里"。他欣然飞回北京,并在回国后几个月内通过了多项执照考试。罗伯特说,他没有计划搬回美国。作为一个从高中开始就悠闲自在的年轻人,他乐呵呵地在一家外企找到了自己喜欢的职位。只有少数精英青年因为其他原因回国。斯坦福大学社会科学专业的书桦在疫情暴发前开心地回到中国。[12] 当我问及她的决定时,她谈起了美国的竹子天花板和歧视,声称在中国有更好的长期职业前景。与此同时,书桦入职了一家欧洲投资银行,并未完全退出国际舞台。这些例子表明,虽然本研究中的大多数学生选择留在西方实现自己的抱负,但回国并不是实现这一目标的障碍。无论是暂时还是永久留在中国,都是他们追求全球精英地位的一个阶段。

成为全球精英的障碍

尽管被新冠肺炎疫情打乱了部分计划,但我所认识的学生们在学校和工作中总体表现良好。不过,并非所有的道路都是平坦的,他们在职业发展过程中也可能会遇到障碍和敌意。其中一个挑战就是中国学生被排斥在西方校园的社交圈之外。[13] 美国高校的社交活动往往通过派对实现,中国的精英学生却不习惯,他们倾向于在学习小组里交朋友。克莱尔说,她对耶鲁大学里的派对氛围很不适应，很快就在一个"亚洲人居多"，"充满不想参加派对的学生"的学院找到了庇护所。即使是那些愿意勇敢走出去的学生，后来也决定更多地跟其他国际学生或本国留学生交往。阿什利一度是全心全意接受西方校园规范的学生之一，她很高兴能与当地学生交朋友，在时尚、风格和品味方面尽力追随英国同学，经常参加学校的派对。阿什利觉得自己适应得很好，于是主动担任了下一届学生的顾问。然而，从大二开始，阿什利的社交媒体变成了她与英国朋友之间文化冲突（分歧和争吵）的记录地。到大学毕业前，阿什利感到已经"厌倦"了社交活动和无休止的派对。她退回自己的族裔飞地，静静享受着中国同学的陪伴。

种族隔离是这些学生面临的另一个挑战。出国学习的学生与当地学生的交往并不密切。他们都与其他中国学生住在一起，参加亚洲学生俱乐部，与其他中国学生一起旅行。这样的种族隔离在一定程度上反映了个人的选择；中国学生可能有相似的爱好，并选择与讲相同母语的人住在一起。然而，校内种族隔离也是一种制度性的惯例。[14]室友分配，尤其是新生的室友分配，通常由学校决定。所有出国的学生都被分配到了中国室友，可见这种模式并非个人偏好，而是制度隔离的结果。加入学生组织也与种族和族群有关。例如，克莱尔想加入一个舞蹈俱乐部学习舞蹈，但由于唯一一个接受初学者的俱乐部被贴上了亚裔组织的标签，她别无选择，只能加入亚裔舞蹈俱乐部。这些事实上的社交和居住隔离情况均表明，中国精英学生们在学校经历了一定程度的种族主义。为了应对这些挑战，他们可能会减少与当地学生的接触。

虽然人际交往没有所谓的正确方式，但一个人必须学习和适应主流群体的交往规范，才能争得较高地位。不习惯校园社交规范的学生往往被边缘化，无法与那些善于经营社交空间的同学建立牢固友谊。文化和种族影响下的课外爱好、活动和社交行为偏好会带来长期的影响。对于留学生而言，无论是精英还是非精英，这些差异都使其在校园中遭受基于种族和国籍的社交隔离。[15]

这些年轻人在精英岗位的起步阶段拥有良好起点，但这并不意味着他们以后的职业生涯会一帆风顺。他们也提到了工作中的社交及种族隔离。反思自己的生日聚会，托尼注意到了明显的种族隔离。具体而言，他发现虽然有些中国人试图融入非中国人群体，但局面会变得"非常尴尬"，中国人群体和非中国人群体一直分隔开来，直到派对结束。托尼的公司举行项目小组竞赛，会在续签合同时参考竞赛结果。考虑到公司的这一做法，生日派对就不仅仅是一个休闲聚会，而且是个交流的机会。中国青少年在社交聚会中受到的排斥和隔离会转化为人际网络障碍，可能会对未来的职业机会产生不利影响。

种族敌意和反亚裔种族主义也影响着精英青年从工作地点到未来计划的职业决定。面对不友好的种族环境，三位精英青年（书桦、茜珺和罗伯特）离开了美国和欧洲。精英青年为了获得更好的职业和晋升机会而自愿回国，这表明他们追求精英地位时并不天真。许多人认为留在西方会遇到障碍，于是选择离开那些对职业发展可能不利的环境。而新冠肺炎疫情暴发以来，种族与族群敌意愈演愈烈，另一些青年被迫改变人生轨迹。[16] 2021年，本研究中唯一自始至终保持学神身份的诗颖无奈地回到中国，在上海工作。被问及离开欧洲的原因时，她坦率地将其归咎于政府对中国公民所从事研究的打压：她的丈夫是名校的博士毕业生，实验室突然被关闭，并被勒令停止所有研究活动。他们返回中国，成立了一家科技公司。我问诗颖是否还想要到国外发展，她叹了口气。其他 2021 年毕业的年轻人也产生了被迫回国的危机感。[17] 这些事件表明，反华情绪会对精英青年追求高地位造成难以逾越的障碍与持久影响，即便最有成就的中国精英学生似乎也无力克服。

最后，"竹子天花板"是留在美国的中国精英青年面临的另一障碍。研究表明，亚裔美国人的职业起点很高，但在职业生涯中期却面临收入和职业发展受限的问题。[18] 亚裔人士在经营管理层代表不足的情况遍及各个领域。本研究中的许多年轻人主修生物科学和计算机工程，其中一些学生计划留在高等教育领域。尽管这些领域的亚洲人比例较高，但针对亚洲人的"微种族歧视"（racialized microaggressions）依然普遍。[19] 留在美国的精英青年将工作场所的歧视视为预料之中，到目前为止，他们尚能设法将种族的影响降到最低。而中期职业发展停滞仍是成为全球精英竞争中的一个重大障碍。精英青年正在开始了解他们的工作文化和职场等级制度，为了实现地位抱负，这些青年必须创造出新的策略来抵制职场歧视。

我长年跟踪研究的中国精英青年正处于人生历程的早期阶段。他们刚刚走上职场，许多人还在读研究生。到目前为止，这些年轻人已经取得了成就，但正如他们在高中时经历的坎坷一样，成为全球精英的道路上也是困难重重。反亚裔种族主义、对中国公民的敌意、职业生涯中期的停滞不前，这些都可能对他们的职业发展产生不利影响。然而，由于道路上的坎坷并非不可预见，精英学生在进行职业决策时往往会尽其所能绕过这些预期阻碍。我最近与他们交谈时，发现所有人都对未来持乐观态度，他们大多表示，如果种族和工作环境有所改善，他们愿意回到西方。种族或族群导致的限制是否或如何阻碍他们成为未来精英，仍是未来研究的重要课题。

中美学生选拔方式

教育被普遍视为一种区分社会经济阶层的工具。检视全球精英阶层的产生，会发现各国选拔和培养未来精英的方式并不相同。每个社会都是独一无二的，各国也都会采用其特有的教育选拔手段。这些差异往往决定不同国家中学生特质的价值和回报，进而影响全球精英形成的结果。

历史差异

考试和申请是两种常见的选拔方式。中国的高考可视为考试制度的典范，美国则采用申请制度，强调学生的"全面性"。[20] 高考与历史悠久的科举制度一脉相承，[21] 考试竞争之激烈，自古代诸王朝时期已相当可观。而随着人口的增长，竞争者的数量也不断增加。考试内容愈加烦冗深奥，学历出现通胀，官方考试的重要性也持续上升。[22] 面对重重挑战，精英子弟往往比非精英家庭的考生更有竞争力。在清朝，精英子弟通过科举考试的比例极高。1905年废除科举后，以考试为基础的选拔方式发生了暂时的改变。但这对原有的精英阶层影响不大，因为家庭背景（连同外貌和推荐信）直接决定了学校录取。民国时期，家境富裕的孩子更有机会考入北京大学的前身。新中国成立后，政府试图对社会不平等采取行动，尤其是在"文化大革命"时期，家里没有成员"被批斗"的无产阶层子弟更有机会得到推荐——那是进入顶尖大学的唯一标准。[23] "文革"以后，市场经济的崛起又重新引入了竞争性考试的文化。强调以考试为基础的竞争或许也会为国家发展带来好处，因为它让学生专注于个人的成功，阻止他们形成盲目、过激的学校集体认同。在此背景下，精英子女通过高考进入顶尖大学，获得了最大的教育收益。[24]

有鉴于此，中国教育工作者和学者大力支持考试选拔似乎是不难理解的。他们认为，高考将家庭对考试成绩的影响降到最低，是一种公平、高效的选拔方法，公众也支持这种方法。[25] 学生的信息被浓缩成一个数字，高校无法识别学生的背景。由于不存在"传承录取"（legacy admission）①，家庭无法利用其资源（如政治权力、经济资源、社会网络等）为子女争取入学。然而，尽管设立高考制度的初衷是尽量减少偏袒，其中仍存在家族财富发挥作用的地方。认识到精英子女所享有的系统性特权，21世纪以来，中国在大学选拔中引入了非考试内容，如面试和校长推荐。中国的教育工作者和专家希望缓解教育中阶层带来的不平等，呼吁政府干预，实现教育资源的均等化。他们实施了一系列教育改革，主要是加分和小组面试。[26] 然而，这些建议方案并非旨在废除基于考试的选拔，而是为了改良现有制度。因此，该制度仍以考试分数为核心，没有任何其他标准能超越考试分数在大学录取中的重要性。[27]

美国高校自19世纪末开始采用整体性的评估方法。[28] 起初，

---

① 传承录取指的是如果申请人的父母在某所大学读过书，那么申请人会被该大学优先考虑录取。此制度常见于美国的大学。

只有付得起学费的上层阶层才能上大学。入学要求很低，高度重视体育能力。自从开放女性学生入学，兄弟会与姐妹会都组织联谊和舞会，作为中上阶层学生寻找门当户对伴侣的平台。[29] 20世纪初，随着各级教育的发展，情况发生了变化。[30]大学开始面向全国招生，不再只为本地精英提供教育。随后，正式的招生考核和考试被用来筛选不断增长的申请群体，但旧标准始终与之并存。譬如，由于犹太学生的申请人数众多，学业成绩具有优势，顶尖大学便会强调学生的阶层背景，具体体现在礼仪、人际网络、传承等方面。[31]有体育特长、参与宗教或艺术活动的学生更受高校青睐。公立高校很快也出现类似发展趋势，效仿私立院校，重视橄榄球、兄弟会和美国大学理事会（College Board）考试。[32]虽然考试也很重要，但大学淡化了学业成绩，强调那些对学生家庭和周边社区有吸引力的公共活动。20世纪中期的历史事件尤其是美国的民权运动，也将美国与中国区分开来。民权运动的一个重点是让弱势人群更容易被录取，例如减少对文化资本的要求，或将体育运动当作少数群体进入大学的重要途径。[33]美国教育工作者特别关注少数群体和底层民众遭受排斥的问题，这些发展普遍得到学校教师和行政人员的支持，他们希望能为社会融合提供一条和平途径。[34]

鉴于上述发展，美国的教育者和学者认为美国高等教育应采取申请制，声称该制度承认智力的多样性，以努力为基础，鼓励学生的积极性，发挥了美国社会的多元文化特性。[35]此外，他们也强烈批判考试制度，声称标准化考试有歧视性，提供的学生信息有限，不能反映学生的多样性，也不能培养出更高层次的思考力。[36]当然，也曾有一段时期，学术成绩受到更高的重视。[37]有学者曾提到，为学生提供课后辅导的教育机构有所增加,警告说美国青少年面临的考试竞争越来越激烈。[38] 大学招生官也试图招收成绩最好的学生,最大限度地提高新生的 SAT 平均分。[39] 不过,大学招生改革的主流方向与此相反。越来越多的大学将 SAT 高分视为非必要条件,有些高中也取消了最优秀毕业生的荣誉。[40] 这些都是大学录取标准中淡化考试成绩的例子。

简而言之,中国有一种以全国考试决定精英地位的路径依赖传统。相比之下,美国的学校在 19 世纪末更注重竞技体育、社交聚会、兄弟会、姐妹会和婚姻市场。没有一种教育选拔方式是完美的,各有优劣。然而,选拔的结果却大体相同:选拔出未来的精英,使其为登上精英地位做准备。无论政治体制如何,无论录取标准在不同时期有何变化,家庭背景始终是影响儿童教育成果的关键。在这些发展和改革的过程中,两国的精英阶层有力地影响着教育领域,制定了高等教育机构选拔学生的规则。考虑到每个系统内部的变化,两国精英阶层能够长期保持极大优势也不足为奇。

精英特质的价值判定

在各个国家里,高中所看重的活动都与本国高校的相似。中美学生经历着不同的教育体制和选拔方式,他们将建立不同的地位体系,以不同的方式为竞争全球精英地位做好准备。在中国,顶尖的公立高中尽一切可能帮助学生在考试中取得优异成绩。北京的学校与学生都对考试分数高度重视,这很可能是全体学生目标专一地应对地位体系之争的必要条件。在美国,为精英大学输送上层阶层学生的私立中学在提供考试培训的同时,也提供文化剧目、体育运动和交际舞的培训。[41]公立高中也进行了一系列改革，通过舞会、比赛等集体活动强调社交融合。[42]多元标准对考试起到了补充或超越的作用，使学业成就的重要性降低。美国学生的注意力并不被考试成绩主导，其地位体系也就不太可能像中国那般强调学习成绩。[43]

精英特质的价值依具体情况而定，每个国家都会向学生灌输在其社会中受褒奖的知识和行为。一个国家所珍视的特质在其他国家可能得不到同等的回报，因此，中国的某些规范可能并不利于其精英青年参与全球竞争。譬如说中国教育相对缺乏课外活动，这些课外活动本可以帮助学生在学业中取得成就。[44]中国精英学生注重学习，甚至不惜放弃课外活动，这在中国的教育环境中得到了认可，初入职场时似乎也不会造成阻碍。而根据美国体制，学习之外的兴趣与经历未来会给孩子们带来优势，无论是在工作机会还是晋升方面。[45]不去培养孩子的非学业能力在中国可能是一种常态，但在美国并非如此，美国中产阶层及以上的家长会为孩子从小培养课外能力。[46]而这些带来高回报的个人特质，往往是家庭长期培育的结果。因此，缺乏美国社会所看重的特质的中国精英学生无法在短时间内获得这些技能。

美国学生和中国学生之间存在着不可调和的差异，但中国精英学生还是能被美国顶尖大学录取。那么，中国学生的哪些特质受到了美国高校的重视？一种可能是，他们优异的考试成绩符合招生官提高每届新生平均考试成绩的目标。[47]通过录取这些得分最高的学生，大学提高了新生整体的 SAT 成绩和 GPA。这表明，国际学生的录取标准与美国国内申请者的不同。换句话说，虽然招生官在挑选美国学生时强调多样性和全面性，但他们并不把中国申请者视为全面的个体，而是主要通过数字（考试分数）来评估中国申请者。然而，对这些学生来说，被定性为本质上不全面者终究是弊大于利。在《学生公平录取组织诉哈佛校长与教职员案》（*Students for Fair Admissions v. Harvard College*）中，哈佛公布了其申请评估标准。这些经过编辑的法律文件及其他大学的报告显示，亚裔申请者在人格特质方面的评分普遍较低。[48]

顶尖大学的录取决定就像一个黑箱。很少有人能接触到决策过程，更不用说对其进行研究了。考虑到美国招生官的偏好和评估标准相当不透明的现实，那些没有接受过全面训练的中国学生在申请美国大学时会处于不利地位。

另一种可能是，中国精英学生可能因为有能力支付全额学费而被录取。他们的财富在毕业后仍有价值，因为排名靠前的大学会与校友建立联系，而校友则会支持和捐助母校。在奖励来自"合适"家庭背景的学生的过程中，顶尖院校为来自中国和世界各地的国际精英学生提供了相当多的录取机会。

还有第三种可能。无论制度和培训如何不同，世界各地的精英学生可能都具有相似性。考虑到各国的培训、侧重点和录取标准不同，这种解释似乎有悖直觉。教育者们认为，考试选拔不同于申请选拔，前者过分强调死记硬背，损害学生的积极性，使其对学习产生排斥，压抑了创造力。然而一些证据表明，考试制度下的学生其实具有很强的创造力。2012年，PISA对学生创造性解决问题的能力进行了评估。新加坡、韩国和日本都实行以考试为基础的选拔制度，平均得分最高。而素来以高度追求考试成绩而被民众批判的中国上海，[49]也排名靠前。[50]重要的是，正如我在本研究中所发现的，中国的青少年精英是积极主动的学习者，他们会主动学习学校所教以外的知识。品学兼优的学生以"把老师挂黑板上"闻名，这说明名校的精英学生被培养成了独立思考者。大鹏接替老师讲解试题的案例表明，至少有一部分学生有着极其强烈的求知欲，并不满足于死记硬背。这些例子共同表明，考试制度下的学生也可以是有创造力的个体、独立的思考者和积极的学习者。

社会也有可能向不同制度转变。美国的学校有时会向中国的制度靠拢，中国的学校也在借鉴美国的学校制度。全球社会的精英地位与国家之间的等级排序有关，而中国正日益被视为强大的一方。[51] 除此之外，不同国家学生人数的规模也很重要。世界各地践行考试制度的精英学生纷纷涌入美国顶尖学府，美国的精英学生们有一天可能会发现，学业已成为他们的主要竞争领域。事实上，随着亚洲人的大量涌入，美国高中的种族等级体系已经被以学习成绩为基础的地位体系取代。[52] 照此模式，也许有一天，美国的学生会面临与本书所述相似的地位体系。在这种情况下，中国精英学生的经历可以为美国青少年提供参考。

最后需指出的是，从全球范围来看，中国的考试制度并不独特，反倒是美国对"全面发展"（well-rounded）学生的重视异于他国。尽管中国的教育体制可能对许多人来说很陌生，但经济合作与发展组织中约有三分之二的国家以考试决定升学。[53] 许多西方国家在大学选拔中也强调学业成绩。加拿大学生根据高中 GPA 来竞争大学入学资格。在法国，大学校根据学生的考试成绩进行排名和录取。自 1947 年以来，英国一直使用考试分数来选拔儿童接受中等教育，其依据是，基于考试的选拔为出身贫寒的儿童提供了更多向上流动的机会。[54] 换言之，考试选拔中的所青睐的学生特征，如耐力或专注力，很可能具有相当普遍的价值。

"才"又如何？

教育体制为精英阶层学生赋予了特权。美国目前的高等教育选拔形式植根于对精英阶层的制度保障；而中国的教育制度则无论社会怎样改革，精英子女都能受益，[55] 这表明两种教育制度都没有完全兑现"选人唯才"的承诺。[56] 美国研究者在探讨精英选拔未能实现选人唯才的问题时，强调了精英和非精英学生在学校教育环境、家庭资源，尤其是在日程安排、课余活动和学校体系文化知识等日常经验方面的差异。然而，中国的例子表明，即使各社会阶层学生的日常安排和活动保持一致，真正的选人唯才教育制度仍然无法实现。问题或许出在体制内部，即对考试分数的关注转移了对"才"的关注，掩盖了考试制度中"才"的缺失。当分数成为学生关注和同伴竞争的焦点时，学生们就只关注彼此的考试成绩。由于周围的同学每天都在做同样的事情，精英学生无法认识到他们在整个求学过程中享有的特权。他们没有意识到，丰富的资源、受过高等教育且知识渊博的父母，以及仿佛无上限的家庭投入，都是阶层带来的优势。在很大程度上，考试成绩取决于阶层资源和家庭背景。一轮又一轮的考试选拔后，学生们升入的学校愈来愈同质化。[57] 到了高中，学生们几乎不会与来自不同社会经济背景的同龄人交往。顶峰中学、首都中学、中央中学、高地中学、欧米伽中学等北京顶级高中的精英学生众多，但来自工薪阶层的学生寥寥无几。在这样的环境中，精英学生对其独享的阶层特权和制度中的不平等更是视而不见。

学生们无法发现基于阶层的不平等，也就不会费心关注此事。天生才能论直接将一个人的考试成绩和地位归因于个人能力，掩盖了家庭背景的重要性。精英学生相信天生才能，因此无法认识到，没有类似家庭优势的非精英学生不太可能获得高分，他们往往必须付出极大的努力才能取得与精英学生类似的分数。[58] 天生才能论的解释将无法取得高分的责任归咎于社会经济条件不利的学生本人，并暗示这种差异是自然的、不可逆转的。因此，提出这一论点并为之辩护的学生也在积极为不平等现象辩护。关键是，学生将考试成绩归因于天生才能，不仅造成了一种虚假的优越感，还有可能加剧社会不平等。譬如，有能力接受西方高等教育的精英学生可能会把新思想和新技能带回中国（如果他们回国的话），而在国内上学的非精英学生则没有这样的机会。学生们用"天生才能"的解释来为社会固有的不平等辩护，看不到自己的优势和等级地位乃是不平等的结果。

人是会变的，对何为才能的看法也会变。人们的态度和价值观不会一辈子保持不变，精英阶层对地位区分的辩护也会随着年龄的增长以及个人与环境的互动而改变。[59] 然而，高中阶段的学生专注于其校内地位，同时对未来有深刻的认识。青春期是连接童年与成年的重要环节，这一时期为青少年打开了通向未来机会的大门，并对他们的未来产生了重要影响。虽然时间确实会带来改变，但人在青少年时期形成的行为方式和价值观往往预示着成年后的习惯和观念。[60]青少年时期将天生才能等同于才能的习惯可能会持续到成年，并在之后长期影响人们的行为。

中国精英学生的天生才能论与未来社会和全球的不平等现象有关。这些学生将自己视为未来全国乃至全球的社会经济精英。成绩最优者的起步薪酬更高，职业起点更为有利，也更有可能成为权贵。他们在西方就业市场上游刃有余，即使在经济衰退时期失业率创下历史新高的情况下，也能找到工作。如果本研究中的精英学生有相当大的可能性成为未来的精英，那么他们对地位的认识和应对社会等级制度的方式，将可能对中国及全球社会产生影响。具体来说，如果未来的社会经济精英认为穷人或受教育程度较低的大众是由于先天不足才变得处境更差，他们就不太可能对全球日益加剧的不平等现象提出异议。他们制定和支持有效扶贫政策、财富再分配政策或其他旨在全面缩小不平等的改革政策的动力也可能十分有限。从全球社会来看，许多学者和政治家都认为中国是一个正在崛起的经济政治大国。如果中国未来的精英认为欠发达国家理应贫穷，那么国际社会就无法预期中国在援助这些国家方面发挥强有力的作用。他们会认为，与其主张更大程度的平等，向中国人提出其他激励措施才是明智之举。

这并不是说精英将不可避免地助长和加剧全球不平等。有迹象表明，社会平等的未来可能并不像研究结果所暗示的那样暗淡。许多精英学生参与了大量的社区工作。即使是出于自身利益的考虑，他们也与中国的农村学生进行了互动，而这些学生大多来自经济发展水平相对落后的地区。亲身经历让精英学生了解到社会另一端的生活，或许能促使他们设计出有效的解决方案来帮助当地社区。此外，在日益不平等的社会中，一些精英学生对其基于阶层的特权持高度批判态度。2017年的北京市高考状元就是一个例子。在一次采访中，记者询问高考成功的秘诀，这位年轻人毫不犹豫地将自己的高分归功于家庭背景："衣食无忧，而且家长也都是知识分子，而且还生在北京这种大城市。所以在教育资源上享受这种得天独厚的条件……现在的状元都是这种，通俗来讲，就是家里又好又厉害的这种。"[61]

这名学生认同社会学对考试成绩的解释，他在高分精英学生中可能只是个特例。即便如此，与同龄人采用的天生才能论相比，这一观点总算是个替代视角。国家电视台播出这个采访片段，网民在互联网上分享这个片段，就好比在水中投下一颗石子，激起层层涟漪，也许随着时间的推移会影响到其他精英学生，带来朝向社会平等的变革。

中国新一代精英

青春期是学生了解自我、憧憬未来的时期。正是在这一时期，学生们掌握了各种技能和知识，帮助他们在不可预知的未来中前行。然而，青少年实现理想的能力和帮助他们成功的可用资源并不相同。精英子女在其父母的大量投资和充分支持下，有足够的自由去实现自己的梦想，障碍极少。他们自由地跨越国界，与背景相当的同龄人生活在一起，失败对他们的影响微乎其微。

这些青少年的生活以独特的方式展开。据统计，并非每个精英家庭出身的学生都能成长为精英。同一所学校的精英学生走出校园后的经历大相径庭，这与他们的在校地位有关。建民（学弱）在东京找到工作后东山再起，但他的成就比不上在华尔街工作的学神和学霸。晓龙（学渣）以自费生的身份乐观地申请了研究生项目，但他的梦校与那些成绩优异者进入的顶尖博士项目相比，排名要低得多。随着时间的推移，学生们的抱负发生了变化，对自我实现的规划也有所改变。[62] 这些例子表明，精英地位再生产的过程和结果是千差万别的。

但是，这些差异和个人独特的经历不应该转移我们对精英学生在地位再生产中的竞争优势的关注。除了决定其地位的社会经济资源之外，他们还对决定彼此在社会中相对地位的潜规则心知肚明。在这个以一系列潜规则为基础的世界里，基于阶层的能力带来了实实在在的好处。精英学生从这种训练中获得回报，因为他们所处的体制和机构，尤其是教育机构和就业市场，都是根据这些特质来选择成员的。托尼、特蕾西、大鹏、于朗等成绩优秀的学生在追求人生目标的过程中有着相似的人际交往风格和轨迹。成绩较差者如建民、家齐、罗伯特和莎拉，也经历了类似的重大事件。这意味着，除了可衡量的成绩外，学校中的人际交往对他们的未来也具有决定性的重要意义。

中国人和其他国家的人一样，倾向于抵制高低贵贱的分类。被问及此事时，很少有成年精英承认自己地位很高，大多数人认为自己属于中产或中上层。[63] 然而未来的精英，或者说那些预备精英，从小就敏锐地意识到自己的地位。虽不使用学者们用来描述他们的"精英主义"或"区别"等术语，但他们很容易识别出地位的差异，并将其与未来的社会地位直接联系起来。通过接受他们身处的地位体系，精英学生们学会将人划入不同的地位群体，从而维系不平等社会。这些精英青年无论身处何方都会为与地位相关的互动模式辩护，从而学会了将中国乃至全世界的社会不平等合理化。

探究中国精英青年的案例为理解全球社会提供了一套表述方式，聚焦于当今精英群体的聚合力，以及各国培养富裕青年参与全球竞争的独特方式。在这个相互影响日益深刻的世界中，精英的聚合力将不同社会联系在一起，出身及国籍各异的精英以错综复杂的方式紧密相连。从全球层面理解地位再生产，要比把精英的形成看作单个国家内部的过程更为准确。掌握各国及不同教育体系所重视的技能和能力对人们证明和维持其高地位至关重要。接受这些技能和能力的培训是一种独特优势。由于这些过程是通过微观层面的互动形成的，大众往往对此并不知情，基本可以说是毫无概念。如果能更多地了解精英青年复制其父母高地位的方式和机制，全球社会将变得更好。只有这样，社会才会认识到，在促成新一代全球精英形成的过程中，我们都起到了一定作用。

附录 A

何为精英？

人们对精英地位的定义往往有争议，在最佳实证测量标准方面也鲜有共识。经典研究通常将精英定义为拥有权力和支配地位的人。[1] 但也有人认为，精英并不局限于经济政治领域的掌权者，而是存在于所有领域，这一研究思路采用了更为宽泛的定义，对多种类型的精英予以承认。还有学者认为，精英是在竞争中取胜的人，包括奥运游泳选手、在数字网络空间拥有众多粉丝的账号持有者，以及学术界人士。[2] 另一种主要方法以社会经济中的较高地位定义精英，综合考虑收入、财富、教育、职业等指标。个人获得精英资格的确切界限差别很大，有的方法侧重于财富排名前 0.1% 或 1% 的人，或家庭收入排名的前 5%。[3] 但对另一些研究而言，在代表性样本中很难找到足够多的案例，因此精英的定义往往过于宽泛，例如将家庭收入前五分之一的都包括在内，也包括了中产阶层或中上层阶层的成员。[4]

青少年精英同样难以定义。有关精英教育的研究通常强调学生的社会经济背景，但也存在其他相互竞争的定义。一般而言，精英地位是通过所在院校或个人学业成绩来衡量的。这两种衡量标准构成了一个维恩图。根据前一种标准，就读于竞争激烈（如常春藤盟校录取率高达30%）的高中的就是青少年精英。根据这一定义，成绩较差的学生如果有成功的同学，即便自己并未被名牌大学录取，也会被算作精英的一分子。后一种定义则侧重于学生个人的学习成绩，因此，来自工人阶层的学生会因成绩优异而被视为精英。[5] 第三种方法是通过学生是否以及如何表现出排他性和自我区分来研究精英地位，这种观点借鉴了布尔迪厄的区分理论，强调了文化剧目在标明群体界限方面的作用。[6]

精英地位的衡量标准也视具体情况而定。考察中国精英的研究通常采用与美国经典研究类似的定义，侧重于该群体的政治或经济影响力。[7] 考虑到中国巨大的城乡差异，一些学者主要关注政治权力而非经济层面，这为他们提供了认识农村地区地位和支配权的工具——在农村地区，当地领导者在其社区中发挥着相当大的影响力。[8] 然而，尽管政治领导者无疑占据了中国精英研究的一个重要方面，但经济影响力也日益塑造着中国人对精英的想象。有人曾提出其他的精英评判标准，其中包括拥有特定地区的户口。获得北京、上海、广州或深圳的户口往往是进入精英阶层的先决条件。[9] 由于户口与社会保障和福利挂钩，对户口的强调实际上指向了精英阶层的社会经济定义。在中国，教育可以说是精英身份最重要的标志之一。受教育程度在历史上与政治和社会经济权力息息相关，尽管经历了社会动荡和革命，受教育程度的重要性却从未动摇。[10] 换言之，在中国，要想获得社会经济精英地位（或某种程度上的政治精英地位），就必须同时拥有较高的受教育程度。

在强调教育成果的背景下，有关中国青少年的研究通常将精英地位等同于个人或院校的顶尖学习成绩。然而，不同地区对精英成绩水平的要求也不尽相同。任柯安在研究以纺织业闻名的山东省邹平市的学生群体时，将黄山中学的学生算作精英。[11] 2015年，该校报告称，全校约有26%的学生上了一本线，这一比例在全省名列前茅。然而在北京，这一比例只能算是非常低，在我研究的北京重点高中，99%以上的学生都能上一本线。

相比之下，高等教育中精英与非精英的区分要简单一些。政府会宣布一些"工程"，列出未来几年将获得政府重点资助的特定大学。[12] 这些项目为判定精英高校提供了便捷的途径。由于这些政策有政府支持，学者们可以将名单上的所有大学都视为精英院校。[13]

虽然那些强调具体情况具体分析的定义更可取，但在中国，在定义精英时只关注教育成绩，并不能明确回答中国在全球精英竞争中扮演何种角色。中国的地区差异很大，对精英的统一定义会导致不同地区和不同研究对"精英"高中和"精英"青少年的客观衡量标准不同。经济发达地区（如北京或上海）的精英青少年与相对落后城市（如邹平）的精英青少年相比，可能会有不同的经历。

在上述不同地区，精英地位的标志往往不同，成功进行精英地位再生产的意涵也不同。此外，欠发达地区的精英学生是否也有类似的行为和对全球竞争的洞察力，目前尚不清楚。

在本研究中，我将全国收入前10%家庭出身的学生定义为精英。为了保证清晰，我把学习成绩优异的学生和学校称为顶尖学生和顶级中学。这个定义从根本上说是一个社会经济定义，在现有的精英研究中被广泛使用，既考虑到中国过去几十年社会经济的快速发展，也考虑到全球精英竞争的最终目标。富裕家庭承认的收入往往比实际少，他们的"灰色收入"可能非常可观。[14] 我怀疑受访者少报了家庭收入，这部分灰色收入可能是所报告收入的数倍之多。尽管如此，本研究中受访家庭所报告的收入中位数还是约达中国城市三口之家收入最高 10% 的两倍。[15]

我还将他们报告的收入与其他指标进行了比较。其中有一项：除一位家长外，其他所有家长都表示有能力全自费送孩子到美国私立大学就读四年。我还请老师确认了学生家庭的社会经济状况是否良好，由于教师们掌握着学生家庭背景的详细保密信息，他们的观点增强了我的信心，即本研究中的家庭确实属于中国社会经济精英。[16] 我没有系统地询问学生家庭的财富情况，但大多数家庭在北京拥有两套或两套以上的公寓。有些学生后来透露，他们的父母在其他省份也有资产。

以社会经济富裕程度来定义的精英家庭，往往还具有许多其他共同特征。除了收入很高之外，本研究中的家庭在很多方面都很相似。他们的父母年龄相仿，都通过极高的教育成就实现了向上流动。[17] 这些家庭的父母在 20 世纪 80 年代末基本都上过大学，在当时的中国人口中属于受教育程度最高的 1%~2%。他们中许多毕业于北大、清华，部分拥有研究生学位，少数甚至有国外交流经历。这些家庭在国内收入极高，也意味着其生活阶层相近。在 28 名学生中，除一人外，所有学生的父母中至少有一人是高层管理者或从事专业工作。这些家庭的部分特征与我选取的抽样库有关。有三分之二的家庭有成员隶属于军队或在政府部门工作，原因是我所研究的学校要么靠近军队驻地，要么附属于顶尖大学。最后，我的田野调查是在北京进行的。当然，本研究的所有参与者都有北京户口，他们有资格在北京居住并接受教育。[18]

简而言之，我所跟踪的精英青年的父母通过教育成功实现了向上流动，并期望他们的孩子进入顶尖大学，以此作为迈向未来精英地位的第一步。这些孩子是第一代以地位再生产而非向上流动追求精英地位的人。同时，他们也是在经济改革、没有革命和运动、与世界紧密相连的中国成长起来的第一批人。作为全球精英地位的中国代表和竞争者，他们渴求在国际上获得认可。

附录 B

方法论

针对精英阶层的研究比较少见。学者们少有机会进入精英阶层的领地，更不用说长期驻留。此外，中国也是非华裔（或非白人）研究人员难以涉足的地域。我通过家庭朋友获得了进入学校的机会，他们为我争取到了不同程度的机会。我能否进入学校主要取决于我的"担保人"与校方人员之间的关系。关系越密切，我的自由度就越大；担保人的学术地位越高，我遇到的限制就越少。我在首都中学和顶峰中学的担保人都是中国的院士，其中一位是校长的大学同学，另一位是数学老师的研究生导师。这两所学校允许我进入教室（前提是班主任同意），并允许我自由地与校园里的任何学生交谈。而在中央中学和高地中学，我没有那么强大的关系网，只能够与个别学生交谈，但不能进行在校观察。除此之外，运气和时机也很重要。在我开始实地考察时，欧米伽中学正在接受审查，叫停了校园内的研究活动。我通过朋友和室友的介绍认识了欧米伽中学的学生，与学生的会面也是在校外进行的。[1]

2012 年，当我进入首都中学和顶峰中学时，曾明确我的研究兴趣在于具有富裕精英背景的学生。老师和校长向我介绍了8名学生，他们都在不同的班级，是我的关键信息提供者，我通过他们认识了其他学生。老师们后来表示，在选择学生时还增加了其他标准，如交际能力和较高的成绩，"以维护学校形象",[2]这意味着我的主要信息提供者基本在学校地位较高，可以作为理想的代表。老师所选择的亦是那些可能从参与研究中获益最多的学生。[3]由于介绍的学生确实都是社会经济精英，所以我并不反对他们的决定。通过跟随这些关键信息提供者，我在首都中学和顶峰中学的8个教室进行了15个月的观察。我在每间教室的观察时间最多5天，每天8~15个小时。作为民族志研究的一部分，我还经常与学生一起吃饭、闲逛，参加学校的各种活动，如家长会、教师会议和学生会议。

  与学生们建立良好关系后，我邀请了28名我比较熟悉的学生进行了深入访谈，并在他们高中毕业后进行了后续访谈。我还请他们向我介绍最亲近的老师和主要监护人。我采访了13位老师（教19位学生）和19位家长（18位学生的家长），总共进行65次访谈，平均每次访谈用时约90分钟；后续访谈时间较短，平均30分钟。老师和家长对我的认可无疑与我的教育背景有关。常春藤盟校背景帮我赢得了老师们的信任，也促使家长们接受他们的孩子参与我的研究。有趣的是，我究竟读的哪所藤校显然并不重要。在我进入首都中学一年后，副校长和聂老师仍然称我为"哥伦比亚女孩"，尽管我已经说明我在宾夕法尼亚大学。成绩优秀的学生的家长允许我跟随观察他们的孩子，是因为他们的孩子提出了这个要求，而且我来自一所排名靠前的大学。成绩差的学生的家长同意他们的孩子参与研究，明确表示希望我能对他们的孩子产生"好的影响"。学生地位也是决定成人是否参与访谈的一个因素。许多家长对接受访谈犹豫不决。在这种情况下，少数成绩优秀的学生，特别是那些与我关系较好的学生，能够帮忙说服他们的父母接受我的采访。[4]

家庭观察很难进行，对精英家庭的观察尤其如此。这种观察具有侵扰性，因为研究者入侵了参与者的私人领域。对高三精英学生进行家庭观察尤其困难，不仅是因为精英家庭通常对外人有所防范，还因为高三正是学生及其家长面临大学申请和考试压力的关键时期。在八名关键信息提供者中，我对三名男生和一名女生进行了家庭观察。我对三个男孩的家庭分别进行了两到四次观察，每次大约三个小时。女孩的母亲则邀请我在家里住了四天。这位母亲对我的研究异常支持，因为正如第一次见面时她告诉我的那样："我女儿在美国做交换生那会儿，她的寄宿家庭对她非常好。现在轮到我来回报来自美国的人了。"这表明，我能让她允许我进行家庭观察是出于运气，是一个例外，证明观察精英还是普遍有难度的。

我从媒体和社交网站上收集信息，作为民族志研究和访谈的补充。中国的高校招生统计数据、政府的政策变化通知、中学的录取结果、大学的录取结果通常都是公开的，并且包含学生的身份识别信息。我利用这些资源来核实学生报告的考试成绩。[5]我还从高中出版的报纸、教育杂志和书籍中获取信息，这些出版物大多在介绍学生的成绩和学校的历史。这些来源共同为我说明学校如何展示其全国顶尖的自我形象，以及学生如何讲述学校生活和升学准备。

2014年，我搬离了北京，但在学生们上大学、读研究生以及进入职场后，我都继续去看望他们。保持联系很容易，我们用微信和iMessage发消息。我给他们寄生日贺卡，并尽可能多去拜访他们。虽然在线信息很有用，但面对面的交流才是维持我们关系的基础。学生们分散在不同的国家，我一旦去到当地，定会去他们的大学或办公室看看。学生们会回国休假，于是我大部分寒暑假仍在北京度过。他们中的许多人也会到费城或台北看望我。我去拜访的学生经常会主动空出时间和我叙旧，叫上同一所中学的其他学生一起聚聚。并不是每次拜访都很顺利，有一位女生就很难联系上。在我们最初几次预定的会面中，我人到了机场或火车站，却收到她的道歉信息，说临时出国度假去了。后来，我学会了随机应变，当我碰巧与她在同一个城市时，就能和她见面。总之，他们高中毕业后，我与 28 名学生中的 27 人平均每人见了两次面。刘潘是唯一一个不再联系的学生。不过，我还是通过社交网站和她的高中同学了解到了她的行踪。见面频率的差异从几乎每年一次（如斯泰西和诗颖）到高中毕业后七年才见一次（如华婷和刘军）不等。我还见了不在这 28 人以内但相熟的学生（晓龙、思年、萨曼莎、莎拉和马克）。我们有时进行一些轻松愉快的活动，如聚会、共进晚餐、参观城市，有时也会严肃讨论，接近于咨询谈话。表 A1 列出了这 28 名学生的大学录取结果、高考或 SAT 分数，以及截至 2019 年的职位信息。

研究者角色

刚进学校时，老师向学生们介绍我是"姜老师"，暗示我将处于权威地位。然而，学生们很快就知道我对他们无权也无威，迅速改叫"姐姐"。他们很乐意和我谈论各种话题，向我吐露不与老师或家长分享的秘密，因为他们知道可以信任我。学生们和我分享谁喜欢谁、谁和谁谈恋爱、谁因为什么原因分手这类八卦。他们告诉我要遵守学校的规章制度，比如警告我不要在教室里用手机。很多时候，学生们甚至试图把我纳入他们的地位体系。我是常春藤盟校的博士生，便类似于一名学霸。然而，我从未在地位体系中得到提升，可能是因为我到北京做研究，和他们一起上课，这也算努力的表现。我在地位体系中甚至处在向下流动的边缘，因为他们的大部分试题我都答不出来，英语单词也会拼错。当我的表现与所谓的地位不符时，学生们就会为我找借口，比如"你是故意犯错的""你已经高中毕业十年了"。看着学生们费尽心思地把我归入一个地位组，然后为我的表现不佳辩解，着实有趣。

我对男女学生都很熟悉。尽管如此，我还是体验到了符合当地习俗的不同程度的亲近感。男生们对接受我的观察很感兴趣，争先恐后地参与我的研究，但最初的热情在第三天后就逐渐消退了。例如，布兰登曾问我他是否可以提前结束观察；家齐在休息时间试图用"去男厕所"来摆脱我。女生的情况则恰恰相反。一开始，女孩们似乎对我的跟随感到不自在，但到了第三天，她们已经习惯了我的存在，无论走到哪里，她们都会等着我加入。正如丽丽所说："有这个人在（我）身边跟着，其实挺好玩的。我还以为会很奇怪，没想到还挺好玩的。"田野调查结束后，我和学生们的关系变得相当亲密。丽丽经常挽着我的胳膊一起走，门卫都没注意到，就直接让我们走进了高考考场的大门。布兰登得知我在北京待了一年，"除了学校哪儿也没去"，便安排我到当地景点进行后续采访。这种亲近感一直持续到学生们读大学之后。我去特蕾西的大学看望她时，我们一起坐在草坪上聊天。聊到中途，特蕾西躺了下来，把头靠在我的肚子上，谈起了她的梦想和未来计划。在另一次拜访中，晓龙曾对我拥抱问候，此行为在中国男士中很罕见。这些都是我在这段民族志研究经历中的精彩瞬间。

我还与老师们建立了友好关系。要进入学校，我必须让老师在校门口签字。龙老师和胡老师把我当作他们的学生，只要有时间，就会来帮我进入首都中学和顶峰中学。其他老师，如首都中学的汤姆和顶峰中学的吴老师也帮我进过校。并非所有老师都知道我的研究活动。首都中学和顶峰中学都是模范中学，经常接待前来观摩教学的来自其他省份的教师团体。我在课堂上的出现对教师在课堂上的表现影响甚微，因为许多不认识我的教师把我当成了络绎不绝的来访者之一。学校里不认识我的上级领导则认为我是一名学生。在我获得访问权后，首都学校换了新校长（刘校长）。我在校园里多次遇到他。在国内部碰见时，他还向我问起高考准备得如何。在国际部见到我，他又问我被哪所美国大学录取了。开始几次，我解释说我是一名研究人员。后来我简单地回答了一句："挺顺利的。"然后他就会点点头，笑着说"很好"，背着手走开，和我一起走的学生们都掩嘴偷笑。

在学生们的父母眼中，我属于小辈。家庭观察期间与他们共同出行时，父母有时会说我长得像他们的孩子。诗颖的母亲多次开玩笑说我们看起来像母女，比如在考点外等待诗颖时，以及我陪她去购物时。这种代际关系可能会导致一些家长拒绝参加访谈或采取指导性口吻。然而，这种关系也为我提供了去学生家做客的通行证——我作为学生的朋友受到了欢迎。这些关系在学生高中毕业后仍在继续。我之后去北京时，一些家长也加入了我与他们孩子的会面，向我问好。

田野的挑战

由于记者的批评和之前的袭击事件，中国高中对外来人员的警惕性相当高。留在学校比我想象中要困难得多。获得观察许可并不等同于拥有机构隶属关系，因此我仍然需要学校老师签字才能进入校园。也就是说，只有教师亲自到场，我才能进入学校。最初几个月很麻烦，但后来保安们认识了我，不再要求我出示证件和教师担保。人事变动也带来了一些挑战，曾经帮我进入学校的网络后期已不复存在。有时，这些变动由熟悉我的老师来处理。胡老师是高年级组的组长，他在允许我进入顶峰中学的校长被撤换后，延长了我在顶峰中学调查的期限。在一些情况下，由于我失去人脉，至少有一所学校撤回了之前授予我的访问权。

由于我是来自美国大学的研究人员，又是台湾人，为了保持与学校和家庭的关系，我格外谨慎。在我去北京之前，大陆的朋友和学者都提醒我注意言辞，因为"有些人可能会密切关注我的研究活动"。我并不认为自己的课题有任何政治色彩，我的研究、我的背景和我本人都没有给我带来任何问题。偶尔有学生问我在两岸关系上的立场，我也会借此机会让他们了解我的家族迁移史和台湾的省籍矛盾。可以理解，家长们在与我交往时非常谨慎。有些人要求我不要让任何人知道我去过他们家，担心这会对他们的事业产生不好的影响。考虑到首都中学和顶峰中学都有相对较多的军人家庭，我推测这些家庭对与外来人员接触的普遍谨慎可能是一些家长拒绝参与研究的部分原因。

与精英学生建立和保持关系也需要付出努力，用心经营。虽然我已观察到很多学生表现出精英特权，但自己作为接受方，总感到有些挑战性。有一名女生理所当然地认为外出就餐或看电影时应该由我买单。有些学生认为自己有资格对我的品味和身材形象提出建议。这包括一些无伤大雅的建议，比如特蕾西建议我穿短裤，但也有些相当具有侵犯性。田野调查开展几周后，家齐曾公开嘲笑我单身，他在教室里大声喊道："你这个剩女！都27岁了还没结婚，真是个剩女！"作为回应，我拍了拍他的头，这在中国是一种常见的管教子女方式。家齐瞪大眼睛难以置信地看着我（可能在场的龙老师也很惊讶），但当我说他的父母也会这么做时，他点头表示同意。之后，老师们就让我自己为自己辩护。有一次，在田野调查中，德宏把我拉到一边，就如何改善我的胸围提出了具体建议（"吃木瓜"），最后还说"你应该感谢我没有看不起你"。这种情况经常发生，但我很快就学会了用笑话回应、转移话题或用学术礼仪为自己辩护。例如，当另一个男生当着全班同学的面嘲笑我的单身身份时，我引用统计数据回击，说他在我这个年龄结婚的概率很低。我经常用统计数据为自己辩护，诗颖都开玩笑说："认识社会学家的一个好处是，你总能知道自己是不是拖了社会的后腿。"总之，由于这些行为和评论要好过礼貌但疏远的互动，我把它们理解为熟悉的信号。

重新适应非精英世界

我的田野调查方法与马修·德斯蒙德（Matthew Desmond）在《扫地出门》（*Evicted*）一书中所描述的相似，即尝试像受访者那样思考，像他们那样感受，像他们那样行走。为此，我搬到了北京，沉浸在北京的环境中。第一次在北京生活需要适应。我在首都中学所在的区的合租公寓里租了一间由储藏室改建的房间，但后来我意识到，地图上短短的一段路相当于单程一个半小时的路程。我低估了北京的面积。就连走路都需要调整——我花了三周时间才学会如何穿过停满各种机动车的街道。我的高光时刻发生在欧米伽中学校门口，一位中年女子走过来问我："姑娘，我可以跟着你过马路吗？"如今我还能回想起她听到我同意时那欣慰的神情。

适应了北京生活后，离开田野又需要新一轮适应。通过日常交往，我逐渐习惯了学生及其家庭对地位体系的处理方式。我无意中按照精英学生建立的地位体系把周围的人分成了不同的地位群体。闲聊中"去过点自己的生活"之类的话语开始引起我的注意，我会去思考这句话是对学霸还是学弱说的。我还采纳了学生们对"顶尖"大学过于严格的等级化定义。我明白这是中国精英学生的特殊观点，不得不提醒自己，大多数学生并不就读于常春藤盟校或北京大学。朋友和同事通过提问和评论，坚持不懈地帮助我重新适应美国主流观点。[6] 这种思维模式的影响逐渐减弱，一年后，我重新适应了主流的院校声望分类。

除了脱离那样的地位体系，我还必须重新适应口音。我在说普通话时带有轻微的北方口音，习惯性地使用大陆的术语（例如，台

表 A1　精英青年情况统计

	姓名	高中/学部（数字代表高中毕业年份）	本科学校	高考或 SAT 分数 [a]	截至 2019 年的职位（居住地）
			女生		
1	薛华婷	顶峰 2014 国内	牛津大学	676	工程师，美国技术公司工程师（英国伦敦）
2	朱丽丽	首都 2014 国内	北京大学	663＋30（自招）	硕士研究生，纽约大学（美国纽约州）
3	宋明佳	顶峰 2014 国内	清华大学	684＋30（自招）	硕士研究生，纽约大学（美国纽约州）
4	刘潘	顶峰 2014 国内	同济大学	665	硕士研究生，同济大学（中国上海）
5	刘诗颖	首都 2013 国内	清华大学	667＋20（三好学生）	硕士研究生，剑桥大学（英国剑桥）
6	田书桦	首都 2013 国内	复旦大学	639	斯坦福校友；欧洲投资银行战略分析师（中国北京）
7	吴茜珺	顶峰 2013 国内	中央美术学院	627（艺考）	硕士生，伦敦政治经济学院；独立电影导演（中国北京）
8	刘于朗	首都 2014 国内	清华大学	678＋60（冬令营）	博士研究生，加州大学伯克利分校（美国加利福尼亚州）
9	阿什利·方	顶峰 2013 国际	剑桥大学	2230	东亚投资银行销售（新加坡）
10	克莱尔·陈	首都 2013 国际	耶鲁大学	2330	美国咨询公司咨询师（美国纽约州）
11	朱莉·金	中央 2013 国际	布林莫尔学院	2170	硕士研究生，哥伦比亚大学（美国纽约州）
12	赛琳娜·苏	首都 2013 国际	宾夕法尼亚大学	2200	美国投资银行分析师（美国纽约州）
13	斯泰西·高	首都 2014 国际	克莱蒙特·麦肯纳学院	2180	硕士研究生，哈佛大学（美国马萨诸塞州）
14	特蕾西·周	首都 2014 国际	约翰斯·霍普金斯大学	2200	欧洲投资银行交易员（中国香港）

续表

姓名	高中/学部（数字代表高中毕业年份）	本科学校	高考或SAT分数[a]	截至2019年的职位（居住地）
男生				
15 柯德宏	首都2014 国内	复旦大学	668+5（少数民族）	硕士研究生，北京电影学院（中国北京）
16 李飞	顶峰2013 国内	清华大学	679（奥赛）	博士研究生，加州大学伯克利分校（美国加利福尼亚州）
17 张浩辰	顶峰2014 国内	北京大学	681+10（奥赛）	硕士研究生，纽约大学（美国纽约州）
18 吴建民	顶峰2014 国内	岭南大学	641	中国工程咨询公司税务会计师（日本东京）
19 徐家齐	首都2014 国内	法国贡比涅技术大学	608	本科生（法国贡比涅）
20 刘军	首都2013 国内	北京大学	672（奥赛）	博士研究生，北京大学（中国北京）
21 周凯风	高地2013 国内	北京大学	648（奥赛）	斯坦福校友；美国贸易研究员（美国伊利诺伊州）
22 刘温斌	顶峰2014 国内	清华大学	691+40（自招）	硕士研究生，华盛顿大学（美国华盛顿州）
23 柳向祖	欧米伽2013 国内	南京大学	600以上	博士研究生，北京航空航天大学；美国汽车公司咨询师（中国北京）
24 亚历克斯·刘	首都2013 国际	波士顿学院	2150	美国技术公司工程师（美国马萨诸塞州）
25 布兰登·吴	首都2013 国际	加州大学洛杉矶分校	2140	博士研究生，加州大学洛杉矶分校（美国加利福尼亚州）
26 乔·吴	顶峰2013 国际	波士顿学院	2160	博士研究生，得克萨斯大学奥斯汀分校（美国得克萨斯州）
27 罗伯特·郭	首都2014 国际	乔治·华盛顿大学	2050	硕士研究生，圣路易斯华盛顿大学（美国密苏里州）
28 托尼·曹	首都2014 国际	康奈尔大学	2320	英国会计师事务所咨询师（美国纽约州）

注：大学已替换为水平相当的院校。出于匿名考虑，我不公开有关家庭和个人收入、从军情况及政府职位的信息。除温斌的家庭外，所有家庭都表示他们有能力自费送孩子到美国上大学。

a. 高考分数的两个数字表示学生的原始考试成绩和加分。括号内为加分渠道。高考满分为750分，SAT满分为2400分。

湾的"研究"在大陆是"科研")。学生们似乎并不介意我的台湾口音,女生们有时还会兴致勃勃地模仿。当布兰登说我的口音像北京人时,尽管只有一瞬间,我还是自豪地将其当作对我的认可。然而,家乡和香港的朋友们却有不同的反应。有些人曾表示不喜欢我的新口音而突然结束了谈话,还有一些要求我"正常说话"。在台北一位朋友的婚礼上,我差点因此当不了主持人。这种在台湾人听起来像北京人,在北京人听起来像台湾人的情况持续了几年,直到我搬回台湾。

尽管田野调查充满了不确定性,研究精英阶层也面临着诸多挑战,但我认为自己非常幸运,能够认识并结交这群青少年。我已经喜欢上了这些年轻人,坚定地支持他们未来的事业。学生们坦诚分享的生活故事总能让我欣喜。他们成年后,许多事情都发生了变化。我们的话题从考试成绩和人际关系变成了税收政策和就业市场。我从理解他们以考试为重的心态到无法理解他们的金融职业。以前我请他们在校园附近吃饭,现在他们请我去高档餐厅。然而,有些事情是不变的。高中时,学生们感觉到我可能需要帮助时,就会伸出援手。[7]高中毕业七年后,当我前去拜访,他们仍会给予我类似程度的礼遇。[8]许多人还会向我倾诉自己的秘密,而我永远不会泄露出去。精英青年们慷慨地与我分享了他们多年来的生活点滴,本研究因此得以成形。

注释

引言

1. 书中的名字均为化名，高校和公司名已改为同一国家相似组织的名称。有志出国的学生会取一个英文名字，往往在上中学时就使用这个英文名字。
2. 可参考 Brooks and Waters 2011; Vandrick 2011; and Waters 2006 等文献中的精英学生。
3. Courtois 2013; Higgins 2013.
4. Tognini 2021.
5. Heathcote 2019.
6. Nolan（2013）指出，中国企业在西方国家几乎没有存在感，而西方企业已经融入中国。尽管中国在全球商业版图的势力扩张仍是个开放问题，但他的研究证明，中国与全球各经济体已相互融合。
7. Tan 2018.
8. Jacques 2009.
9. Lim and Bergin 2018.
10. Davis and Wei 2019.
11. Childress 2019.
12. 为争夺全球人才，"长江学者奖励计划"给出的年薪大约为15万美元，高于美国教职工的平均收入，此外还有超过100万美元的住房津贴（Wu 2018）。2019年，北京的大学为访问学者提供到访期间每月超过1万美元的薪水。
13. Er-Rafia 2018; Ghuman 2018.
14. 需指出，有批评声音认为，中国提前甄选了参加国际学生评估项目的学生。

15. Department of Education and Training, Australia 2017; John 2016; Statistics Canada 2016; UK Council for International Student Affairs 2017.
16. 美国领事事务局（2019 年）的资料显示，2015 年以来，该机构颁发的学生签证数量逐年下降，幅度在 7% 到 27% 之间。
17. 2018 年夏的一段新闻视频中，记者对一些想去美国留学的大学生进行采访，询问他们在 F-1 签证（全日制学生）名额有限的情况下，是否另作打算。受访者表示他们没有其他打算。本研究中的学生们也给出了相似的反馈，且更加自信。
18. 对精英的研究通常仅限于讨论该群体对所在国家的影响。Domhoff（2017）研究的是统治美国的精英，Mills（1956）同样聚焦于美国精英群体。也有一些学者将注意力转向国际案例：Hartmann（2006）提供了五个国家中的精英案例，而 Milner（2015a）从三个不同历史时期选取了三种精英类型，以支持其地位理论。不过，Hartmann 也只是强调精英群体在各自国家中的强大影响力，Milner 则分别关注印度、希腊（雅典）和美国。
19. 中国学校里的学神与美国的"聪明孩子""运动高手""明星孩子"有些相似之处，但都不是完全等同。学神在学业方面的卓越表现类似于"聪明孩子"，像"运动高手"一样受到同龄人的关注，而且经常在学校担当领导性职位，这一点又与"明星孩子"类似。然而，这些社会类别只能部分对应学神所享受的崇高地位，并且没能体现其全方位的固有优越感。
20. Alvaredo et al. 2018; Xie and Zhou 2014.
21. Brooks（2000）详细描述了中产阶层普遍存在的地位焦虑。Lan（2018）和 Levey-Friedman（2013）也指出，家长对孩子不确定未来的担忧与富裕阶层和中产阶层家长的高参与度有关。
22. Brooks and Waters 2009; Mazlish and Morss 2005.
23. Armstrong and Crombie 2000; Bandura et al. 2001; Chhin et al. 2008; Dworkin et al. 2003; MacLeod 2018; Staff et al. 2010.
24. Clark and Cummins 2014; Erola and Moisio 2007.
25. Bourdieu（1976）以婚姻为例阐释地位策略。而正如我在书中所示，教育是家庭用于地位竞争的另一关键因素。
26. Lareau 2011.
27. Calarco 2014.
28. Chiang 2018; Hamilton 2016.
29. 譬如 Khan 2011; Hartmann 2006.
30. 在《区分》(*Distinction*)一书中，Bourdieu（1984）讨论了高雅文化与地位之间的关联。模特的情况与之相似。Mears（2011）研究显示，在时尚模特领域，非广告模特的地位比广告模特更高。
31. 大多数人都同意教育是产生地位结果的关键途径。Weber（1946）指出，教育测试和选拔创造了一种分层体系。Turner（1960）则探讨了精英如何选拔学生进入赞助性流动体系，这是精英支配性的一种体现。运用威斯康星学派模型（Wisconsin model）以及 Blau and Duncan（1967）的地位获得模型的研究也论证了教育的关键作用。从实证角度来看，中国的政治精英似乎已意识到高等教育的重要性，并将其作为进入精英体系的必要条件。与此同时，他们通过高等教育提高精英成员的受教育水平，并维持其高于普罗大众的现状（Chen 2006; Li and Walder 2001）。

32. Chen 2006; Collins 1979; Walder et al. 2000.
33. Cookson and Persell 1985; Gaztambide-Fernández 2009; Khan 2011.
34. Armstrong and Hamilton 2013; Lee and Brinton 1996.
35. Lee and Brinton 1996; Hartmann 2006; Rivera 2015.
36. 不同的国家和教育体系通常有不同的精英选拔机制（Turner 1960）。值得一提的是，Gibson（2019）认为德国的精英是在中等教育期间培养的，与美国的时机类似。
37. "牛剑"（Oxbridge）是英国两所顶尖大学牛津大学和剑桥大学的合成词。"清北"是对清华大学和北京大学这两所中国顶尖大学的合称。
38. 除了教育，衡量地位的常见指标还包括就业和婚姻。在不同国家，职业声望和婚姻选择的相关规范也有差异（Lin and Xie 1988; Smits et al. 1998）。
39. Lucas 2001; Raftery and Hout 1993.
40. Zheng and Zhang 2018.
41. Li and Bachman 1989; Walder et al. 2000; Zang 2001.
42. Chen 2006.
43. Chiang 2018; Kipnis 2011; Xie and Zhou 2014.
44. Fong 2004.
45. Xue 2015.
46. Li and Prevatt 2008.
47. Xing et al. 2010; Zeng and LeTendre 1998.
48. 关于精英学生之间的竞争，参见 Demerath（2009）及 Gaztambide-Fernández（2009）。Calarco（2018）和 Lareau（2011）的研究提供了教师和家长从孩子幼年时期开始提供支持的大量案例。
49. 这些术语皆来自线上学生论坛，翻译时进行了微调。
50. 这也在 Khan（2011）的研究中得到了证实，他发现美国的青少年精英在高中时学会了与不同阶层的人交往。

第一章　中国新精英

1. 参见 Lucas（2001）对"有效维持不平等"（EMI）理论的阐述。
2. 参见 Raftery and Hout（1993）对"最大化维持不平等"（MMI）理论的阐述。Hao et al.（2014）曾运用该理论检视中国的教育不平等。

3. Walder et al. 2000.
4. Hannum 1999; Pepper 1996.
5. Li and Bachman 1989; Walder et al. 2000; Zang 2001.
6. 1998 年起，这项政策一度提升了大学录取率，从 1998 年的 7% 跃升至 2010 年的 24%（Yeung 2013）。
7. 参见 Heckman and Li 2004; Li 2003; Wu and Xie 2003; Zhang et al.2005 有关教育回报的阐述。还请参见 Chen 2006; Li and Bachman 1989; Walder et al.2000; Zang 2001 对精英地位获取的讨论。
8. Goodman 2014; National Bureau of Statistics 2017; Xie 2016; Xie and Zhou 2014.
9. Bian（2002）指出，改革带来了新的劳动力市场，从而为职业流动性提供了基础。然而，Gong et al.（2012）发现中国的代际收入弹性高达 0.63。
10. Chiang and Lareau 2018; Hartmann 2006.
11. 北京大学和清华大学是中国排名最靠前的两所大学。学生们将两所学校合称为"清北"。
12. 这些信息取自北京大学学生就业指导服务中心（2014 年），以及清华大学学生职业发展指导中心（2014 年）。有关大学就业率和过度教育的讨论，参见 Bai 2006; Li et al. 2008; Sharma 2014。
13. *China Daily* 2014; China Education Online 2014a.
14. 两所大学均有校友在中国担任要职，一些国家领导人毕业于北大、清华。另可参见 Peking University Recruitment Newsletter 2014。
15. 各省级行政区的考题不同，但全国范围内的考试结构和日期大致相同。有十个省级行政区共考试三天，其他省级行政区则是两天。
16. 有关考试过程的详细描述，参见 Davey et al.（2007）。
17. *Sina* 2014.
18. 我根据"中国教育在线"网站和各大学招生网站上的数据，将 2014 年被北大、清华录取的学生总数除以同年的考生总数来计算北大、清华的录取率。法国"大学校"的录取率基于法国国家教育部（Ministère de l'Éducation Nationale）网站的信息，是将"大学校"的学生总数除以法国的大学生总数粗略估算得出的。常春藤盟校的预估录取率则是通过将被常春藤盟校录取的学生人数除以美国大学新生的总数计算得出的，使用了美国国家教育统计中心（National Center for Educational Statistics）和常春藤盟校招生网站的信息。
19. 中国政府在 1995 年至 2015 年间推出了"985 工程"、"211 工程"和"双一流建设"来提升国家的高等教育水平。被选中的大学得到的国家资助和资源多于未被列入名单的大学。这三个项目选择了不同数量的大学，但列入名单的大学中有 20% 位于北京。
20. *Huawen* 2017.
21. Ye 2015; Yeung 2013.

22. Ma（2020）指出，被送出国的孩子们年龄越来越小。
23. 有研究认为，这些趋势引起了政府的关注，政府试图采取措施减少留学生的数量，但效果十分有限。多数人预测留学生的数量会持续增长，直到 21 世纪 30 年代（Chen 2015）。
24. Chiang and Lareau 2018; Fong 2011; Ma 2020.
25. 其中许多学生成了社会经济精英，在与中国政治领导人建立紧密关系或提供政策建议后，获得了政治权力（Li 2006; Li et al. 2012）。有些人的经历则表明，出国留学并不一定有益，因为海外背景学生的平均收入与国内高校毕业生相似，且其父母的教育投资回报率低（China Education Online 2017; Larmer 2014; Li 2006; National Bureau of Statistics 2017; *Xinhua News* 2015）
26. 详见 Fong 2004, 2011; Rivera 2015。
27. Hao and Welch 2012; Wang et al. 2011.
28. 我找不到中国申请者进入美国顶尖大学的录取率信息。
29. Gao 2014; Horwitz 2016; Lai 2012.
30. 这些信息来自美国各大学教职员工转发和共享的电子邮件。
31. DK International Education 2013.
32. China Education Online 2014b; College Board 2013.
33. 这些信息是从网上以及一本校史书中获取的，我避免引用这些材料，以免透露学校名称。
34. 很少有人同时做两手准备，即使家里最有钱的高分学生也只能选择一个方向。首都中学的高分学生特蕾西是本研究中的一个例外，她到高二才做出决定。
35. 高地中学是个例外，在本研究进行时，这所学校还没有国际部。
36. 在基于考试的选拔中，孩子们的考试分数与其家庭的社会经济地位呈正相关。这个结果在中国（包括大陆和台湾）、巴西和美国都是成立的（Guimarães and Sampaio 2013; Roksa and Potter 2011; Liu et al. 2005; Ye 2015）。
37. 北京的精英并不是国内最富有的，却被看作最有权势的，有学者认为他们还有大量"灰色收入"（Wang and Woo 2011）。
38. 在我离开顶峰中学两年后，顶峰中学国际部迁到了郊区。
39. 编钟是一种古老的中国乐器，由一组铜制的钟排列而成，大多在历史博物馆展出。
40. 这种父母对课堂帮不上忙的观念与美国课堂形成了鲜明对比，在美国，富裕家庭的孩子申请大学时，父母的帮助是受到欢迎的（Lareau 2015; McDonough 1997; Weis et al. 2014）。
41. 听从老师的育儿规范很可能通行于全国各地，学者们认为，儒家文化传统使得中国的父母高度尊敬学校和老师（Lam et al. 2002; Littrell 2005）。在这种文化体系中，父母对老师的尊重是人们所期许的正常情况。

42. Bradsher 2013; Chiang and Lareau 2018; Fong 2004; Heeter 2008; Kipnis 2011.
43. Zhou 2005.
44. 北京和上海是最后两个采用猜分填报志愿制度的高考区域。2015 年，北京取消了这一制度，此后北京考生可以在高考后提交志愿。上海在 2017 年进行了同样的改革。
45. 好像嫌择校不够复杂似的，学生还必须同时填报他们的志愿专业（每所大学最多五个）。
46. 我问的问题，一位研究台湾顶级高中学生的学者也问过。同样是中国的优秀学生，这个问题对他们适用，却对本研究中的顶尖学生不适用，这说明设置问题要充分考虑环境。
47. 另一个不同之处是，高一和高二学生没有晚自习。国内部的氛围随着高考的临近而越发紧绷。
48. 顶峰中学每天下午设一个 25 分钟的大课间，用于升旗仪式、武术练习或发布其他通知，从周一到周五各有安排。
49. Byun and Park（2012）研究显示，韩国富裕家庭的学生经常为备考参加课外辅导。但本研究中很少有学生参加辅导，这可能是因为学生在学校外的时间很有限，且普遍成绩出色。
50. *People's Daily* 2016; *Sina* 2016.
51. 学生们参加 SAT 考试前把重心放在考试成绩上。老师经常给出班级整体成绩的模糊信息，但有时也会在教室里展示学生的详细考试结果。每到这时，学生们总会被吸引过去，离开教室的学生都会迅速折返。不过，考试成绩方面的最终竞争形式是 SAT 考试。
52. Stevens 2007.
53. 国际部学生的学费为每年 9 万至 10 万元人民币。相比之下，国内部的学费为每年 700 元。
54. 这里列出的数字来自补习班网站、学生告知和家长估测，具体金额取决于学生的参与程度和所选择的补习班或私教。
55. 我访问的学校都不赞成这种常见的做法，但每个学校在这方面都做出了不同程度的妥协。首都中学和顶峰中学允许学生聘请中介和顾问，但坚持要求学生自己准备申请材料。实际上，教师们承认，他们能掌控的只有学生们的成绩单和文书。中央中学拒绝妥协，导致精英家长和学校之间产生了冲突：一些没有参与本研究的家长对说一不二的校长非常不满，向市政府提出申诉，要求撤换校长。
56. ECE 是 Educational Credential Evaluators（教育认证评估）的缩写，该组织负责编写评估报告，将外国学生的成绩转化为美国标准。
57. Larmer 2014.

第二章　各居其位

1. 在关于美国和其他西方国家高中的研究中，这些地位标志非常突出。可参见 Khan（2011）和 Gaztambide-Fernández（2009）。
2. Bourdieu（1976）使用纸牌游戏的类比解释婚姻选择和地位再生产。我应用此类比来研究高中里的地位。
3. 根据考试难度的不同，学文还是学理，高考分数线每年都有所变化。例如，2013 年北大、清华的理科分数线都是 691 分（满分 750 分），2014 年北大是 683 分，清华是 682 分；2013 年北大文科分数线是 654 分，清华 664 分，2014 年是北大 663 分，清华 670 分。
4. 中国顶级高中学生的 SAT 成绩非常集中，大致分布在美国标准的前 8% 内。据称最高分获得者是一位欧米伽中学的女生，而在首都中学，一位拿了所谓"史上最低分"的男生成绩为 1980 分（在新制下相当于 1400 分，大概位于美国前 8%）。
5. 详见 Milner（1994, 2015b）。
6. 学者们认为，轻松感是一种文化资本，反映了从富裕家庭获得的具身化社会经验（Bourdieu 1986; Khan 2011）。然而，本研究中的中国学生普遍对他们的考试分数感到焦虑。在这种情况下，轻松感不是文化资本的组成部分。
7. 并非所有学生都属于四大地位群体之一。Milner（2015b）称游离于有明确身份的学生群体之外的学生为"群众"。然而与此不同，本研究中自认为不属于这四个地位群体的学生们仍然以不同地位群体为参照定位自身。
8. 此定义也意味着，顶级高中的学渣可能在排名略低一些的高中里是学神。我采访的学渣们知道，如果他们去了另一所学校，在学校的地位可能会发生天翻地覆的变化，但他们没想过转学。他们将自己所在的顶级高中的声望放在首位，认为顶级高中提供的备考资源是其他高中无法匹敌的。虽说许多私立学校也成功将学生送去西方国家的大学（Young 2018），但学生的决定表明他们宁可在校内地位低，也要留在名校。由于学校的声誉也是靠学业成绩取得的，因此学生们评估每所学校地位的方式也与学生的校内地位体系类似。
9. 罗伯特的 2050 分大致超过了当年 95% 的考生，相当于新制下的 1440 分。
10. 大多为"211 工程"、"985 工程"和"双一流"大学。
11. 北京的其他高中似乎也存在同样的地位体系，不过每个地位层级中的学生人数略有不同。在一次试点研究中，我到非顶级高中的课堂中进行田野观察，那所学校的学生也遵循同一个地位体系，但普遍认为学校里没有学神，学弱倒是很多。在学生线上论坛中，大家也会将这几个词当作俚语，这表明其在全国范围内的适用性。在学术会议或研讨会的非正式交谈中，有些致力于校园民族志的中国学者或博士生也曾告诉我，他们在非精英、农村、迁移群体或低分学校做研究时，也看到了类似的地位体系。

12. 学神几乎从不申请排名低于特定标准的大学，比如美国最佳大学排名或其他国际排名前三十名之外的大学。这似乎是一种惯例，许多学神会把其他学生的首选校列为备选。

13. 这种变化在一定程度上是由他的母亲促成的，她对儿子在高中的活动影响很大。

14. 研究表明，学生们往往可通过参与"反学校体制"（anti-school）的活动（如吸毒或帮派活动）收获声望，这些活动具有暴力恐吓的特点（Decker et al. 1996; Sánchez-Jankowski 2016）。其他学者也曾观察到学生们制定关于地位认同的亚文化标准（MacLeod 2018）。

15. 在不列颠哥伦比亚大学，马克很快意识到竞争相当激烈。他说自己比在高中时还要努力，本科期间甚至整夜待在实验室里。他的努力最终得到了回报，一度在社交媒体上炫耀自己大四成绩单上的 A。

16. 可参见 Blau and Duncan 1967; Buchmann and Hannum 2001; Kao and Thompson 2003; and Shavit and Blossfeld 1993。

17. Herrnstein and Murray 的 *The Bell Curve*（1994）认为智力是遗传的，能够决定阶级地位，此说法引起了争议。部分学者支持这一观点（Damian et al. 2015），但许多研究人员反对天生才能论，他们列举了一系列社会经济背景影响智商测试结果的案例，指出社会不平等对个体结果差异的解释更充分（Fischer et al. 1996; Kincheloe et al. 1997）。后者是美国社会学界的主流观点，也得到了美国精英学生的认同（Gaztambide-Fernández 2009; Khan 2011）。这一系列研究也影响着那些强调个体努力、勤奋和努力工作是获取地位之主要途径的学术观点（Arum and Roksa 2011）。

18. 学生们赞同遗传学解释，不过女生对低地位群体的解释会比男生温和许多。男生们往往使用"脑子有问题"、"低智商"、"可悲"或"愚蠢"之类的词语。女生们会更谨慎地选择词语，比如称学弱为心理"不稳定"或"倒霉"的人。

19. 总体来看，高中的学神和学霸们上大学后大多成绩有所下滑。本研究中，茜珺、于朗和诗颖三个女生是例外，她们在大学里依然成绩优异。

20. 这种地位游戏规则的转变很可能是城市居民歧视农村居民的一种体现。当城市精英们发现自己失去竞争力时，他们会改变规则，使其更有利于自己，不再把原本规则中符合高地位标准的人群归入高地位群体。精英学生改变规则的能力，类似于犹太学生获得比白人精英学生更高的分数时，美国精英高等教育院校改变入学标准的做法（Karabel 2005）。

21. 丽丽感到紧张可能是因为身边有高中朋友，也可能是因为刚到一个新环境。但其他学生，包括书桦和向祖，他们在离开本科校园时也有类似的反应。总体而言，这些例子表明中国学生的大学阶段尤为奇特，精英学生会对校园地位等级的重要性进行更改。

22. 美国学生很可能不会同意中国学生的标准。事实上，研究表明美国大学生有一套决定地位的不同规则（可参见 Armstrong and Hamilton 2013）。这些中国学生之所以感知到类似的等级制度，可能是因为他们的社交网络主要由中国同学组成。也就是说，他们描述的等级制度可能仅存在于自己的族裔飞地里。

第三章　膜学神

1. 当然，社会中存在多种类型的精英，并不是所有的精英都凭借收入或财富而成为精英（Chao 2013; Milner 2015a）。本研究中的学生因其父母的社会经济地位而被定义为精英。明佳的金钱比喻或许反映了社会经济精英青年的关注点。
2. 参见 Eckert 1989; Gaztambide-Fernández 2009。
3. 顶峰中学有一千多名学生，高地中学和中央中学各有两千多名学生，首都中学和欧米伽中学各有四千多名学生。有些学校（如顶峰）有独立的教师食堂。并非所有学生都在食堂就餐，但在我多次访问期间，就餐时间涌入餐厅的学生和教师人数之多，简直跟市场差不多。
4. 跨地位群体交友模式的普遍性很可能是学生不在学校点出学弱姓名的原因之一。
5. 这个故事没有得到克莱尔的证实。
6. Bourdieu（1984）发现，高地位群体成员往往通过排斥外部人员进入来维护地位界限。然而，在我访问过的中学里，社交关系对地位的影响很小，地位区分也不是一种排斥性做法。这些例子表明，学者们认为在西方社会，社会排斥（social exclusion）对地位区分至关重要，而在中国的高中，社会排斥与地位结果基本无关。
7. 家长影响孩子择校，从幼儿园一直持续到大学，这种现象不仅发生在中国，美国亦如此（Chiang, 2018; Lareau et al., 2016; McDonough, 1997; Wu, 2013）。
8. 事实上，克莱尔表示，有一部分学生她并不结交，尤其是那些成绩差、在学校炫富的学生。她在接受采访时谨慎地说："这话说起来有些危险。但是，有些人在品质上，包括价值观上，就是和你有冲突。他们显然和你不属于同一个圈子。"有这样一个例子，一名成绩不好的男生花了大约500美元，"请我们班上的十几个男生吃饭，就因为他喜欢"。
9. Grazian（2008）曾以美国大学生之间的"勾搭"（hookup）文化为例，介绍了学生庆祝彼此成就的情形。虽然意思相似，但祝贺朋友的学业成绩与恭喜朋友的性行为还是有一定区别的。区别之一是，本研究中的学生通常会借助一个比较群体来突出个人的成就。另一个区别是，Grazian 研究的参与者没有表达出对成功者的崇敬之情。
10. 茜珺与他人保持距离可能与她在顶峰中学的成名经历有关。茜珺在高中的前两年都在从事艺术项目，由于这些活动占用了她备考的时间，她那时在学校的地位很低，基本上独来独往。在采访中，她称顶峰中学的学生"只关注学习成绩，对我做的事情不感兴趣"。虽然这种理解符合艺术天赋不算数的地位体系规则，但艺考（以非指定科目选择题的形式）第一名也算考试成功。茜珺在全国考试中获得第一名后，地位立即飙升。

11. 这在地位较高的学生中似乎很常见。除了茜珺，学生们还反映了朗、刘军和托尼也爱独来独往。

12. 在中国，人们与熟人间的平均社交距离不到 90 厘米（Sorokowska et al. 2017）。茜珺的 1.5 米的距离比平均值远得多，也超出了 Sorokowska 等人研究的置信区间。

13. 后来，朱莉以 2170 分的 SAT 成绩（相当于新制中的 1500 分，美国标准的前 2%）进入布林莫尔学院。她对自己的 SAT 分数很满意，认为没有必要重考，因为第一次考试的分数已经很高了。然而，其他在高三多次参加 SAT 考试的优秀学生后来取得了更高的综合分数。因此，朱莉的 SAT 成绩在中央中学只是高于平均水平。朱莉对自己的录取结果很不满意，在后续采访中，她说她在高中唯一的遗憾就是应该为 SAT 考试"多学一点"。据说，2019 年朱莉从这个错误中吸取了教训，参加 GRE 考试时采取了不同的方法。她全心全意备考，并提前预约了两次考试。她在第一次考试中获得了几乎满分的成绩，没有再考。

14. 美国大学招生制度强调学生的全面发展（Armstrong and Hamilton 2013; Gaztambide-Fernández 2009; Karabel 2005）。然而，布兰登的课外才能加起来也比不上克莱尔的学习成绩，这不禁让人对招生官评估中国申请者的标准产生疑问。美国大学是否以及在多大程度上以标准化考试成绩来选拔外国学生，仍有待研究。

15. 加入学生会是中国高中体现领导力的重要机会之一。每所学校在任命学生担任这些职务时都有一套独特的规定，但成员通常都是在学校表现优异的学生。学渣家齐抱怨说，他"有很好的行政管理能力"，却被剥夺了担任干部或服务同学的机会，因为"同学们倾向于信任那些考试分数排名靠前的"。总体来说，学生们普遍认为成绩差的学生不适合担任干部。

16. 我怀疑若伦是经老师推荐加入学生会的。另一种可能是，他在高二之前或高二期间一度成绩优秀，因此被选中加入。

17. 田野工作结束时，我已经开始适应精英学生的互动模式和对地位等级的看法。大约一年后，我才重新适应了非精英群体对考试分数和大学排名认识标准。我在方法论附录中探讨了我在田野调查中的沉浸和反思。

18. 这些任务有时很难完成。例如，有一届学生希望在校庆时"大干一场"，学生会承担了这项任务。他们获得了学校的许可和资助，并在为期一天的活动中在运动场上租用了一艘海盗船（15~20 米高的船形秋千）和其他游乐设施。

19. 我问学霸特蕾西，如果凯文在 SAT 考试中得了满分，情况会不会发生变化。特蕾西马上回答说："我们还是会觉得他是个怪人，但我们可能会佩服他。如果他在 SAT 考试中得了满分，我们看到他的时候就会觉得他很耀眼。"这说明，和康维的情况一样，凯文的主要缺点是成绩差。
20. 正如富裕的父母从孩子小时候就送他们参加课外培训一样（Lan 2018; Lareau 2011; Levey-Friedman 2013），本研究中的许多精英学生很早就接受了体育、美术或音乐方面的培训。例如，诗颖从小学习钢琴，书桦接触体育运动，布兰登拉小提琴，婉茹练会体操。然而，这些学生都没有在高中继续参加课外兴趣培训。
21. 吉娜读了研究生，同时还是模特和电子竞技选手。然而，即便她在中国已成为媒体名人，高中同学却是通过关注大鹏才知道她的成就的。
22. 在他们升入大学后，我走访了 28 名大学生中的 26 名，并对他们进行了后续访谈。2018 年至 2019 年，我对 21 名学生进行了大学毕业后的访谈。由于 2020 年新冠肺炎疫情暴发，我访问其余 7 人的旅行计划被迫取消，只能通过社交媒体和短信交流获知他们的情况。
23. 有趣的是，没有一个精英学生提到语言困难或沟通问题是建立跨国友谊的障碍。事实上，除了少数在中国完成大学学业的学生口音较重之外，我采访过的所有学生都能说一口流利的英语。有些人甚至善于使用美国俚语。
24. 托尼的生日派对让他感受到了现实中的种族区隔。他认为种族区隔是不可避免的："我不会说西班牙语。我也不想醉醺醺的，但美国人都这样。我更喜欢和朋友打牌。"
25. 该价格来自一个在线网站，在北京当地的经销商那里可能会更贵。
26. 一些研究表明，专业人员会对自己的工作表现出信心不足（Hirooka et al. 2014），也可能对自己的工作过于自信（Torngren and Montgomery 2004）。

第四章　把老师挂黑板上

1. 这类机会的名额和资格学校每年都有变化。
2. 与毛老师不同，胡老师从未被"挂黑板"。他之所以对此举表示赞赏，也很可能是因为他的学生都是经历重重选拔的尖子生。作为顶峰中学实验班的班主任，他的学生有一半以上考入清北，而当时北京的清北总录取率约为 1%，顶峰中学的清北率约为 25%。
3. Liuxue（2014）对美国顶尖大学的中国新生总数进行了估算。
4. Stevens（2007, 74）用"有点什么"来描述大学与为其提供生源的高中之间的关系。
5. 我在高考前两周跟随观察丽丽时，至少有三位老师让我陪着她，以提供情感支持，他们希望丽丽能如愿考上北大。我几乎可以肯定，鼓励学生，尤其是鼓励成绩优秀的学生，是老师们允许我在学生焦虑达到顶点的高三教室里游荡的原因之一。

6. 一些家长也有类似的认识。家齐（一名学渣）的母亲徐太太在高考前两周说："老师们现在根本不关心我的儿子，他又上不了最好的大学。老师为什么要把时间花在他身上？"

7. Xue and Wang（2016）为此政策提供了相关信息，分析了这一做法在中国两个省的中学里带来的影响。Woessmann（2011）对28个国家中与绩效挂钩的薪酬和国际学生评估项目进行了分析。这两项研究都得出结论：教师的绩效工资与学生成绩呈正相关。Xue and Wang 进一步指出，如果奖金是在学校层面发放，而不是由上级机构发放，那么学生考试成绩的提高幅度会更大。在本研究中，教师奖金由学校自行管理。

8. 在中国，送礼被视为建立商业关系和展示人脉的常规方式。这种做法非常普遍，有时与腐败和贿赂联系在一起（Qian et al. 2007; Steidlmeier 1999; Yang and Paladino 2015）。换句话说，对于计划进入商界的学生来说，送礼是一项实用技能。

9. 本研究中的学生购买力很强。伊丽莎白雅顿护肤品和苹果手表是很受欢迎的生日礼物。送给老师的礼物十分精美，由家长们购买。他们更愿意通过与老师建立关系来投资子女的教育。

10. 许多中国人在圣诞节送苹果。诗颖的母亲解释说，原因是"苹果"的"苹"和"平安夜"的"平"同音。

11. 具有工具性动机的学生（及其家长）往往希望老师能给予一些好处，如花更多时间为学生分析考试中的错误，在课堂上特别关注孩子，在考试失败时予以鼓励，等等。

12. 比如说他什么都不懂或一无是处。

13. 有关日常会话中人际互动的更多讨论，请参阅 Collins（2004）。

14. Calarco（2011）以美国小学为例，说明了儿童从教师那里获得的帮助因阶层而异。然而，在本研究中，由于所有学生的精英背景相当，主要驱动因素似乎是考试成绩，而考试成绩是大学排名的预测因素，并与教师的收入挂钩。

15. 虽然 2150 分代表了美国考生的前 3%，但在首都中学却是平均分。在新的 SAT 计分系统中，这一分数相当于 1490 分。

16. 可参考 Calarco 2011 等。

17. 我倾向于认为，他敢于抱怨的部分原因是我在场。由于该学生（家齐）与我关系密切，他可能觉得我在场时向班主任提出关于不公平待遇的问题更容易。

18. 龙老师在于朗的名字后加了一个称谓"同学"。这是我唯一一次听到老师这样称呼学生。"于朗同学"的语气类似于美国的老师称女学生为"那位小姐"。

19. 大鹏现已结婚，在一家跨国企业的中国分公司当咨询师，该企业是全球规模最大的公司之一。虽然没有参加后续研究，但他经常在社交网络上更新自己在世界各地旅行的照片。据他同学估计，他的收入远高于全国收入最高的 5% 的平均水平。
20. 研究表明，通过一个人的起薪和职业地位可以预测其未来的职业地位和终生收入。Blau and Duncan（1967）推断，一个人的第一份工作与他未来的职业直接相关。Oyer（2008）发现，初始职位对在华尔街的未来职业生涯有很高的预测性。

第五章　培养新精英

1. Cameron et al. 2013; Sun 1987.
2. 部分家长不能容忍孩子的任性之举，而且高度关注他们在青少年时期的学习成绩，尤其是在升学阶段（Bin 1996; Liu et al. 2010; Mõttus et al. 2008; Zhang et al. 2001）。青少年也会抱怨父母在高考备考时对自己管束过多（Chen 1994）。学生的自杀企图及意念会在 18 岁左右大幅增加，此时学生正处于高中的最后一年，学习压力也最大（Liu et al. 2005）。
3. 信息取自学校网站。网站还显示，全年级四分之一的学生被排名前十的大学录取，一半被排名前三十的大学录取。网站还提供了一份文件链接，列出了按大学排名排列的学生录取人数，包括芝加哥大学、杜克大学、布朗大学、康奈尔大学、莱斯大学等院校的录取人数。
4. 本研究中最普遍的家长付出类似于媒体所说的父母成为"奴才"，即家庭生活以孩子为中心，需要父母做出很大牺牲（Clark 2008; Xue 2015）。然而，这种刻板印象并没有反映出相似的精英家庭之间的细微差别，我将在本章中加以说明。
5. 这与对美国中产阶层家庭的研究结果相似（Lareau and Goyette 2014; Lareau et al. 2016）。然而，在大体相似的家长付出模式中也存在明显的差异。例如，美国家庭和中国家庭都会对居住地做出选择，希望借此提高子女的教育成果。然而在美国，在哪里定居被视为一次性决定，往往在孩子上幼儿园之前就已选定。但正如我在本章所写，中国家庭一直到孩子读高三都可能搬家。
6. 世界各地的富裕和中产阶级父母会有意识地引导和影响子女的情绪（Calarco 2018; Chin 2000; Ellis et al.2014; Ramsden and Hubbard 2002）。父母的情绪指导影响着孩子的教育成果，也影响着他们的侵略性行为及应对家庭生活中的逆境的方式。
7. 然而诗颖是一个特例。她不仅和其他学生一样享有经济自由，而且有权在无父母监督的情况下进行自己选择的活动。在我与诗颖相处的四天里，母亲从未检查过她的书包。她有时在家不学习，可以坐在客厅里看一个小时的综艺节目。诗颖不需要向父母汇报自己在学校做了什么，父母也不会过问她每天的行踪。有一次上晚自习，她在教室后面的电脑前看了一个小时的某歌手的新闻。诗颖的母亲允许她参加与高考准备无关的活动,甚至偶尔和她一起看电视。与其他学生相比,她在家享有极大的自由,这也说明该处境是成绩优异者的特权。

8. 中国学生经常把堂表亲称为兄弟姐妹。例如,诗颖也称表姐为"姐姐"。但华婷是本研究中唯一有亲兄弟姐妹的学生。她的姐姐在很小的时候就被亲戚收养了,正式的身份是她的表姐。这种家庭安排并不是什么秘密,姐妹俩从小一起长大。

9. 协助的内容多种多样,从跟踪录取进度、填写申请表到为申请人撰写文书。在本研究中,没有一个精英学生聘请中介做他们的代笔,因为他们认为自己的英语能力远远强于中介。不过,大多数学生都要求家长聘请中介来简化手续。

10. 可以想见,家长们对于是否支持吴先生不聘用中介的决定存在分歧。有些父母可能认为培养孩子的独立能力是最重要的,有些父母则认为无法被大学录取的风险太大。除吴先生之外,我采访过的家长中没有人怀疑过自己聘请中介的决定。然而,本研究中的许多精英家长认为,"填写申请表"是一项简单的任务,既不需要培训,也不需要练习。但是,自己的孩子是否接受中介帮助,则是另外一个问题。

11. 布兰登的同龄人无论地位高低,也都是自己申请研究生、实习和工作。不过,他们在第一次尝试时是否犯了低级错误,这一点还不清楚。

12. 亲子关系随着孩子年龄的增长而变化。从童年到青春期之初,父母的参与程度可能会持续增加或保持不变(Dearing et al. 2006),但在孩子进入大学后,父母参与的形式会发生变化,其强度往往会下降(Hamilton 2016; Lareau 2011)。与此同时,成年后的子女在情感上与父母的亲近程度也低于儿童时代(Harris et al. 1998)。

13. Coleman(1988)的经典研究指出了封闭的养育网络的重要性。学者们争论的焦点是,养育网络封闭(parental network closure)对孩子教育结果的影响究竟积极的还是消极的(见 Morgan and Sørensen 1999)。我并未评估封闭养育网络与大学入学结果之间的关系,也没有就家长参与和子女成果之间的因果关系进行论证。

14. 虽然他们可能也交流了养育方式方面的信息,但我没有观察到他们在校园里比较或讨论家庭互动。只有一次上门采访时,一位学神的母亲向我提到,另一位家长"身患绝症",所以"女儿非常独立"。

15. 唯一的例外是特蕾西的父亲,他与其他许多家长所做的事情相同,但他认为自己在特蕾西申请大学的过程中参与度很高。

16. 赛琳娜是个例外,她对父母愿意支付首都中学国际部三年的学费和常春藤盟校四年的学费表示感谢。赛琳娜非常感谢她的父母,当她收到宾夕法尼亚大学的录取通知书时,决定不举行庆祝活动,而是选择"把钱留着交学费"。不过,与其他学生一样,赛琳娜没有提到父母为她提供了一个聚焦升学的环境、利用人脉帮助她,也没有提到任何其他非金钱形式的协助。

17. 至少还有两名在美国东海岸大学就读的年轻女生报告说，她们在大一期间也遇到了同样的健康问题。朱莉是唯一一个请假的学生，一年后她们全都康复了。

第六章　挽救危局

1. 研究表明，在世界各国的学生中，亲子沟通都与学业成绩呈正相关（Park 2008）。
2. Armstrong and Hamilton 2013; Lareau 2011; McDonough 1997.
3. 克里斯是一名美国顾问，专门负责指导学生申请美国大学。然而，也许是因为他的口音或言谈举止，他的学生们坚信他是英国人，"专门负责把学生送到英国的大学"。
4. 亚历克斯至少提交了二十二份申请。在这项研究中，学生申请十多所大学是很常见的，但超过二十所就不常见了。
5. 母亲说的就是ED（具有约束力的提前录取）这个词，由于学生只能ED一所大学，所以她很可能是口误。
6. Cookson and Persell 1985; Gaztambide-Fernández 2009; Khan 2011.
7. 2320分相当于新制的1570分，高于美国99.67%的考生。
8. 这位母亲的行为变得与学者们观察到的美国父母相似（Lareau and Horvat 1999）。
9. 目前还不清楚刘太太的努力是否对诗颖后来的成绩产生了直接影响，也不清楚这位母亲的努力是否转化为考试成绩的提高。
10. 这种应急计划很可能存在于北京和上海的家庭中，这两个城市在2015年、2017年之前一直采用"猜分制"。该制度被废除后，精英家庭不再需要通过仔细规划子女的志愿表来做应急准备。尽管制度有变，但我预计考生家庭仍会准备其他后备计划。
11. 出于多种原因，我将建民保留在样本中。虽然他的家庭收入不属于中国收入最高的10%这个群体，但其家庭在北京拥有资产。另一个原因是母亲通常是子女最主要的照顾者，建民的母亲受过大学教育，因此能够在申请过程中为建民提供帮助。最后，建民的祖父母都是大学毕业生，是精英阶层。多代综合考虑，祖父母可以弥补父亲相对较低的教育水平（Jæger 2012; Zeng and Xie 2014）。
12. Chiang and Park（2015）认为，父母一代的向下流动，尤其是受教育精英的向下流动，很可能与代际冲突有关。建民的例子部分证实了这一假设。在访谈中，建民的母亲指出了他们这代人与上一辈之间的冲突："那些年考大学非常困难"，但她还是退学了，"这是对受过大学教育的父母的一种反抗"。
13. Armstrong and Hamilton（2013）提到了纽约市地址对在该城市获得职业成就的重要性。

14. 这家人的计划实现了。2021年，温斌在社交媒体上宣布，他被布朗大学的一个博士项目录取。
15. 建民没有提供有关北京职位的细节。考虑到他的家庭背景，这可能是国企的职位，将使他跻身国内中上阶层。
16. Fong（2011）和Ma（2020）讨论了出国对中国不同社会经济阶层学生提高地位的重要性。

结论

1. Coleman 1961; Milner 2015b.
2. Cameron et al. 2013; Fong 2004, 2011; Sun 1987; Xue 2015.
3. Bin 1996; Chen 1994; Liu et al. 2010; Kipnis 2011; Ma 2020; Mõttus et al. 2008; Zhang et al. 2001.
4. Brooks and Waters 2009.
5. Chan and Boliver 2013; Chiang and Park 2015; Erola and Moisio 2007; Song and Mare 2019.
6. Shavit and Blossfeld 1993.
7. Khan 2011.
8. Wilson and Roscigno 2016.
9. Galak et al. 2016; Gommans et al. 2017; Haun and Tomasello 2011.
10. Bourdieu 1984; Caspi and Roberts 2001; Konty and Dunham 1997.
11. Congressional Research Service 2020; OECD 2020.
12. 另一个是茜珺，她的故事可见于前面章节。
13. Armstrong and Hamilton 2013; Kim et al. 2015.
14. 这些经历并非精英留学生独有。研究表明，友谊模式具有种族差异（McCabe 2016），亚裔留学生在校园中普遍经历种族隔离（Arcidiacono et al. 2013; Kwon et al. 2019）。
15. Kwon et al. 2019; Rose-Redwood and Rose-Redwood 2013.
16. Li and Nicholson 2021.
17. 斯泰西2021年毕业于哈佛商学院。她表示，尽管自己的履历无可挑剔，却找不到雇用中国公民的职位。她并不认为这一结果与结构性种族主义有关，但说"中国留学生很难找到工作"，说明情况可能与她认为的不同。她与特蕾西和莎拉一样去了香港，很可能放弃了在华尔街工作的计划。
18. Chin 2020; Zhou and Lee 2017.
19. Huang 2021; Oguntoyinbo 2014; Yu 2020.
20. 当然，对高等教育选拔制度这样分类属于"理想类型分析法"。
21. Ho 1962.
22. Chaffee 1985; Collins 1998.

23. Walder 2012; Walder and Hu 2009.
24. Campbell 2020; Ho 1962; Liang et al. 2013.
25. Jiang 2007; Liang et al. 2013; Liu 2011; Zheng 2007.
26. 这或许是中国隔一段时间就进行教育改革的原因之一。另见 Yang（2012）的深入讨论。
27. Chiang 2018.
28. 早期，美国的高校与中小学沿用历史模式，要求纪律严明，课程设置以主题较窄的宗教和古典学课程为主。
29. Baltzell 1987; Scott 1965a, 1965b.
30. Goldin and Katz 1999.
31. Karabel 2005.
32. Jencks and Riesman 2017; Riesman and Jencks 1962.
33. Orfield and Hillman 2018
34. 虽然还需要进一步分析，但这两个国家似乎都倾向于利用学校体制来平衡社会中的不利倾向：对中国而言，是减小社会等级差异，对美国而言，是扩大社会等级差异。
35. Garcia and Pearson 1991; Gardner 1993; Resnick and Hall 1998; Taylor 1994. 对美国制度的批评，可参见 Baker et al. 1993; Burger and Burger 1994; Linn and Baker 1996; Stecher and Klein 1997。
36. Bransford et al. 1999; Supovitz and Brennan 1997.
37. Ramirez et al.（2018）的研究表明，美国正朝着与其他国家更加一致的方向发展，但在研究期间，美国对高风险考试的兴趣略有回升，这实际上与全球对考试减少依赖（或保持不变）的趋势背道而驰。
38. Alon and Tienda 2007; Buchmann et al. 2010; Demerath 2009; Milner 2015b; Radford 2013; Stevens 2007.
39. Stevens（2007）关于考试分数重要性的结论来自一项民族志研究，研究对象是一所选拔要求较高的大学。
40. 采取考试可选政策的院校数量从 20 世纪 80 年代的三十几所增加到 2015 年的全美大学的 10% 左右（Furuta 2017）。新冠肺炎疫情影响下，该政策大范围实行，美国超过一半的大学将 SAT/ACT 成绩划定为可选项（FairTest 2020）。在本研究中，朱莉所在的大学在疫情前就开始采用这一政策。消息传出后，她（和同学们）十分悲观，高度关注母校未来的排名和"质量"。
41. Cookson and Persell 1985.
42. Coleman 1961; Milner 2015b.
43. 有学者指出，美国青少年认识到考试分数和成绩的重要性。但他们并不把考试分数等同于地位，因此与本研究中的中国精英学生相比，他们并不那么注重考试分数（Demerath 2009; Gaztambide-Fernández 2009; Milner 2015b）。

44. 本研究中的所有学生都在高三前参加过各种课外活动。诗颖会弹钢琴，布兰登会拉小提琴，乔曾组建过一个乐队并发行了自己的专辑。家齐的西班牙语不错，吉娜是一名模特，婉茹则是一名有抱负的体操运动员。然而，除了茜珺凭借自己的电影专业能力（加上她父亲从事媒体行业的背景）进入此行外，上述特长在学校体制中都不被认可。课外成就带来的巨大风险和较小受益让许多家庭决定完全放弃课外活动。
45. Rivera（2015）发现，在美国，顶级公司在发出录用通知时会考虑申请者的个人课外活动参与情况。例如，一些公司更青睐那些喜欢古典音乐的求职者。对于相关技能已经生疏的中国学生来说，这些机会可能是难以触及的。
46. Lareau 2011; Levey-Friedman 2013.
47. Stevens 2007.
48. Card 2017; Mare 2012.
49. Tan 2017.
50. PISA 在 2015 年对北京、上海、江苏和广东的中国学生进行了测试。这些中国受访者的排名远低于上海学生在 2012 年的排名。不过，他们仍处于经合组织的平均水平（OECD 2014, 2017）。
51. European Commission 2019.
52. Jiménez and Horowitz 2013.
53. Furuta et al. 2016.
54. 在英国，戈弗雷·汤姆森（Godfrey Thomson）爵士于 1947 年启动"莫雷豪斯测试"（Moray House Test），将 11 岁儿童划分入不同的教育计划（Sharp，1997 年）。
55. Buchmann et al. 2010; Byun and Kim 2010; Jencks and Phillips 1998; Ye 2015.
56. Li et al. 2013; Saez and Zucman 2016; Xie and Zhou 2014; Xie 2016.
57. Ye 2015; Yeung 2013.
58. 非精英家庭便没有如此丰富多样的资源，养育子女的方式也不尽相同（Chen et al. 2010; Horvat et al. 2003; Lareau 2000）。此外，考虑到将子女送入西方大学的费用，非精英家庭不太可能将此作为高考失败的后备方案。
59. Caspi and Roberts 2001; Konty and Dunham 1997.
60. Ferdinand and Verhulst 1995; Fite et al. 2010; Lubinski et al. 1996; McAdams and Olson 2010; Waterman 1982.
61. 来源：https://www.youtube.com/watch?v=giM2uTH6LP8&ab_channel=%E6%88%91%E4%B8%AD%E6%96%87%E4%B8%8D%E5%A5%BD.
62. 成绩差的学生会调整自己的教育目标（Clark 1960; MacLeod 2018）。精英学生也不能免于这种机制，尽管他们享有足以用到学校教育后期阶段的充足资源。
63. Khan 2011; Sherman 2017.

附录 A　何为精英？

1. Domhoff 1967; Giddens 1972; Mills 1956.
2. Cao 2004; Chambliss 1989; Nilizadeh et al. 2016; Westerman et al. 2012.
3. Page et al. 2013; Sherman 2017.
4. Armstrong and Hamilton 2013; Khan 2011; Rivera 2015.
5. Radford 2013.
6. Gaztambide-Fernández 2009; Khan 2011.
7. Nee 1991; Walder et al. 2000.
8. Chen 2006.
9. Fan 2002.
10. Cao and Suttmeier 2001; Ho 1962; Li and Walder 2001; Weber 1958.
11. Kipnis 2011.
12. 例如"985 工程"（1998 年）、"211 工程"（1995 年）和"双一流计划"（2015 年）。
13. Yeung 2013.
14. Wang and Woo 2011.
15. 中国人口中约有一半是农村居民。在城市地区排名前 10%，大致相当于在中国排名前 5%。这个计算还算是保守的。本研究的参与者来自官方记录中的三口之家，为了得到三口之家的收入数据，我将中国国家统计局（2013 年）中城镇居民人均收入乘以 3。
16. 有一次，我前往学生家进行采访，印象是这个家庭似乎不富裕。当我向班主任（王老师）提出这个问题时，她说根据家庭记录，可以肯定这个学生出身精英家庭。王老师对我说："不要被你眼睛所见的家庭条件迷惑。"我观察到的表面节俭，起初让王老师在家访时感到惊讶，但"这是父母有意做出的选择，这样（孩子）就不会被宠坏"。后来，我确认了这个家庭确实收入不低，因为母亲说，如果孩子考不上中国的理想学校，他们考虑把孩子自费送到美国的大学。
17. 除一名学生外，所有学生的父母中至少有一人上过大学。
18. 有一个家庭已经在北京居住了三代以上。除此之外，本研究中的其他家庭都是通过就业成为北京市民的，孩子们的父母将其归功于出色的教育成绩和顶尖的大学学历。

附录 B　方法论

1. 由于进入选定学校的机会有限，这项研究无意中变成了一项归纳性研究。2012 年，我来到北京，希望研究大学升学中的阶层差异。然而，我很难进入以工薪阶层家庭的子女为主的中学研究，于是原计划有了改变。在长期接触学生的地位术语后，我的注意力转向了地位体系。事实上，我是在学生们反复对地位体系加以阐释后才意识到它的重要性的。
2. 在顶峰中学的项目中，胡老师声称自己"随机"挑选了六名学生，他们"代表了不同类型的优秀学生"。但学生们怀疑胡老师花了很多心思挑选。建民在解释这六个人之间的友谊圈时，就像解释数学函数一样，他风趣地说："我们中两两组合都是好朋友，但加入第三个就不是好朋友了。"
3. 丽丽和家齐就是两个例子。龙老师带我去见丽丽时，随口说了一句："有个伴儿能鼓励（丽丽），让她对高考更有信心。"
4. 相比之下，成绩差的学生往往不能、不愿甚至不敢帮忙说服犹豫不决的家长。
5. 我在收集加分信息时，发现学生论坛上有一份流传很广的名单，上面有学生的姓名、学校、北大和清华的加分情况。在这份名单上，我看到温斌争取到了40分的加分。不过，温斌在接受采访时没有提到他获得了加分，很可能是因为他的考试分数很高，不需要加分。由于他同学报告的加分与名单上的信息相符，我就把这40分加到了他的高考分数上。
6. 有时候我会像那些精英学生一样，把一些大学称为"没人想去"的学校。我会说去加州大学洛杉矶分校是一个"糟糕"的结果，当年那些学生就是这么想的。我的朋友们立即纠正我说："加州大学洛杉矶分校是一所非常好的学校。"在会议发言中，美国的同行研究者们也会要求我说明，为何把上加州大学洛杉矶分校算作不成功的升学选项。
7. 听说我遭遇电信诈骗后，丽娲发来短信，表示愿意为我汇点钱。我的脚受伤时，李飞骑车带我在学校各个地方来往。诗颖听说我对主题公园感兴趣，就想组织一次集体旅行，但我们一直没有机会去。
8. 无论我去哪里拜访布兰登，他都会安排成一日游，确保我好好逛过这座城市。凯风仍然耐心地回答我的所有问题，甚至在吃饭时多次拼出他公司的名字。我曾两次深夜飞抵北京，在这两次访问中，向祖和茜珺到机场接我，带我去还没关门的餐馆吃饭。

参考文献

Alon, Sigal, and Marta Tienda. 2007. "Diversity, Opportunity, and the Shifting Meritocracy in Higher Education." *American Sociological Review* 72(4): 487–511.

Alvaredo, Facundo, Lucas Chancel, Thomas Piketty, Emmanuel Saez, and Gabriel Zucman. 2018. *World Inequality Report 2018*. Cambridge, MA: Harvard University Press.

Arcidiacono, Peter, Esteban Aucejo, Andrew Hussey, and Kenneth Spenner. 2013. "Racial Segregation Patterns in Selective Universities." *Journal of Law and Economics* 56(4): 1039–60.

Armstrong, Elizabeth A., and Laura T. Hamilton. 2013. *Paying for the Party: How College Maintains Inequality*. Cambridge, MA: Harvard University Press.

Armstrong, Patrick Ian, and Gail Crombie. 2000. "Compromises in Adolescents' Occupational Aspirations and Expectations from Grades 8 to 10." *Journal of Vocational Behavior* 56(1): 82–98.

Arum, Richard, and Josipa Roksa. 2011. *Academically Adrift: Limited Learning on College Campuses*. Chicago: University of Chicago Press.

Bai, Limin. 2006. "Graduate Unemployment: Dilemmas and Challenges in China's Move to Mass Higher Education." *China Quarterly* 185(3): 128–44.

Baker, Eva L., Harold F. O'Neil, and Robert L. Linn. 1993. "Policy and Validity Prospects for Performance-Based Assessment." *American Psychologist* 48(12): 1210–18.

Baltzell, Edward Digby. 1987. *The Protestant Establishment: Aristocracy and Caste in America*. New Haven, CT: Yale University Press.

Bandura, Albert, Claudio Barbaranelli, Gian Vittorio Caprara, and Concetta

Pastorelli. 2001. "Self-Efficacy Beliefs as Shapers of Children's Aspirations and Career Trajectories." *Child Development* 72(1): 187–206.

Bell, Daniel A. 2016. *The China Model: Political Meritocracy and the Limits of Democracy.* Princeton, NJ: Princeton University Press.

Bian, Yanjie. 2002. "Chinese Social Stratification and Social Mobility." *Annual Review of Sociology* 28(1): 91–116.

Bin, Zhao. 1996. "The Little Emperors' Small Screen: Parental Control and Children's Television Viewing in China." *Media, Culture & Society* 18(4): 639–58.

Blau, Peter M., and Otis Dudley Duncan. 1967. *The American Occupational Structure.* New York: John Wiley.

Bourdieu, Pierre. 1976. "Marriage Strategies as Strategies of Social Reproduction." In *Family and Society*, edited by Robert Forster and Orest Ranum, 117–44. Baltimore: Johns Hopkins University Press.

———. 1984. *Distinction: A Social Critique of the Judgement of Taste.* Cambridge, MA: Harvard University Press.

———. 1986. "The Forms of Capital." In *Handbook of Theory and Research for the Sociology of Education*, edited by John Richardson, 241–58. Westport, CT: Greenwood.

Bradsher, Keith. 2013. "In China, Families Bet It All on a Child in College." *New York Times*, February 16. https://www.nytimes.com/2013/02/17/business/in-china-families-bet-it-all-on-a-child-in-college.html.

Bransford, John D., Ann L. Brown, and Rodney R. Cocking. 1999. *How People Learn: Brain, Mind, Experience, and School.* Washington, DC: National Academy Press.

Brooks, David. 2000. *Bobos in Paradise: The New Upper Class and How They Got There.* New York: Simon & Schuster.

Brooks, Rachel, and Johanna L. Waters. 2009. "International Higher Education and the Mobility of UK Students." *Journal of Research in International Education* 8(2): 191–209.

———. 2011. *Student Mobilities, Migration and the Internationalization of Higher Education.* London: Palgrave Macmillan.

Buchmann, Claudia, Dennis J. Condron, and Vincent J. Roscigno. 2010. "Shadow Education, American Style: Test Preparation, the SAT and College Enrollment." *Social Forces* 89(2): 435–61.

Buchmann, Claudia, and Emily Hannum. 2001. "Education and Stratification in Developing Countries: A Review of Theories and Research." *Annual Review of Sociology* 27: 77–102.

Bureau of Consular Affairs. 2019. "Nonimmigrant Visas Issued by Classification." https://travel.state.gov/content/travel/en/legal/visa-law0/visa-statistics/nonimmigrant-visa-statistics.html.

Burger, Susan E., and Donald L. Burger. 1994. "Determining the Validity of Performance-Based Assessment." *Educational Measurement: Issues and Practice* 13(1): 9–15.

Byun, Soo-yong, and Kyung-keun Kim. 2010. "Educational Inequality in South Korea: The Widening Socioeconomic Gap in Student Achievement." In *Globalization, Changing Demographics, and Educational Challenges in East Asia*, edited by Emily Hannum, Hyunjoon Park, and Yuko Goto Butler, 155–82. Bingley: Emerald.

Byun, Soo-yong, and Hyunjoon Park. 2012. "The Academic Success of East Asian American Youth: The Role of Shadow Education." *Sociology of Education* 85(1): 40–60.

Calarco, Jessica McCrory. 2011. "'I Need Help!' Social Class and Children's Help-Seeking in Elementary School." *American Sociological Review* 76(6): 862–82.

———. 2014. "Coached for the Classroom: Parents' Cultural Transmission and Children's Reproduction of Educational Inequalities." *American Sociological Review* 79(5): 1015–37.

———. 2018. *Negotiating Opportunities: How the Middle Class Secures Advantages in School*. New York: Oxford University Press.

Cameron, Lisa, Nisvan Erkal, Lata Gangadharan, and Xin Meng. 2013. "Little Emperors: Behavioral Impacts of China's One-Child Policy." *Science* 339(6122): 953–57.

Campbell, Cameron. 2020. "The Influence of the Abolition of the Examinations at the End of the Qing on the Holders of Exam Degrees" (Qingmo Keju Tingfei dui Shiren Wenguan Qunti de Yingxiang: Jiyu Weiguan Dashuju de Hongguan Xin Shijiao). *Social Science Journal* 4(249): 156–66.

Cao, Cong. 2004. *China's Scientific Elite*. New York: Routledge.

Cao, Cong, and Richard P. Suttmeier. 2001. "China's New Scientific Elite: Distinguished Young Scientists, the Research Environment and Hopes for Chinese Science." *China Quarterly* 168: 960–84.

Card, David. 2017. "Amicus Curiae Report." Projects at Harvard, December 15. https://projects.iq.harvard.edu/files/diverse-education/files/expert_report_-_2017-12-15_dr._david_card_expert_report_updated_confid_desigs_redacted.pdf.

Caspi, Avshalom, and Brent W. Roberts. 2001. "Personality Development Across the Life Course: The Argument for Change and Continuity." *Psychological*

Inquiry 12(2): 49–66.

Chaffee, John H. 1985. *The Thorny Gates of Learning in Sung China: A Social History of Examinations*. Cambridge: Cambridge University Press.

Chambliss, Daniel F. 1989. "The Mundanity of Excellence: An Ethnographic Report on Stratification and Olympic Swimmers." *Sociological Theory* 7(1): 70–86.

Chan, Tak Wing, and Vikki Boliver. 2013. "The Grandparents Effect in Social Mobility: Evidence from British Birth Cohort Studies." *American Sociological Review* 78(4): 662–78.

Chao, Grace. 2013. "Elite Status in the People's Republic of China: Its Formation and Maintenance." PhD dissertation, Columbia University.

Chen, B. 1994. "A Little Emperor: One-Child Family." *Integration* 39: 27.

Chen, Chih-Jou. 2006. "Elite Mobility in Post-Reform Rural China." *Issues and Studies* 42(2): 53–83.

Chen, Te-Ping. 2015. "China Curbs Elite Education Programs: Beijing Tries to Chill Western Influence and Close a Growing Gap in Inequality." *Wall Street Journal*, December 20. https://www.wsj.com/articles/china-curbs-elite-education-programs-1450665387.

Chen, Xinyin, Yufang Bian, Tao Xin, Li Wang, and Rainer K. Silbereisen. 2010. "Perceived Social Change and Childrearing Attitudes in China." *European Psychologist* 15(4): 260–70.

Chhin, Christina S., Martha Bleeker, and Janis E. Jacobs. 2008. "Gender-Typed Occupational Choices: The Long-Term Impact of Parents' Beliefs and Expectations." In *Gender and Occupational Outcomes: Longitudinal Assessments of Individual, Social, and Cultural Influences*, edited by Helen M. G. Watt and Jacquelynne S. Eccles, 215–34. Worcester, MA: American Psychological Association.

Chiang, Yi-Lin. 2018. "When Things Don't Go as Planned: Contingencies, Cultural Capital, and Parental Involvement for Elite University Admission in China." *Comparative Education Review* 62(4): 503–21.

Chiang, Yi-Lin, and Annette Lareau. 2018. "Elite Education in China: Insights into the Transition to Higher Education." In *Elites in Education: Major Themes in Education*. Vol. 4: *Pathways to Elite Institutions and Professions*, edited by Agnes Van Zanten, 178–94. New York: Routledge.

Chiang, Yi-Lin, and Hyunjoon Park. 2015. "Do Grandparents Matter? A Multigenerational Perspective on Educational Attainment in Taiwan." *Social Science Research* 51: 163–73.

Childress, Herb. 2019. *The Adjunct Underclass: How America's Colleges Betrayed Their Faculty, Their Students, and Their Mission*. Chicago: University of

Chicago Press.

Chin, Margaret M. 2020. *Stuck: Why Asian Americans Don't Reach the Top of the Corporate Ladder*. New York: New York University Press.

Chin, Tiffani. 2000. "'Sixth Grade Madness' Parental Emotion Work in the Private High School Application Process." *Journal of Contemporary Ethnography* 29(2): 124–63.

China Daily. 2014. "Expected Salary of Graduates Hits 4-Year Low." May 28. https://www.chinadaily.com.cn/china/2014-05/28/content_17547583.htm.

China Education Online. 2014a. "Income Ranking of College Graduates: List of the Graduates from 25 Top Paid Universities" (Daxue Biyesheng Gongzi Paiming: Zhongguo Xinchou Zuigao De 25 Suo Daxue Pandian). http://career.eol.cn/kuai_xun_4343/20140928 /t20140928_1181218.shtml.

———. 2014b. "2014 Study Abroad Report" (2014 Chuguo Liuxue Qushi Baogao). https://www.eol.cn/html/lx/2014baogao/.

———. 2017. "2016 Study Abroad Report" (2016 Chuguo Liuxue Fazhan Qushi Baogao). https://www.eol.cn/html/lx/report2016/mulu.shtml.

Clark, Burton R. 1960. "The 'Cooling-Out' Function in Higher Education." *American Journal of Sociology* 65(6): 569–76.

Clark, Gregory, and Neil Cummins. 2014. "Inequality and Social Mobility in the Industrial Revolution Era." In *Cambridge Economic History of Modern Britain*, edited by Roderick Floud, Jane Humphries, and Paul Johnson, 211–36. Cambridge: Cambridge University Press.

Clark, Taylor. 2008. "Plight of the Little Emperors." *Psychology Today*, July 1. https://www.psychologytoday.com/us/articles/200807/plight-the-little-emperors.

Coleman, James Samuel. 1961. *The Adolescent Society: The Social Life of the Teenager and Its Impact on Education*. New York: Free Press.

———. 1988. "Social Capital in the Creation of Human Capital." *American Journal of Sociology* 94: 95–120.

College Board. 2013. "The 2013 SAT Report on College & Career Readiness." https://secure-media.collegeboard.org/homeOrg/content/pdf/sat-report-college-career-readiness-2013.pdf.

Collins, Randall. 1979. *The Credential Society: An Historical Sociology of Education and Stratification*. New York: Columbia University Press.

———. 1998. "Technological Displacement and Capitalist Crises: Escapes and Dead Ends." In *The Sociology of Philosophies: A Global Theory of Intellectual Change*. Cambridge, MA: Harvard University Press.

———. 2004. *Interaction Ritual Chains*. Princeton, NJ: Princeton University Press.

Congressional Research Service. 2020. "COVID-19: U.S. Economic Effects." May 13. https://sgp.fas.org/crs/row/R46270.pdf.

Cookson, Peter W., Jr., and Caroline Hodges Persell. 1985. *Preparing for Power: America's Elite Boarding Schools.* New York: Basic Books.

Courtois, Aline. 2013. "Becoming Elite: Exclusion, Excellence, and Collective Identity in Ireland's Top Fee-Paying Schools." In *The Anthropology of Elites: Power, Culture, and the Complexities of Distinction*, edited by Jon Abbink and Tijo Salverda, 163–83. New York: Palgrave Macmillan.

Damian, Rodica Ioana, Rong Su, Michael J. Shanahan, Ulrich Trautwein, and Brent W. Roberts. 2015. "Can Personality Traits and Intelligence Compensate for Background Disadvantage? Predicting Status Attainment in Adulthood." *Journal of Personality and Social Psychology* 109(3): 473–89.

Davey, Gareth, Chuan De Lian, and Louise Higgins. 2007. "The University Entrance Examination System in China." *Journal of Further and Higher Education* 31(4): 385–96.

Davis, Bob, and Lingling Wei. 2019. "China's Plan for Tech Dominance is Advancing, Business Groups Say; Critical Report on 'Made in China 2025' Issued as U.S.-China Trade Talks Are Set to Resume Next Week." *Wall Street Journal*, January 22. https://www.wsj.com/articles/u-s-business-groups-weigh-in-on-chinas-technology-push-11548153001.

Dearing, Eric, Holly Kreider, Sandra Simpkins, and Heather B. Weiss. 2006. "Family Involvement in School and Low-Income Children's Literacy: Longitudinal Associations Between and Within Families." *Journal of Educational Psychology* 98(4): 653–64.

Decker, Steve, Scott H. Decker, and Barrik Van Winkle. 1996. *Life in the Gang: Family, Friends, and Violence.* Cambridge: Cambridge University Press.

Demerath, Peter. 2009. *Producing Success: The Culture of Personal Advancement in an American High School.* Chicago: University of Chicago Press.

Department of Education and Training, Australia. 2017. "International Student Data Monthly Summary." https://internationaleducation.gov.au/research/international-student-data/Pages/default.aspx.

DK International Education. 2013. "2013 China SAT Annual Analysis Report" (2013 Nian SAT Niandu Fenxi Baogao). https://wenku.baidu.com/view/60baeac46294dd88d0d26b9d.html.

Domhoff, G. William. 1967. *Who Rules America?* Englewood Cliff, NJ: Prentice Hall.

———. 2017. *Studying the Power Elite: Fifty Years of Who Rules America?* New York: Routledge.

Dworkin, Jodi B., Reed Larson, and David Hansen. 2003. "Adolescents' Accounts of Growth Experiences in Youth Activities." *Journal of Youth and Adolescence* 32(1): 17–26.

Eckert, Penelope. 1989. *Jocks and Burnouts: Social Categories and Identity in the High School.* New York: Teachers College Press.

Ellis, B. Heidi, Eva Alisic, Amy Reiss, Tom Dishion, and Philip A. Fisher. 2014. "Emotion Regulation among Preschoolers on a Continuum of Risk: The Role of Maternal Emotion Coaching." *Journal of Child and Family Studies* 23(6): 965–74.

Erola, Jani, and Pasi Moisio. 2007. "Social Mobility over Three Generations in Finland, 1950–2000." *European Sociological Review* 23(2): 169–83.

Er-Rafia, Fatima-Zohra. 2018. "How did China Become the World's Second Economic Power?" *Rising Powers in Global Governance*, September 17. https://risingpowersproject.com/how-did-china-become-the-worlds-second-economic-power/.

European Commission and HR/VP Contribution to the European Council. 2019. "Communication: EU-China—A Strategic Outlook." March 12. https://ec.europa.eu/info/publications/eu-china-strategic-outlook-commission-contribution-european-council-21-22-march-2019_en.

FairTest. 2020. "More Than Half of All U.S. Four-Year Colleges and Universities Will Be TestOptional for Fall 2021 Admission." Fair Test, the National Center for Fair & Open Testing, June 14. https://www.fairtest.org/more-half-all-us-fouryears-colleges-and-universiti.

Fan, C. Cindy. 2002. "The Elite, the Natives, and the Outsiders: Migration and Labor Market Segmentation in Urban China." *Annals of the Association of American Geographers* 92(1): 103–24.

Ferdinand, Robert F., and Frank C. Verhulst. 1995. "Psychopathology from Adolescence into Young Adulthood: An 8-Year Follow-Up Study." *American Journal of Psychiatry* 152(11): 1586–94.

Fischer, Claude S., Michael Hout, Martín Sánchez Jankowski, Samuel R. Lucas, Ann Swidler, and Kim Voss. 1996. *Inequality by Design: Cracking the Bell Curve Myth.* Princeton, IL: Princeton University Press.

Fite, Paula J., Adrian Raine, Magda Stouthamer-Loeber, Rolf Loeber, and Dustin A. Pardini. 2010. "Reactive and Proactive Aggression in Adolescent Males: Examining Differential Outcomes 10 Years Later in Early Adulthood." *Criminal Justice and Behavior* 37(2): 141–57.

Fong, Vanessa. 2004. *Only Hope: Coming of Age under China's One-Child Policy.* Stanford, CA: Stanford University Press.

———. 2011. *Paradise Redefined: Transnational Chinese Students and the Quest for Flexible Citizenship in the Developed World.* Stanford, CA: Stanford University Press.

Furuta, Jared. 2017. "Rationalization and Student/School Personhood in U.S. College Admissions: The Rise of Test-Optional Policies, 1987 to 2015." *Sociology of Education* 90(3): 236–54.

Furuta, Jared, Evan Schofer, and Shawn Wick. 2016. "The Effects of High Stakes Testing on Educational Outcomes, 1960–2006." Presentation at the American Sociological Association annual meeting, Seattle.

Galak, Jeff, Kurt Gray, Igor Elbert, and Nina Strohminger. 2016. "Trickle-Down Preferences: Preferential Conformity to High Status Peers in Fashion Choices." *PLOS One* 11(5): e0153448.

Gao, Helen. 2014. "(Opinion) China's Education Gap." *New York Times*, September 4. https:// www.nytimes.com/2014/09/05/opinion/sunday/chinas-education-gap.html.

Garcia, Georgia Earnest, and P. David Pearson. 1991. "The Role of Assessment in a Diverse Society." In *Literacy in a Diverse Society: Perspectives, Practices, and Policies*, edited by Elfrieda H. Hiebert, 253–78. New York: Teachers College Press.

Gardner, Howard E. 1993. *Multiple Intelligence: Theory in Practice.* New York: Basic Books.

Gaztambide-Fernández, Rubén A. 2009. *The Best of the Best: Becoming Elite at an American Boarding School.* Cambridge, MA: Harvard University Press.

Ghuman, Gagandeep. 2018. "Can China Conquer the World? Yes, It Has a Plan That Works." *Global Canadian*, January 29. https://www.northshoredailypost.com/can-china-conquer-world-yes-plan-works/.

Gibson, Anja. 2019. "The (Re-)Production of Elites in Private and Public Boarding Schools: Comparative Perspectives on Elite Education in Germany." In *Elites and People: Challenges to Democracy*, edited by Fredrik Engelstad, Trygve Gulbrandsen, Marte Mangset, and Mari Teigen, 115–36. Bingley: Emerald.

Giddens, Anthony. 1972. "Elites in the British Class Structure." *Sociological Review* 20(3): 345–72.

Goldin, Claudia, and Lawrence F. Katz. 1999. "The Shaping of Higher Education: The Formative Years in the United States, 1890 to 1940." *Journal of Economic Perspectives* 13(1): 37–62.

Gommans, Rob, Marlene J. Sandstrom, Gonneke W. J. M. Stevens, Tom F. M. ter Bogt, and Antonius H. N. Cillessen. 2017. "Popularity, Likeability, and Peer Conformity: Four Field Experiments." *Journal of Experimental Social*

Psychology 73: 279–89.
Gong, Honge, Andrew Leigh, and Xin Meng. 2012. "Intergenerational Income Mobility in Urban China." *Review of Income and Wealth* 58(3): 481–503.
Goodman, David SG. 2014. *Class in Contemporary China*. Hoboken, NJ: John Wiley.
Gore, Lance L. P. 2019. "The Communist Party-Dominated Governance Model of China: Legitimacy, Accountability, and Meritocracy." *Polity* 51(1): 161–94.
Grazian, David. 2008. *On the Make: The Hustle of Urban Nightlife*. Chicago: University of Chicago Press.
Guimarães, Juliana, and Breno Sampaio. 2013. "Family Background and Students' Achievement on a University Entrance Exam in Brazil." *Education Economics* 21(1): 38–59.
Hamilton, Laura T. 2016. *Parenting to a Degree: How Family Matters for College Women's Success*. Chicago: University of Chicago Press.
Hannum, Emily, 1999. "Political Change and the Urban-Rural Gap in Basic Education in China, 1949–1990." *Comparative Education Review* 43(2): 193–211.
Hao, Jie, and Anthony Welch. 2012. "A Tale of Sea Turtles: Job-Seeking Experiences of Hai Gui (High-Skilled Returnees) in China." *Higher Education Policy* 25(2): 243–60.
Hao, Lingxin, Alfred Hu, and Jamie Lo. 2014. "Two Aspects of the Rural-Urban Divide and Educational Stratification in China: A Trajectory Analysis." *Comparative Education Review* 58(3): 509–36.
Harris, Kathleen Mullan, Frank F. Furstenberg, and Jeremy K. Marmer. 1998. "Paternal Involvement with Adolescents in Intact Families: The Influence of Fathers over the Life Course." *Demography* 35(2): 201–16.
Hartmann, Michael. 2006. *The Sociology of Elites*. New York: Routledge.
Haun, Daniel B. M., and Michael Tomasello. 2011. "Conformity to Peer Pressure in Preschool Children." *Child Development* 82(6): 1759–67.
Heathcote, Andrew. 2019. "American Dominance in Tech Wealth Creation Upended by Asian Wave." *Bloomberg*, February 9. https://www.bloomberg.com/news/articles/2019-02-08 /american-dominance-in-tech-wealth-creation-upended-by-asian-wave.
Heckman, James J., and Xuesong Li. 2004. "Selection Bias, Comparative Advantage and Heterogeneous Returns to Education: Evidence from China in 2000." *Pacific Economic Review* 9(3): 155–71.
Heeter, Chad. 2008. *Two Million Minutes: A Global Examination*. United States: Broken Pencil Productions.

Herrnstein, Richard J., and Charles A. Murray. 1994. *The Bell Curve: Intelligence and Class Structure in American Life.* New York: Free Press.

Higgins, Tim. 2013. "Chinese Students Major in Luxury Cars." *Bloomberg*, December 20. https://www.bloomberg.com/news/articles/2013-12-19/chinese-students-in-u-dot-s-dot-boost-luxury-car-sales.

Hirooka, Kayo, Mitsunori Miyashita, Tatsuya Morita, Takeyuki Ichikawa, Saran Yoshida, Nobuya Akizuki, Miki Akiyama, Yutaka Shirahige, and Kenji Eguchi. 2014. "Regional Medical Professionals' Confidence in Providing Palliative Care, Associated Difficulties and Availability of Specialized Palliative Care Services in Japan." *Japanese Journal of Clinical Oncology* 44(3): 249–56.

Ho, Ping-Ti. 1962. *The Ladder of Success in Imperial China: Aspects of Social Mobility, 1368–1911.* New York: Columbia University Press.

Horvat, Erin, Elliot Weininger, and Annette Lareau. 2003. "From Social Ties to Social Capital: Class Differences in the Relations between Schools and Parent Networks." *American Educational Research Journal* 40(2): 319–51.

Horwitz, Josh. 2016. "Golf Is Now Mandatory at a Chinese Elementary School." *Quartz*, March 21. https://qz.com/640572/for-one-public-school-in-shanghai-golf-is-a-mandatory-course/.

Huang, Tiffany J. 2021. "Negotiating the Workplace: Second-Generation Asian American Professionals' Early Experiences." *Journal of Ethnic and Migration Studies* 47(11): 2477–96.

Huawen. 2017. "2016 Summary of Tsinghua and Peking University Admissions in Each Province" (2016 nian Tsinghua, Beida Quanguo Gesheng Zhaosheng Renshu Zonghui). May 1. https:// www.cnread.news/content/2357203.html.

Jacques, Martin. 2009. *When China Rules the World: The End of the Western World and the Birth of a New Global Order.* London: Penguin.

Jæger, Mads M. 2012. "The Extended Family and Children's Educational Success." *American Sociological Review* 77(6): 903–22.

Jencks, Christopher, and Meredith Phillips. 1998. *The Black-White Test Score Gap.* Washington, DC: Brookings Institution Press.

Jencks, Christopher, and David Riesman. 2017. *The Academic Revolution.* New York: Routledge.

Jencks, Harlan W. 1982. "Defending China in 1982." *Current History* 81(479): 246–50, 274–75.

Jiang, Gang. 2007. "Equal and Fair, Promote Harmony: 30 Years after the Reestablishment of the National College Entrance Exam" (Gongping Gong Zheng, Jiangou Hexie: Jinian Guifu Gaokao Zhidu 30 Zhonian). *China Examinations* 8: 8–11.

Jiménez, Tomás R., and Adam L. Horowitz. 2013. "When White Is Just Alright: How Immigrants Redefine Achievement and Reconfigure the Ethnoracial Hierarchy." *American Sociological Review* 78(5): 849–71.

John, Tara. 2016. "International Students in U.S. Colleges and Universities Top 1 Million." *Time*, November 14. https://time.com/4569564/international-us-students/.

Kao, Grace, and Jennifer S. Thompson. 2003. "Racial and Ethnic Stratification in Educational Achievement and Attainment." *Annual Review of Sociology* 29: 417–42.

Karabel, Jerome. 2005. *The Chosen: The Hidden History of Admission and Exclusion at Harvard, Yale, and Princeton*. Boston: Mariner Books.

Khan, Shamus Rahman. 2011. *Privilege: The Making of an Adolescent Elite at St. Paul's School*. Princeton, NJ: Princeton University Press.

Kim, Young K., Julie J. Park, and Katie K. Koo. 2015. "Testing Self-Segregation: Multiple-Group Structural Modeling of College Students' Interracial Friendship by Race." *Research in Higher Education* 56(1): 57–77.

Kincheloe, Joe L., Shirley R. Steinberg, and Aaron David Gresson III, eds. 1997. *Measured Lies: The Bell Curve Examined*. New York: St. Martin's.

Kipnis, Andrew B. 2011. *Governing Educational Desire: Culture, Politics, and Schooling in hina*. Chicago: University of Chicago Press.

Kiselycznyk, Michael, and Phillip C. Saunders. 2010. "Civil-Military Relations in China: Assessing the PLA's Role in Elite Politics." China Strategic Perspectives, No. 2. Washington, DC: National Defense University Press.

Konty, Mark A., and Charlotte Chorn Dunham. 1997. "Differences in Value and Attitude Change over the Life Course." *Sociological Spectrum* 17(2): 177–97.

Kwon, Soo Ah, Xavier Hernandez, and Jillian L. Moga. 2019. "Racial Segregation and the Limits of International Undergraduate Student Diversity." *Race Ethnicity and Education* 22(1): 59–72.

Lai, Alexis. 2012. "Chinese Flock to Elite U.S. Schools." *CNN*, November 26. http://www.cnn.com/2012/11/25/world/asia/china-ivy-league-admission/index.html.

Lam, Chi-Chung, Esther Sui Chu Ho, and Ngai-Ying Wong. 2002. "Parents' Beliefs and Practices in Education in Confucian Heritage Cultures: The Hong Kong Case." *Journal of Southeast Asian Education* 3(1): 99–114.

Lan, Pei-Chia. 2018. *Raising Global Families: Parenting, Immigration, and Class in Taiwan and the U.S*. Stanford, CA: Stanford University Press.

Lareau, Annette. 2000. *Home Advantage: Social Class and Parental Intervention in Elementary Education*. Washington, DC: Rowman & Littlefield.

———. 2011. *Unequal Childhoods: Class, Race, and Family Life*. Berkeley:

University of California Press.

———. 2015. "Cultural Knowledge and Social Inequality." *American Sociological Review* 80(1): 1–27.

Lareau, Annette, Shani Adia Evans, and April Yee. 2016. "The Rules of the Game and the Uncertain Transmission of Advantage: Middle-Class Parents' Search for an Urban Kindergarten." *Sociology of Education* 89(4): 279–99.

Lareau, Annette, and Kimberly Goyette, eds. 2014. *Choosing Homes, Choosing Schools*. New York: Russell Sage Foundation.

Lareau, Annette, and Erin McNamara Horvat. 1999. "Moments of Social Inclusion and Exclusion Race, Class, and Cultural Capital in Family-School Relationships." *Sociology of Education* 72(1): 37–53.

Larmer, Brook. 2014. "Inside a Chinese Test-Prep Factory." *New York Times*, December 31. https://www.nytimes.com/2015/01/04/magazine/inside-a-chinese-test-prep-factory.html.

Lee, Sunhwa, and Mary C. Brinton. 1996. "Elite Education and Social Capital: The Case of South Korea." *Sociology of Education* 69(3): 177–92.

Levey-Friedman, Hilary. 2013. *Playing to Win: Raising Children in a Competitive Culture*. Berkeley: University of California Press.

Li, Bobai, and Andrew G. Walder. 2001. "Career Advancement as Party Patronage: Sponsored Mobility into the Chinese Administrative Elite, 1949–1996." *American Journal of Sociology* 106(5): 1371–1408.

Li, Cheng. 2006. "Foreign-Educated Returnees in the People's Republic of China: Increasing Political Influence with Limited Official Power." *Journal of International Migration and Integration* 7(4): 493–516.

Li, Cheng, and David Bachman. 1989. "Localism, Elitism, and Immobilism: Elite Formation and Social Change in Post-Mao China." *World Politics* 42(1): 64–94.

Li, Fengliang, John Morgan, and Xiaohao Ding. 2008. "The Expansion of Higher Education, Employment and Over-education in China." *International Journal of Educational Development* 28(6): 687–97.

Li, Haiyang, Yan Zhang, Yu Li, Li-An Zhou, and Weiying Zhang. 2012. "Returnees versus Locals: Who Perform Better in China's Technology Entrepreneurship?" *Strategic Entrepreneurship Journal* 6(3): 257–72.

Li, Haizheng. 2003. "Economic Transition and Returns to Education in China." *Economics of Education Review* 22(3): 317–28.

Li, Huijun, and Frances Prevatt. 2008. "Fears and Related Anxieties in Chinese High School Students." *School Psychology International* 29(1): 89–104.

Li, Shi, Hiroshi Sato, and Terry Sicular, eds. 2013. *Rising Inequality in China:*

Challenges to a Harmonious Society. Cambridge: Cambridge University Press.

Li, Yao, and Harvey L. Nicholson Jr. 2021. "When 'Model Minorities' Become 'Yellow Peril'—Othering and the Racialization of Asian Americans in the COVID-19 Pandemic." *Sociology Compass* 15(2): e12849.

Liang, Chen, Hao Zhang, Lan Li, Danqing Ruan, Cameron Campbell, and James Lee. 2013. *Silent Revolution: The Social Origins of Peking University and Soochow University Undergraduates, 1949–2002* (Wusheng de geming: Beijing daxue, suzhou daxue de xuesheng shehui laiyuan 1949–2002). Beijing: SDX Joint Publishing.

Lim, Louisa, and Julia Bergin. 2018. "Inside China's Audacious Global Propaganda Campaign." *Guardian*, December 7. https://www.theguardian.com/news/2018/dec/07/china-plan-for-global-media-dominance-propaganda-xi-jinping.

Lin, Nan, and Wen Xie. 1988. "Occupational Prestige in Urban China." *American Journal of Sociology* 93(4): 793–832.

Linn, Robert L., and Eva L. Baker. 1996. "Can Performance-Based Assessments Be Psychometrically Sound?" In *Performance-Based Student Assessment: Challenges and Possibilities*, edited by Joan Boykoff Baron and Dennie Palmer Wolf. Chicago: University of Chicago Press.

Littrell, Romie F. 2005. "Teaching Students from Confucian Cultures." In *Business and Management Education in China: Transition, Pedagogy and Training*, edited by Ilan Alon and John R. McIntyre, 115–40. Singapore: World Scientific.

Liu, Haifeng. 2011. "The Reform of College Entrance Examination: Priority to Fairness or Efficiency" (Gaokao Gaige, Gongping Weishou Haishi Xiaolu Youxian). *Journal of Higher Education* 5(1): 1–6.

Liu, Ruth X., Wei Lin, and Zeng-Yin Chen. 2010. "School Performance, Peer Association, Psychological and Behavioral Adjustments: A Comparison between Chinese Adolescents With and Without Siblings." *Journal of Adolescence* 33(3): 411–17.

Liu, Xianchen, Jenn-Yun Tein, Zhongtang Zhao, and Irwin N. Sandler. 2005. "Suicidality and Correlates among Rural Adolescents of China." *Journal of Adolescent Health* 37(6): 443–51.

Liuxue. 2014. "Rankings of the Numbers of Chinese Students Admitted to American Elite Universities: Duke University Is Top" (Meiguo Mingxiao Luqu Zhongguo Xuesheng Renshu Paihang: Duke University Ju Sho). April 18. http://l.gol.edu.cn/school_3324/20140418/t20140418_1100881_3.shtml.

Lubinski, David, David B. Schmidt, and Camilla Persson Benbow. 1996. "A 20-Year

Stability Analysis of the Study of Values for Intellectually Gifted Individuals from Adolescence to Adulthood." *Journal of Applied Psychology* 81(4): 443–51.

Lucas, Samuel R. 2001. "Effectively Maintained Inequality: Education Transitions, Track Mobility, and Social Background Effects." *American Journal of Sociology* 106(6): 1642–90.

Ma, Yingyi. 2020. *Ambitious and Anxious: How Chinese College Students Succeed and Struggle in American Higher Education.* New York: Columbia University Press.

MacLeod, Jay. 2018. *Ain't No Makin' It: Aspirations and Attainment in a Low-Income Neighborhood.* Boulder, CO: Westview.

Mare, Robert D. 2012. "Holistic Review in Freshman Admissions at UCLA." Los Angeles: University of California, Los Angeles. http://uclaunfair.org/pdf/marereport.pdf.

Mazlish, Bruce, and Elliot R. Morss. 2005. "A Global Elite?" In *Leviathans: Multinational Corporations and the New Global History*, edited by Alfred D. Chandler and Bruce Mazlish, 167–87. Cambridge: Cambridge University Press.

McAdams, Dan P., and Bradley D. Olson. 2010. "Personality Development: Continuity and Change over the Life Course." *Annual Review of Psychology* 61: 517–42.

McCabe, Janice M. 2016. *Connecting in College: How Friendship Networks Matter for Academic and Social Success.* Chicago: University of Chicago Press.

McDonough, Patricia M. 1997. *Choosing Colleges: How Social Class and Schools Structure Opportunity.* Albany: State University of New York Press.

Mears, Ashley. 2011. *Pricing Beauty: The Making of a Fashion Model.* Berkeley: University of California Press.

Mills, C. Wright. 1956. *The Power Elite.* New York: Oxford University Press.

Milner, Murray. 1994. *Status and Sacredness: A General Theory of Status Relations and an Analysis of Indian Culture.* New York: Oxford University Press.

———. 2015a. *Elites: A General Model.* Cambridge, MA: Polity.

———. 2015b. *Freaks, Geeks, and Cool Kids: Teenagers in an Era of Consumerism, Standardized Tests, and Social Media.* New York: Routledge.

Morgan, Stephen L., and Aage B. Sørensen. 1999. "Parental Networks, Social Closure, and Mathematics Learning: A Test of Coleman's Social Capital Explanation of School Effects." *American Sociological Review* 64(5): 661–81.

Mõttus, René, Kristjan Indus, and Jüri Allik. 2008. "Accuracy of Only Children Stereotype." *Journal of Research in Personality* 42(4): 1047–52.

National Bureau of Statistics. 2013. "Average Annual Income of Urban Residents" (Chengzhen Jumin Pingjun Meiren Quanbu Nianshouru)." Beijing: China Statistics Press.

———. 2017. "China Statistics Year Book." Beijing: China Statistics Press.

Nee, Victor. 1991. "Social Inequalities in Reforming State Socialism: Between Redistribution and Markets in China." *American Sociological Review* 56(3): 267–82.

Nilizadeh, Shirin, Anne Groggel, Peter Lista, Srijita Das, Yong-Yeol Ahn, Apu Kapadia, and Fabio Rojas. 2016. "Twitter's Glass Ceiling: The Effect of Perceived Gender on Online Visibility." In *International AAAI Conference on Web and Social Media*, 289–98. Palo Alto, CA: Association for the Advancement of Artificial Intelligence.

Nolan, Peter. 2013. *Is China Buying the World?* Cambridge, MA: Polity.

OECD. 2014. *PISA 2012 Results: Creative Problem Solving: Students' Skills in Tackling Real-Life Problems.* Vol. 5. Paris: PISA, OECD Publishing.

———. 2017. *PISA 2015 Results: Collaborative Problem Solving.* Vol. 5. Paris: PISA, OECD Publishing.

———. 2020. *OECD Employment Outlook 2020: Worker Security and the Covid-19 Crisis.* Paris: OECD Publishing.

Oguntoyinbo, Lekan. 2014. "Breaking through the Bamboo Ceiling." *Diverse Issues in Higher Education* 31(7): 10–11.

Orfield, Gary, and Nicholas Hillman. 2018. *Accountability and Opportunity in Higher Education: The Civil Rights Dimension.* Cambridge, MA: Harvard Education Press.

Oyer, Paul. 2008. "The Making of an Investment Banker: Stock Market Shocks, Career Choice, and Lifetime Income." *Journal of Finance* 63(6): 2601–28.

Page, Benjamin, Larry M. Bartels, and Jason Seawright. 2013. "Democracy and the Policy Preferences of Wealthy Americans." *Perspectives on Politics* 11(1): 51–73.

Park, Hyunjoon. 2008. "The Varied Educational Effects of Parent-Child Communication: A Comparative Study of Fourteen Countries." *Comparative Education Review* 52(2): 219–43.

Peking University Recruitment Newsletter. 2014. "2014 Chart of Successful Alumni in Chinese Universities." *Gaokao Special Issue* 24: 6.

Peking University Student Career Center. 2014. "Annual Report of the Employment Quality of Graduates from Peking University" (Peking University 2014nian Biyesheng Jiuye Zhiliang Niandu Baogao). Beijing: Peking University.

People's Daily. 2016. "Worries over the Fairness of Different Beneficiary Groups in the 'American National College Entrance Exam'" (Meiguo Gaokao Luqu Gongping Kanyou, Huoyi Qunti Gebuxiangtong). January 28. http://edu.people.com.cn/n1/2016/0128/c1053-28092530.html.

Pepper, Suzanne. 1996. *Radicalism and Education Reform in 20th-Century China: The Search for an Ideal Development Model.* Cambridge: Cambridge University Press.

Qian, Wang, Mohammed Abdur Razzaque, and Kau Ah Keng. 2007. "Chinese Cultural Values and Gift-Giving Behavior." *Journal of Consumer Marketing* 24(4): 214–28.

Radford, Alexandria Walton. 2013. *Top Student, Top School? How Social Class Shapes Where Valedictorians Go to College.* Chicago: University of Chicago Press.

Raftery, Adrian E., and Michael Hout. 1993. "Maximally Maintained Inequality: Expansion, Reform, and Opportunity in Irish Education, 1921–75." *Sociology of Education* 66 (1): 41–62.

Ramirez, Francisco O., Evan Schofer, and John W. Meyer. 2018. "International Tests, National Assessments, and Educational Development (1970–2012)." *Comparative Education Review* 62(3): 344–64.

Ramsden, Sally R., and Julie A. Hubbard. 2002. "Family Expressiveness and Parental Emotion Coaching: Their Role in Children's Emotion Regulation and Aggression." *Journal of Abnormal Child Psychology* 30 (6): 657–67.

Resnick, Lauren B., and Megan Williams Hall. 1998. "Learning Organizations for Sustainable Education Reform." *Daedalus* 127(4): 89–118.

Riesman, David, and Christopher Jencks. 1962. "The Viability of the American College." In *The American College: A Psychological and Social Interpretation of the Higher Learning*, edited by Nevitt Sanford, 74–192. New York: John Wiley.

Rivera, Lauren A. 2015. *Pedigree: How Elite Students Get Elite Jobs.* Princeton, NJ: Princeton University Press.

Roksa, Josipa, and Daniel Potter. 2011. "Parenting and Academic Achievement: Intergenerational Transmission of Educational Advantage." *Sociology of Education* 84 (4): 299–321.

Rose-Redwood, CindyAnn R., and Reuben S. Rose-Redwood. 2013. "Self-Segregation or Global Mixing? Social Interactions and the International Student Experience." *Journal of College Student Development* 54(4): 413–29.

Saez, Emmanuel, and Gabriel Zucman. 2016. "Wealth Inequality in the United States since 1913: Evidence from Capitalized Income Tax Data." *Quarterly Journal of Economics* 131(2): 519–78.

Sánchez-Jankowski, Martín. 2016. *Burning Dislike: Ethnic Violence in High Schools*. Berkeley: University of California Press.

Scott, John Finley. 1965a. "Sororities and the Husband Game." *Trans-action* 2(6): 10–14.

———. 1965b. "The American College Sorority: Its Role in Class and Ethnic Endogamy." *American Sociological Review* 30(4): 514–27.

Sharma, Yojana. 2014. "What Do You Do with Millions of Extra Graduates?" *BBC*, July 1. https://www.bbc.com/news/business-28062071.

Sharp, Stephen. 1997. "'Much More at Home with 3.999 Pupils Than with Four': The Contributions to Psychometrics of Sir Godfrey Thomson." *British Journal of Mathematical and Statistical Psychology* 50(2): 163–74.

Shavit, Yossi, and Hans-Peter Blossfeld, eds. 1993. *Persistent Inequality: Changing Educational Attainment in Thirteen Countries*. Boulder, CO: Westview.

Sherman, Rachel. 2017. *Uneasy Street: The Anxieties of Affluence*. Princeton, NJ: Princeton University Press.

Sina. 2014. "2014 Acceptance Rate in Gaokao Is 74.33%, University Admission Rates Are 38.7%" (2014 Gaokao Luqulu yue 74.33%, Benke Luqulu 38.7%). June 7. http://edu.sina.com.cn /gaokao/2014-06-07/0734422104.shtml.

———. 2016. "Must Read by International Students: Changes in the American National College Entrance Exam SAT" (Guojixuexiao Xuesheng Bidu: Meiguo Gaokao SAT Gaige you he Bianhua). January 11. http://edu.sina.com.cn/ischool/2016-01-11/doc-ifxnkkuv4340046.shtml.

Smits, Jeroen, Wout Ultee, and Jan Lammers. 1998. "Educational Homogamy in 65 Countries: An Explanation of Differences in Openness Using Country-Level Explanatory Variables." *American Sociological Review* 63(2): 264–85.

Song, Xi, and Robert D. Mare. 2019. "Shared Lifetimes, Multigenerational Exposure, and Educational Mobility." *Demography* 56(3): 891–916.

Sorokowska, Agnieszka, Piotr Sorokowski, Peter Hilpert, Katarzyna Cantarero, Tomasz Frackowiak, Khodabakhsh Ahmadi, Ahmad M. Alghraibeh, et al. 2017. "Preferred Interpersonal Distances: A Global Comparison." *Journal of Cross-Cultural Psychology* 48(4): 577–92.

Staff, Jeremy, John E. Schulenberg, and Jerald G. Bachman. 2010. "Adolescent Work Intensity, School Performance, and Academic Engagement." *Sociology of Education* 83(3): 183–200.

Statistics Canada. 2016. "International Students in Canadian Universities, 2004/2005 to 2013/2014." http://www.statcan.gc.ca/pub/81-599-x/81-599-x2016011-eng.htm.

Stecher, Brian M., and Stephen P. Klein. 1997. "The Cost of Science Performance

Assessments in Large-Scale Testing Programs." *Educational Evaluation and Policy Analysis* 19(1): 1–14.

Steidlmeier, Paul. 1999. "Gift Giving, Bribery and Corruption: Ethical Management of Business Relationships in China." *Journal of Business Ethics* 20(2): 121–32.

Stevens, Mitchell L. 2007. *Creating a Class: College Admissions and the Education of Elites*. Cambridge, MA: Harvard University Press.

Sun, Lena. 1987. "The Spoiled Brats of China." *Washington Post*, July 26. https://www.washingtonpost.com/archive/politics/1987/07/26/the-spoiled-brats-of-china/10a39312-9a46-4f0a-9e9a-a7f884469be6/.

Supovitz, Jonathan, and Robert Brennan. 1997. "Mirror, Mirror on the Wall, Which Is the Fairest Test of All? An Examination of the Equitability of Portfolio Assessment Relative to Standardized Tests." *Harvard Educational Review* 67(3): 472–507.

Tan, Charlene. 2017. "Chinese responses to Shanghai's Performance in PISA." *Comparative Education* 53(2): 209–23.

Tan, Huileng. 2018. "Political Resistance Isn't Stopping Chinese Investors from Snapping Up Property around the World." *CNBC*, September 6. https://sports.yahoo.com/political-resistance-isn-apos-t-014400697.html.

Taylor, Catherine. 1994. "Assessment for Measurement or Standards: The Peril and Promise of Large-Scale Assessment Reform." *American Educational Research Journal* 31(2): 231–62.

Tognini, Giacomo. 2021. "The Countries with the Most Billionaires 2021." *Forbes*, April 6. https://www.forbes.com/sites/giacomotognini/2021/04/06/the-countries-with-the-most-billionaires-2021/?sh=7176f6f6379b.

Torngren, Gustaf, and Henry Montgomery. 2004. "Worse Than Chance? Performance and Confidence among Professionals and Laypeople in the Stock Market." *Journal of Behavioral Finance* 5(3): 148–53.

Tsinghua Career Center. 2014. "Annual Report of the Employment Quality of Graduates from Tsinghua University" (Tsinghua Daxue 2014nian Biyesheng Jiuye Zhiliang Niandu Baogao). Beijing: Tsinghua University.

Turner, Ralph H. 1960. "Sponsored and Contest Mobility and the School System." *American Sociological Review* 25(6): 855–67.

UK Council for International Student Affairs. 2017. "International Student Statistics: UK Higher Education." April 10. https://institutions.ukcisa.org.uk/Info-for-universities-colleges-schools/Policy-research-statistics/Research--statistics/International-students-in-UK-HE/#.

Vandrick, Stephanie. 2011. "Students of the New Global Elite." *TESOL Quarterly*

45(1): 160–69.

Walder, Andrew G. 2012. *Fractured Rebellion: The Beijing Red Guard Movement*. Cambridge, MA: Harvard University Press.

Walder, Andrew G., and Songhua Hu. 2009. "Revolution, Reform, and Status Inheritance: Urban China, 1949–1996." *American Journal of Sociology* 114(5): 1395–1427.

Walder, Andrew G., Bobai Li, and Donald J. Treiman. 2000. "Politics and Life Chances in a State Socialist Regime: Dual Career Paths into the Urban Chinese Elite, 1949 to 1996." *American Sociological Review* 65(2): 191–209.

Wang, Huiyao, David Zweig, and Xiaohua Lin. 2011. "Returnee Entrepreneurs: Impact on China's Globalization Process." *Journal of Contemporary China* 20(70): 413–31.

Wang, Xiaolu, and Wing Thye Woo. 2011. "The Size and Distribution of Hidden Household Income in China." *Asian Economic Papers* 10(1): 1–26.

Waterman, Alan S. 1982. "Identity Development from Adolescence to Adulthood: An Extension of Theory and a Review of Research." *Developmental Psychology* 18(3): 341–58.

Waters, Johanna L. 2006. "Geographies of Cultural Capital: Education, International Migration and Family Strategies between Hong Kong and Canada." *Transactions of the Institute of British Geographers* 31(2): 179–92.

Weber, Max. 1946. *From Max Weber*. New York: Oxford University Press.

———. 1958. "The Chinese Literati." In *Max Weber: Essays in Sociology*, 416–44. New York: Oxford University Press.

Weis, Lois, Kristin Cipollone, and Heather Jenkins. 2014. *Class Warfare: Class, Race, and College Admissions in Top-Tier Secondary Schools*. Chicago: University of Chicago Press.

Westerman, David, Patric R. Spence, and Brandon Van Der Heide. 2012. "A Social Network as Information: The Effect of System Generated Reports of Connectedness on Credibility on Twitter." *Computers in Human Behavior* 28(1): 199–206.

Wilson, George, and Vincent J. Roscigno. 2016. "Job Authority and Stratification Beliefs." *Research in the Sociology of Work* 29: 75–97.

Woessmann, Ludger. 2011. "Cross-Country Evidence on Teacher Performance Pay." *Economics of Education Review* 30(3): 404–18.

Wo Zhongwen Bu Hao. 2017. "2017 College Entrance Examination Champion: It is Important that Rich in Family" (2017 Gaokao Zhuangyuan: Jiali You Qian Hen Zhongyao). YouTube, June 25. https://www.youtube.com/watch?v=giM2uTH6LP8&ab_channel=%E6%88%91%E4%B8%AD%E6%9

6%87%E4%B8%8D%E5%A5%BD.

Wu, Xiaogang, and Yu Xie. 2003. "Does the Market Pay Off? Earnings Returns to Education in Urban China." *American Sociological Review* 68(3): 425–42.

Wu, Xiaoxin. 2013. *School Choice in China: A Different Tale?* New York: Routledge.

Wu, Yuting. 2018. "8 Million Housing Supplement + Million Annual Salary! Behind the Soaring 'Worth' of Yangtze River Scholars: The Battle for Talents in Universities Has Started!" (800 Wan Fang Bu +Bai Wan NiAnxin! Changjiang Xuezhe "Shenjia" Biao Zhang Beihou: Gaoxiao Rencai Zhengduo Zhan Daxiang!). *Economic Observer* (Jingji Guancha Bao), January 16. https://mp.weixin.qq.co/s/GQjJ9tySOSbwBeGTN-IvbA.

Xie, Yu. 2016. "Understanding Inequality in China." *Chinese Journal of Sociology* 2(3): 327–47.

Xie, Yu, and Xiang Zhou. 2014. "Income Inequality in Today's China." *Proceedings of the National Academy of Sciences* 111(19): 6928–33.

Xing, Xiu-Ya, Tao Fang-Biao, Wan Yu-Hui, Xing Chao, Qi Xiu-Yu, Hao Jia-Hu, Su Pu-Yu, Pan Hai-Feng, and Huang Lei. 2010. "Family Factors Associated with Suicide Attempts among Chinese Adolescent Students: A National Cross-Sectional Survey." *Journal of Adolescent Health* 46(6): 592–99.

Xinhua News. 2015. "Return Students Will Reach 666 Thousand in 2017. 'Foreign Returnees' Might Become 'Foreign Leftovers'" (Liuxue Guiguo Renshu 2017 jiang da 66.6wan, Haigui Youlu cheng Haisheng). June 29. http://news.xinhuanet.com/finance/2015-06/29/c_127961858.htm.

Xue, Hai-Ping, and Rong Wang. 2016. "Compulsory Education Teacher Performance Bonus, Teacher Motivation and Student Achievement" (Yiwu Jiaoyu Jiaoshi Jixiao Jiangjin, Jiaoshi Jjili Yu Xuesheng Chengji). *Educational Research* (Jiaoyu Yanjiu) 5: 21–33.

Xue, Xinran. 2015. *Buy Me the Sky: The Remarkable Truth of China's One-Child Generations.* London: Ebury Digital.

Yang, Dan-Yu. 2012. "Family Background and Admission Chances to Higher Education" (Jiating Beijing Yu Gaodeng Jiaoyu Ruxue Jihui Jundenghua de Shizheng Kaocha). *Higher Education Exploration* 2012(5): 140–43.

Yang, Guobin. 2016. *The Red Guard Generation and Political Activism in China.* New York: Columbia University Press.

Yang, Ye, and Angela Paladino. 2015. "The Case of Wine: Understanding Chinese Gift-Giving Behavior." *Marketing Letters* 26(3): 335–61.

Ye, Hua. 2015. "Key-Point Schools and Entry into Tertiary Education in China." *Chinese Sociological Review* 47(2): 128–53.

Yeung, Wei-Jun Jean. 2013. "Higher Education Expansion and Social Stratification in China." *Chinese Sociological Review* 45(4): 54–80.

Young, Natalie A. E. 2018. "Departing from the Beaten Path: International Schools in China as Response to Discrimination and Academic Failure in the Chinese Educational System." *Comparative Education* 54(2): 159–80.

Yu, Helen H. 2020. "Revisiting the Bamboo Ceiling: Perceptions from Asian Americans on Experiencing Workplace Discrimination." *Asian American Journal of Psychology* 11(3): 158–67.

Zang, Xiaowei. 2001. "University Education, Party Seniority, and Elite Recruitment in China." *Social Science Research* 30(1): 62–75.

Zeng, Kangmin, and Gerald K. LeTendre. 1998. "Adolescent Suicide and Academic Competition in East Asia." *Comparative Education Review* 42(4): 513–28.

Zeng, Zhen, and Yu Xie. 2014. "The Effects of Grandparents on Children's Schooling: Evidence from Rural China." *Demography* 51(2): 599–617.

Zhang, Junsen, Yaohui Zhao, Albert Park, and Xiaoqing Song. 2005. "Economic Returns to Schooling in Urban China, 1988 to 2001." *Journal of Comparative Economics* 33(4): 730–52.

Zhang, Yuching, Geldolph A. Kohnstamm, Ping Chung Cheung, and Sing Lau. 2001. "A New Look at the Old 'Little Emperor': Developmental Changes in the Personality of Only Children in China." *Social Behavior and Personality* 29(7): 725–31.

Zheng, Ruoling. 2007. "The Impact of the National College Entrance Exam on Social Mobility: A Case Study of Xiamen University" (Gaokao Dui Shehui Liudong de Yingxiang: Yi Xiamen Daxue Wei Gean). *Educational Research* 3: 46–50.

Zheng, Sarah, and Zhang Pinghui. 2018. "Chinese Students Say US Visa Restrictions Won't Affect Their Plans." *South China Morning Post*, May 30. https://www.scmp.com/news/china/diplomacy-defence/article/2148531/chinese-students-say-us-visa-restrictions-wont-affect.

Zhou, Hao. 2005. *GaoSan.* Guangdong: Guangdong 21st Century Media.

Zhou, Min, and Jennifer Lee. 2017. "Hyper-selectivity and the Remaking of Culture: Understanding the Asian American Achievement Paradox." *Asian American Journal of Psychology* 8(1): 7–15.